中华人民共和国行业推荐性标准

公路隧道施工技术规范

Technical Specifications for Construction of Highway Tunnel

JTG/T 3660—2020

主编单位：中交一公局集团有限公司

批准部门：中华人民共和国交通运输部

实施日期：2020 年 08 月 01 日

人民交通出版社股份有限公司

北 京

律 师 声 明

图书在版编目（CIP）数据

公路隧道施工技术规范. JTG/T 3660—2020 / 中交一公局集团有限公司主编. — 北京：人民交通出版社股份有限公司, 2020.6

ISBN 978-7-114-16488-0

Ⅰ. ①公… Ⅱ. ①中… Ⅲ. ①公路隧道—隧道工程—工程施工—技术规范 Ⅳ. ①U459.2-65

中国版本图书馆 CIP 数据核字（2020）第 067510 号

标准类型：中华人民共和国行业推荐性标准
标准名称：公路隧道施工技术规范
标准编号：JTG/T 3660—2020
主编单位：中交一公局集团有限公司
责任编辑：丁　遥　王海南
责任校对：赵媛媛
责任印制：刘高彤
出版发行：人民交通出版社股份有限公司
地　　址：(100011) 北京市朝阳区安定门外外馆斜街 3 号
网　　址：http://www.ccpress.com.cn
销售电话：(010) 85285857
总 经 销：人民交通出版社股份有限公司发行部
经　　销：各地新华书店
印　　刷：北京市密东印刷有限公司
开　　本：880×1230　1/16
印　　张：15.5
字　　数：357 千
版　　次：2020 年 6 月　第 1 版
印　　次：2024 年 11 月　第 7 次印刷
书　　号：ISBN 978-7-114-16488-0
定　　价：100.00 元

（有印刷、装订质量问题的图书，由本公司负责调换）

中华人民共和国交通运输部

公　告

第 22 号

交通运输部关于发布
《公路隧道施工技术规范》的公告

现发布《公路隧道施工技术规范》（JTG/T 3660—2020），作为公路工程行业推荐性标准，自 2020 年 8 月 1 日起施行。原《公路隧道施工技术规范》（JTG F60—2009）和《公路隧道施工技术细则》（JTG/T F60—2009）同时废止。

《公路隧道施工技术规范》（JTG/T 3660—2020）的管理权和解释权归交通运输部，日常管理和解释工作由主编单位中交一公局集团有限公司负责。

请各有关单位注意在实践中总结经验，及时将发现的问题和修改建议函告中交一公局集团有限公司（地址：北京市朝阳区管庄世通国际大厦 A 座，邮政编码：100024），以便修订时研用。

特此公告。

中华人民共和国交通运输部
2020 年 4 月 26 日

前　言

　　根据交通运输部办公厅《关于下达 2014 年度公路工程行业标准制修订项目计划的通知》（厅公路字〔2014〕87 号）的要求，由中交一公局集团有限公司为主编单位承担《公路隧道施工技术规范》（JTG F60—2009）（以下简称"原规范"）的修订工作。

　　本次修订工作总结了我国近年来公路隧道设计、施工的科研成果和经验，充分吸收、借鉴了国内外公路隧道施工先进技术，按照"安全、耐久、经济、节能、环保"的指导原则，对原规范进行了全面修订。经批准后，以《公路隧道施工技术规范》（JTG/T 3660—2020）颁布实施。

　　本次修订整合了《公路隧道施工技术细则》（JTG/T F60—2009）（以下简称"原细则"）的内容，在规定公路隧道施工过程控制标准的基础上，进一步给出了具体的工艺要求；合并了《公路隧道施工监测技术规范》（报批稿）的主要内容，充实了监控量测、超前地质预报和动态施工的相关规定。修订后，本规范共包括 21 章和 7 个附录，内容包括：总则，术语，基本规定，施工准备，施工测量，洞口、明洞与浅埋段工程，洞身开挖，装渣、运渣与弃渣，支护与衬砌，小净距隧道及连拱隧道，防水和排水，风、水、电供应，施工通风与职业健康，辅助坑道，辅助工程措施，不良地质和特殊性岩土地段施工，改扩建，监控量测，超前地质预报，隧道路面，附属设施工程，附录 A ~ 附录 G。

　　本次修订的主要内容包括：

　　1. 增加了第 3 章基本规定和第 17 章改扩建。

　　2. 取消了原规范中"交工验收"一章。

　　3. 增加了"风险控制"内容。

　　4. 倡导机械化配套施工，并增加了"机械开挖"一节。

　　5. 增加了高海拔隧道施工规定。

　　6. 增加了"不良地质预测预报"一节。

　　7. 增加了"非接触量测"方法，降低了收敛量测的精度要求。

　　8. 取消了原规范中三角测量和三边测量相关内容。

　　9. 取消了小净距隧道及连拱隧道部分规定。

　　10. 取消了止水条相关规定。

　　11. 增、删、修改了部分过程控制标准。

　　12. 对各章节大部分条款及条文说明进行了较大幅度的文字修改。

　　请各有关单位在执行过程中，将发现的问题和意见，函告中交一公局集团有限公司本规范日常管理组，联系人：彭国才（地址：北京市朝阳区管庄世通国际大厦 A 座；

邮政编码：100024；电话：010-85538633；传真：010-65168085；邮箱：1378150820@qq.com），以便下次修订时研用。

主 编 单 位：中交一公局集团有限公司
参 编 单 位：招商局重庆交通科研设计院有限公司
　　　　　　重庆交通大学
　　　　　　长安大学
　　　　　　中交隧道工程局有限公司
　　　　　　中国交通建设股份有限公司

主　　　　编：彭国才
主要参编人员：都业洲　程崇国　赵宗智　蔡　军　于少春
　　　　　　巴特尔　吴梦军　丁　浩　王　成　付　钢
　　　　　　来弘鹏　王亚琼　赵佳云　彭思义　常福立
　　　　　　吴全立　韩常领

主　　　　审：石新栋
参与审查人员：王华牢　李玉文　刘招伟　丁　恒　赵春发
　　　　　　王林国　陈建勋　邹小春　夏才初
参 加 人 员：侯坤立　綦举胜　胡学兵　秦　峰　林　志
　　　　　　侯金龙　李庆伟　皇甫明　邓家胜　仇玉良
　　　　　　郭小红　梁　巍

目　次

1　总　则

1.0.1　为规范公路隧道（以下简称"隧道"）工程施工，使之符合安全环保、经济合理、技术先进的要求，保证工程质量和安全，制定本规范。

1.0.2　本规范适用于以钻爆法为主要开挖手段的隧道施工。

1.0.3　隧道施工必须遵守国家和行业的质量验收标准，建立完善的质量保证体系，制定切实可行的质量管理制度，采取质量保证措施。

1.0.4　隧道施工必须遵守国家和行业的安全生产法律法规，制定切实可行的安全制度，采取防火、照明、通信等安全保证措施。

1.0.5　隧道施工必须遵守国家的劳动保护法律法规。施工条件应符合职业健康要求。应采取烟尘、有害气体、噪声、高温、低温、低氧、辐射等防护措施。

1.0.6　隧道施工必须遵守国家关于生态保护、环境保护、水资源保护的法律法规，采取防止噪声、粉尘、废水等污染环境的措施。

1.0.7　隧道施工必须遵守国家土地管理法律法规，节约用地。

1.0.8　隧道施工必须遵守国家文物管理法律法规。遇有文物时，应停止施工，保护现场，妥善处理后，方可继续施工。

1.0.9　隧道施工除应符合本规范的规定外，尚应符合国家和行业现行有关标准的规定。

条文说明

以下是部分相关标准的现行版本，使用时需要确认其有效性：

（1）《公路隧道设计规范　第一册　土建工程》（JTG 3370.1—2018）

（2）《公路勘测规范》（JTG C10—2007）

（3）《公路勘测细则》（JTG/T C10—2007）

（4）《爆破安全规程》（GB 6722—2014/XG1—2016）

（5）《岩土锚杆与喷射混凝土支护工程技术规范》（GB 50086—2015）

（6）《地下工程防水技术规范》（GB 50108—2008）

（7）《公路水泥混凝土路面施工技术细则》（JTG/T F30—2014）

（8）《公路沥青路面施工技术规范》（JTG F40—2004）

（9）《公路工程集料试验规程》（JTG E42—2005）

（10）《公路工程质量检验评定标准　第一册　土建工程》（JTG F80/1—2017）

（11）《公路路线设计规范》（JTG D20—2017）

（12）《给水排水管道工程施工及验收规范》（GB 50268—2008）

（13）《煤矿安全规程》（国家安全生产监督管理总局令2016年第87号）

（14）《通用硅酸盐水泥》（GB 175—2007/XG1—2009、/XG2—2015、/XG3—2018）

（15）《公路工程水泥及水泥混凝土试验规程》（JTG E30—2005）

（16）《混凝土外加剂》（GB 8076—2008）

（17）《混凝土外加剂应用技术规范》（GB 50119—2013）

（18）《用于水泥和混凝土中的粉煤灰》（GB/T 1596—2017）

（19）《粉煤灰混凝土应用技术规范》（GB/T 50146—2014）

（20）《建设工程施工现场供用电安全规范》（GB 50194—2014）

（21）《用电安全导则》（GB/T 13869—2017）

（22）《电力安全工作规程　电力线路部分》（GB 26859—2011）

（23）《电力安全工作规程　发电厂和变电站电气部分》（GB 26860—2011）

（24）《缺氧危险作业安全规程》（GB 8958—2006）

（25）《工作场所有害因素职业接触限值　第1部分：化学有害因素》（GBZ 2.1—2019）

（26）《工作场所有害因素职业接触限值　第2部分：物理因素》（GBZ 2.2—2007）

（27）《工作场所空气中有害物质监测的采样规范》（GBZ 159—2004）

（28）《工作场所空气中粉尘测定》（GBZ/T 192）

（29）《工作场所空气有毒物质测定》（GBZ/T 300）

（30）《公路工程施工安全技术规范》（JTG F90—2015）

（31）《小型民用爆炸物品储存库安全规范》（GA 838—2009）

2　术语

2.0.1　监控量测　monitoring measurment

通过使用各种量测仪器和工具，在隧道内或地表，对围岩地层的变形和支护结构的变形与受力进行观察、测量、分析与评价的活动。

2.0.2　光面爆破　smooth blasting

由开挖面中部向轮廓面顺序依次起爆；设计轮廓面周边布置密集炮孔，采用不耦合装药或装填低威力炸药，最后同时起爆，振动小并形成平整轮廓面的爆破。

2.0.3　钢架　steel frame or beam support

用钢筋或型钢等制成的拱形骨架结构。

2.0.4　模板台车　form jumbo

由门架结构、大块模板、调整机构（液压或螺杆）、行走机构等组成、供隧道衬砌混凝土成型的移动整体设备。

2.0.5　护拱　arch protection

用于加强或者保护隧道支护或衬砌的拱形结构。

条文说明

初期支护变形异常时，在初期支护内部施作护拱，用于加强支护、预防变形加剧。塌方时，在临近塌方区域施作护拱，用于防止塌方范围扩大。隧道衬砌浇筑完成后，拱背空洞较大时，在衬砌背后采用混凝土或浆砌片石等施作护拱，以减小空洞高度和跨度，同时防止空洞上方碎落掉块对衬砌结构的伤害。

2.0.6　仰拱先行　inverted arch in advance

在设有仰拱的地段，仰拱衬砌先于拱墙衬砌浇筑施工。

2.0.7　全断面法　full face excavation method

隧道设计开挖断面一次开挖成形的开挖方法。

2.0.8 台阶法 bench cut method

将设计开挖断面分成上、下断面（或上、中、下断面），先上后下，分次开挖成形的开挖方法。

2.0.9 环形开挖留核心土法 ring cut method

先开挖上部环形导坑并进行支护，再分部开挖两侧边墙及中部核心土的开挖方法。

2.0.10 中隔壁法（CD法） center diagram method

将设计开挖断面分成左、右两个断面，先开挖隧道一侧，并施工中隔壁竖向支撑，再开挖另一侧的开挖方法。

2.0.11 交叉中隔壁法（CRD法） cross diagram method

将设计开挖断面分成左、右两个断面，先按台阶法开挖隧道一侧，施工中隔壁竖向支撑和横隔板；再按台阶法开挖隧道另一侧，并施工横隔板的开挖方法。

2.0.12 双侧壁导坑法 both side drift method

将设计开挖断面分成左、中、右三个断面，先开挖隧道两侧断面，并施工隔离墙竖向支撑，再分部开挖中间断面的开挖方法。

2.0.13 喷锚支护 shotcrete and bolt support

喷射混凝土、锚杆、钢筋网、钢架等单独或组合使用的隧道围岩支护结构。

2.0.14 湿喷 wet-mix method

将喷射混凝土集料、水泥和水按施工配合比用混凝土拌和机拌和均匀后投入喷射机，在喷射机喷头处加速凝剂后喷出。

2.0.15 初喷 aplication of first shotcrete

隧道开挖后立即施作的第一层喷射混凝土作业。

2.0.16 复喷 aplication of subsequent shotcrete

初喷以后的喷射混凝土作业。

2.0.17 中夹岩 sandwiched rock and soil

小净距隧道两主洞间的岩体。

2.0.18 中墙　the middle wall

连拱隧道两主洞共用的墙体。

2.0.19 瓦斯浓度　gas concentration

瓦斯在空气中所占体积的百分比。

3 基本规定

3.0.1 隧道应按设计文件施工，并根据超前地质预报及监控量测信息实施动态管理。

3.0.2 隧道施工地质工作应符合下列规定：
1 应分析和解读勘察设计阶段地质资料。
2 应进行跟踪地质调查，对揭露的围岩地质条件进行描述和分析。
3 超前地质预报应纳入施工工序管理。
4 应复核确认围岩级别。

条文说明

1 勘察设计阶段的地质资料是编制施工方案的基础，是制定风险防控措施的主要依据，要认真解读和分析。

2 由于地质条件的复杂性和勘察手段的局限，可能出现隧道施工中揭露的工程地质与勘察阶段的地质资料出现偏差的情况，所以要开展隧道施工中的跟踪地质调查。

3 超前地质预报是进一步探测开挖前方地质情况的必要手段，超前地质预报对施工或造成一定的干扰，需纳入施工程序管理。

4 现行《公路隧道设计规范 第一册 土建工程》（JTG 3370.1）和《公路隧道设计细则》（JTG/T D70）规定了确定围岩级别的方法。

3.0.3 隧道宜采用机械化配套施工。

条文说明

随着国民经济和国家发展的需要，隧道施工标准要求也在提高，以人工为主的粗放型公路隧道施工模式，已不能满足公路建设的需要。随着我国制造业的发展进步，隧道施工机械化设备的国产化率正在提高，隧道机械化施工设备成本逐渐下降。机械化施工与人工施工成本差距正在缩小。同时，隧道施工中的一些质量问题，需要借助机械手段来克服，以控制施工质量，提高工程品质。隧道施工机械化是施工技术发展的要求，对于提升我国公路隧道施工水平意义深远。

3.0.4 隧道施工应积极而慎重地推广应用新技术、新工艺、新材料、新设备。

条文说明

使用"四新"成果，可以提高管理水平和技术水平，节约能源、降低材料消耗，提高综合经济效益，所以要积极推广。从另一个角度来说，因"四新"成果刚开发，使用范围等可能有局限性，所以应用"四新"成果要持审慎的态度，仔细求证，确保安全可靠。

3.0.5 施工废弃物处理应符合相关规定。

3.0.6 监控量测、超前地质预报、安全质量监测等隧道施工信息应及时收集、处理、反馈。

3.0.7 隧道施工过程中，应及时、准确填写施工记录，进行隧道施工技术总结。

3.0.8 应按现行《公路工程竣（交）工验收办法》的要求，收集准备验收资料。

条文说明

交竣工需要收集准备的资料包括但不限于下列内容：
(1) 工程地质和水文地质的实际情况资料。
(2) 变更设计项目、内容、原因及编号。
(3) 隐蔽工程作业、塌方、涌水等的发生状况及其处理情况。
(4) 喷射混凝土、衬砌、变形、开裂的观测记录、原因分析和处理情况。
(5) 测量成果。
(6) 围岩、支护、衬砌的位移、应力量测数据，锚杆拉拔试验。
(7) 工程材料使用情况、试件的检测结果。
(8) 推广和研究新技术等情况及结果。
(9) 施工日志。
(10) 其他资料。

3.0.9 交工时，严禁衬砌及所有附属设施侵入建筑限界。

3.0.10 隧道施工应采取措施预防塌方、突水突泥、煤（岩）与瓦斯突出和爆炸。

3.0.11 隧道按跨度可分为四类，见表3.0.11。

表 3.0.11　隧道按跨度分类

按跨度分类	开挖宽度 B（m）	说　明
小跨度隧道	$B < 9$	平行导洞 服务隧道 车行横洞、人行横洞、风道及施工通道
一般跨度隧道	$9 \leq B < 14$	单洞双车道隧道
中等跨度隧道	$14 \leq B < 18$	单洞三车道隧道 单洞双车道＋紧急停车带隧道
大跨度隧道	$B \geq 18$	单洞四车道隧道、单洞三车道＋紧急停车带隧道、其他跨度大于18m的隧道

条文说明

开挖跨度分类结合公路隧道特点划分：

小跨度隧道，指小于双车道隧道开挖跨度以下的隧道，如平行导洞、服务隧道、施工通道、车行横洞、人行横洞、风道等。作为交通隧道，一般不允许"单车道"出现，只是个别立交匝道隧道才出现单车道＋紧急车道的情况。

一般跨度隧道，指单洞双车道隧道，是我国公路隧道大量采用的断面跨度。

中等跨度隧道，一般指单洞三车道隧道。近几年，单洞三车道隧道发展较快，技术成熟，适应大型机械化作业。特别是靠近城市的高速公路和一级公路隧道，多采用三车道隧道，三车道隧道建设有加快发展的趋势，大力修建单洞三车隧道逐步成为"常态"，划为中等开挖跨度隧道。《公路工程技术标准》（JTG B01—2014）第8.0.3条第5款规定"四车道高速公路上的短隧道与城市出入口的中、短隧道宜与路基同宽"，单洞双车道＋紧急停车带的隧道宽度接近单洞三车道宽度，视为中等跨度隧道。

大跨度隧道，指单洞四车道隧道及以上开挖跨度隧道。四车道隧道开挖跨度大、围岩稳定性变差，施工难度很大，且经济性较差，实际采用较少。

《公路工程技术标准》（JTG B01—2014）第8.0.3条给出了隧道按长度的分类，见表3-1。

表3-1　隧道分类

隧道分类	特长隧道	长隧道	中隧道	短隧道
隧道长度 L（m）	$L > 3\,000$	$1\,000 < L \leq 3\,000$	$500 < L \leq 1\,000$	$L \leq 500$

4 施工准备

4.1 一般规定

4.1.1 隧道施工前，应熟悉设计文件和地质勘察报告，领会设计意图，做好现场调查和图纸核对工作。现场调查和图纸核对内容见本规范附录 A。

4.1.2 隧道施工前，应编制施工组织设计，并做好施工准备和组织落实工作。编制时，应根据隧道长度、跨度、工期、地质和自然条件、重点及难点工程、施工方法、施工进度等因素，配备适宜、充足的施工机械，组织均衡生产，提高劳动生产效率。施工组织设计内容见本规范附录 A。

4.1.3 隧道施工应具备满足隧道施工需要和质量控制要求的试验检测能力。

条文说明

为了控制和保证隧道工程的质量，开工前需要具备相应的试验检测条件。通常要建设工地试验室。工地试验室是控制工程质量的临时试验机构，承担工程项目施工所需的标准试验（如配合比试验）、原材料试验以及施工过程中的试验及检测工作，需要通过政府相关部门的验收，取得满足施工要求的临时试验资质。有些试验检验数量较少的项目，通常通过委托试验进行，开工时需要确定准备委托进行试验检测的单位具有计量认证和检测项目检测资质。

4.1.4 隧道开工前，应完成分项工程划分、先期工程施工方案编制及混凝土配合比设计等技术准备工作。

条文说明

本条规定的技术准备工作均对隧道开工和过程管理有较大影响。分项工程划分影响施工组织和资料收集；先期工程施工方案影响先期工程的开工；混凝土配合比的试配试验需对混凝土试件进行28d的标准养护，因此，为不影响施工工期，隧道开工前，需要提前做好混凝土配合比。

4.1.5 应合理安排隧道与邻近工程的施工顺续，避免后续工序施工影响结构安全和质量，减少互相干扰。

条文说明

邻近隧道的桥涵及路基支挡构筑物等相关工程的施工（如桥台开挖等）可能会干扰隧道施工，甚至影响隧道的稳定，它们与隧道的施工顺序需要全面考虑，妥善安排，以减少干扰，保证安全和质量。

4.2 施工场地与临时工程

4.2.1 施工场地布置应遵循因地制宜、统一规划、安全方便、节地环保的原则，并应符合下列规定：

1 应考虑工程规模、工期、地形特点、弃渣场和水源等情况。

2 应事先规划，以洞口为中心布置并减少与现有道路交叉和干扰。

3 应不影响隧道和其他工程施工。

4 运输便道、场区道路和临时排水设施等，应统一规划、合理布局、形成网络。

5 隧道洞外宜设置机械设备安装、维修和停放的场地。机械设备、附属车间、加工场宜相对集中。

6 砂石料应分仓存放。大宗材料、施工备品及回收材料堆放场地，应满足使用要求。

7 施工场地周边开挖应采取降低开挖高度和缩小面积、挡护等保持边坡稳定的措施。

8 施工场地周边应有防治边坡失稳、崩塌、落石危害的措施。

条文说明

施工场地布置得合理与否，关系到施工进度和工程费用。由于隧道的工程量大，技术复杂，施工机械化程度较高，因此，洞内外各项工作需要协调配合，提高机械效率，做好场地总体布置。

本条各款是施工场地准备的基本要求，施工单位需要按这些要求结合实际情况具体组织实施。

4.2.2 临时工程和设施布设应满足安全和施工活动正常开展的需要，并应符合下列规定：

1 临时工程应在隧道开工前完成。

2 临时工程布置应考虑滑坡、洪水等突发性自然灾害的影响，制定相应的应急预案。

3 临时工程应适应当地暴雪、暴雨、大风、台风、高温、高寒等极端天气条件，制定预警、预防和应急措施。

4 临时工程布置宜考虑永临结合方案。

5 应设置对人员、设备进出洞进行管理的设施，并配备专人管理。

6 风、水、电设施宜靠近洞口布设，并满足隧道施工需要。

7 机械、设备安装和管线架设应符合相关规定，并及早实施。

8 爆炸物品储存库必须符合现行《小型民用爆炸物品储存库安全规范》(GA 838)的规定。

条文说明

临时工程主要包括"四通"（通水、通电、通路、通信通畅）"一平"（平整场地）及临时房屋等。

条文中对临时工程提出的各项规定，是为隧道进洞作准备。当运输便道未修好，且水泥、钢材、木材、砂石料等无储备场地，以及风、水、电未送至洞口时，不能仓促进洞开挖，否则，支护及衬砌不及时，影响工程质量。如遇不良地质还会导致塌方，给施工带来困难，造成不应有的损失。

本条所指临时工程在隧道开工前完成，表示临时工程最好在开工前完成。如果开工前不能完成全部临时工程，应完成开工必需的临时工程；非开工必需的临时工程并不一定全部完成，不影响前期开工的临时工程可以在以后根据施工需要逐步完成。

8 《小型民用爆炸物品储存库安全规范》(GA 838—2009)对爆炸物品储存库给出了详细的规定。《爆破安全规程》(GB 6722—2014)、《脉冲电子围栏及其安装和安全运行》(GB/T 7946—2015)、《防护服装 防静电服》(GB 12014—2019)、《个体防护装备职业鞋》(GB 21146—2007)、《民用爆炸物品工程设计安全标准》(GB 50089—2018)、《地下及覆土火药炸药仓库设计安全规范》(GB 50154—2009)、《民用爆炸物品储存库治安防范要求》(GA 837—2009)、《中华人民共和国安全生产法》及《民用爆炸物品安全管理条例》的一些规定也与爆炸物品储存库有关。

4.2.3 严禁将临时房屋和设施布置在受洪水、泥石流、塌方、滑坡及雪崩等自然灾害威胁的地段。

4.2.4 临时房屋应符合下列规定：

1 应满足施工人员工作和生活的需要。

2 不宜建在电力线路保护区内，与架空电力线路的距离应符合表4.2.4的规定。

3 应符合消防安全规定。

4 应设有排水系统。

5 生活用水的排放不得影响施工和污染周围环境。

表 4.2.4　临时房屋与架空电力线路的最小距离

类　别	架空电力线路电压等级 G		
	$G \leqslant 10kV$	$10kV < G \leqslant 220kV$	$220kV < G \leqslant 500kV$
最小垂直距离（m）	5.0	8.0	14.0
最小水平距离（m）	4.0	5.0	8.0

条文说明

2　《电力设施保护条例》（1987 年 9 月 15 日国务院发布，2011 年 1 月 8 日中华人民共和国国务院令第 588 号公布第二次修正）第十条规定："电力线路保护区：一、架空电力线路保护区：导线边线向外侧水平延伸并垂直于地面所形成的两平行面内的区域。在一般地区各级电压导线的边线延伸距离如下：1 ~ 10 千伏 5 米；35 ~ 110 千伏 10 米；154 ~ 330 千伏 15 米；500 千伏 20 米。在厂矿、城镇等人口密集地区，架空电力线路保护区的区域可略小于上述规定。但各级电压导线边线延伸的距离，不应小于导线边线在最大计算弧垂及最大计算风偏后的水平距离和风偏后距建筑物的安全距离之和"。

3　工地临时房屋火灾偶有发生，有的甚至酿成重大事故。控制火灾发生及其影响，主要包括火源控制、火灾主体阻燃、灭火、人员撤离火灾现场、防止火灾蔓延、防火通道等方面。

4.2.5　施工便道应符合下列规定：

1　线形、纵坡、宽度、路基及路面结构应满足大型设备、材料及出渣运输的需要。
2　应设置必要的安全防护、排水设施和警示、提醒标志。
3　使用期间应养护。

条文说明

施工便道特别是隧道工程的施工便道有其特殊性，交通量可能较少或不均衡，无出渣需求地段可能主要承载进场材料，交通量低但载重可能较高、车体可能较大，对车速的要求可能不高。地形条件好时，如调高标准，便道成本增加有限，但可以较大地提高运输效率；地形条件不好时，如果标准稍高，就会大幅度增加成本。所以要结合实际情况，具体问题具体分析。

4.3　施工人员、材料和设备

4.3.1　应根据工程规模、工期、技术难度等，配备满足工程需要的管理、技术、测量、试验、质检和安全人员。

4.3.2　隧道施工人员应经过岗前专业培训，接受安全、职业健康等教育。特种作业人员应持证上岗。

条文说明

为了防止事故和机械破损，减少原材料损耗，提高工效，确保施工安全和质量，隧道施工前需要对员工进行岗前培训。

4.3.3 施工前应对施工人员进行技术交底。

4.3.4 材料进场时应按批次和规定频率进行试验、检测，并应满足设计和相关规范、规定的要求。

4.3.5 应根据安全、可靠、经济、适用的原则配置隧道施工机械和设备，并应符合下列规定：
1 应与施工方法相配套，与隧道长度、断面大小、施工工期相适应。
2 应按相关工序流水施工配套配置，提高机械的总体效率。
3 宜优先选用污染小、噪声小的机械设备。
4 应方便维修。

4.3.6 二次衬砌模板台车宜在隧道开挖进洞前准备到位。

4.3.7 应配备满足工程需要的检测仪器和设备，并在检校有效期内使用。

4.4 风险控制

4.4.1 应建立健全隧道施工安全质量风险控制体系。

4.4.2 隧道施工应按相关规定进行安全质量风险辨识、评估以及其他风险控制工作。

4.4.3 应依据风险评估结论，对风险等级较高的分部、分项工程编制专项施工方案。

4.4.4 应编制应急预案，储备应急物资，开展应急演练。

条文说明

《公路工程施工安全技术规范》（JTG F90—2015）第3.0.3条规定："公路工程施工前应进行危险源辨识，并应按要求对桥梁、隧道、高边坡路基等工程进行施工安全风险评估，编制风险评估报告，现场应监控。"

《公路工程施工安全技术规范》（JTG F90—2015）第9.1.1条规定："隧道施工前应开展安全风险评估，辨识施工过程中的主要危险源及危害因素，制定安全防护措施，并应根据工程建设条件、技术复杂程度、地质与环境条件、施工管理模式以及工程建设经验对隧道工程实施动态风险控制和跟踪处理。"

《公路水运工程安全生产监督管理办法》（中华人民共和国交通运输部令2017年第25号）规定：

第二十四条　公路水运工程建设应当实施安全生产风险管理，按规定开展设计、施工安全风险评估。

设计单位应当依据风险评估结论，对设计方案进行修改完善。

施工单位应当依据风险评估结论，对风险等级较高的分部、分项工程编制专项施工方案，并附安全验算结果，经施工单位技术负责人签字后报监理工程师批准执行。

必要时，施工单位应当组织专家对专项施工方案进行论证、审核。

第二十五条　建设、施工等单位应当针对工程项目特点和风险评估情况分别制定项目综合应急预案、合同段施工专项应急预案和现场处置方案，告知相关人员紧急避险措施，并定期组织演练。

施工单位应当依法建立应急救援组织或者指定工程现场兼职的、具有一定专业能力的应急救援人员，配备必要的应急救援器材、设备和物资，并进行经常性维护、保养。

5 施工测量

5.1 一般规定

5.1.1 隧道施工测量的平面坐标系和高程系统宜与定测隧道控制网坐标系和高程系统一致。

条文说明

一般情况下，隧道施工测量的平面坐标系和高程系统与线路控制网坐标系和高程系统一致，可以使长度归算简单、明确。但是，当测区东西向较长，或者测区高程差较大时，投影长度变形值太大，不能满足隧道施工测量精度的要求。选择适宜的平面坐标系，可降低投影变形的影响。

5.1.2 平面控制网的运算及平差计算的基准平面宜与定测控制网一致，或者采用隧道纵断面设计高程的平均高程面。

条文说明

平面控制网运算及平差计算的基准平面与定测控制网一致，可以直接利用定测交桩资料，节省施工控制网桩点，既能减少工作量，还可以减少出现错漏的概率。

采用隧道纵断面设计高程的平均高程面作为基准平面，高程差较小时，可以减少投影变形的影响；当高程差太大（如大于100m）时，可以考虑增加投影面以减小影响。

5.1.3 投影分带位置不宜设在隧道处。

条文说明

地面点高低不平，一般用地面某点投影到参考曲面上的位置和该点到大地水准面间的铅垂距离来表示该点在地球上的位置。这种地理坐标系对局部测量非常不方便，通常通过投影的方法将点位换算到平面上形成平面直角坐标系。地图投影有多种方法，我国采用高斯投影，将地球按经度线划分为若干投影分带，常用带宽为6°、3°和1.5°。

这里所说的隧道处，指的是隧道洞身中间。在隧道洞身中间分带，会造成一个隧道的两个或多个洞口处于不同的分带，使问题复杂化，增加计算工作量和出现错误的概率。

5.1.4 施工前应建立测量复核体系，并进行测量方案设计。应根据隧道规模和贯通误差要求，综合考虑控制网等级和图形、测量仪器精度和测量方法，估算误差范围，确保测量结果能够满足工程需要。

条文说明

隧道结构的位置和净空尺寸是通过测量工作来控制和实施的，而测量是有误差的，管理不善也可能出现错误。隧道是线形地下工程，随着开挖，测量控制点才能向前伸展；有时需要两工作面对向开挖甚至是多工作面同时开挖，如果误差超限或出现错误，损失是巨大的。因此，需根据工程复杂程度进行测量控制设计，确定控制测量的方案，估算误差范围，使隧道施工测量在受控状态下进行，确保隧道按规定的位置尺寸和精度正确贯通。

短隧道可能不需要布设专门的导线和水准测量控制网，使用常规的测量手段就能满足施工要求，但也需要对测量人员、仪器和方法等进行规划。

5.1.5 对勘测设计用隧道平面和高程控制网桩点，应向施工单位逐桩逐点交付资料、确认桩点，遗失的桩点应补桩，资料与现场不符的应更正。

条文说明

施工前对设计交桩进行复测，是管理上的需要，也是施工的需要。

5.1.6 控制测量对隧道相向施工贯通面的贯通误差影响极限值应符合表5.1.6的规定。

表5.1.6 贯通误差影响极限值

测量部位	不同贯通长度 L（m）的横向贯通中误差（mm）			高程中误差（mm）
	$L < 3\,000$	$3\,000 \leq L < 6\,000$	$6\,000 \leq L < 9\,000$	
洞外	45	60	90	25
洞内	60	80	120	25
整个贯通区间	75	100	150	35

注：不适用于利用竖井联系测量和贯通长度超过9km的隧道。

条文说明

贯通中误差影响值的规定根据《公路勘测细则》（JTG/T C10—2007）制定。

5.1.7 地震多发区和影响区应加强特长、长隧道的控制测量工作，震后应复测控制网。

5.1.8 当洞内有瓦斯等易燃易爆气体时，测量工作应采取下列防爆措施：

1 测量前检测测站附近 20m 范围内瓦斯等易燃易爆气体浓度，小于 0.5％时方可进行测量作业。

2 高瓦斯和煤（岩）与瓦斯突出隧道应采用防爆型测量仪器。

5.1.9 角度、长度、坐标的数字取位应符合表 5.1.9 规定。

表 5.1.9　角度、长度、坐标的数字取位规定

测　量　等　级	角度（″）	长度（m）	坐标（m）
二等	0.01	0.000 1	0.000 1
三、四等	0.1	0.001	0.001
一、二级	1	0.001	0.001

5.2　控制测量

5.2.1 控制测量应符合下列规定：

1 控制测量桩点应稳固、可靠。

2 测量工作中的各项计算，均应由两组人员独立进行。计算过程中应及时校核，发现问题应及时检查，并找出原因。

3 隧道洞外控制测量应在隧道进洞施工前完成。

4 用于测量的设计图资料应认真核对，确认无误后方可使用，引用的数据资料应核对。

5 在控制网误差调整时，不得将低等级平面和高程控制网的误差传入隧道控制网。

5.2.2 平面控制测量可采用卫星定位测量、导线测量。洞外平面控制测量宜利用已有的定测控制网，并应符合本规范关于隧道贯通误差的有关规定和隧道施工要求。隧道平面控制测量等级应按表 5.2.2 确定。

表 5.2.2　隧道平面控制测量等级

隧道贯通长度 L（m）	测　量　等　级
L≥6 000	二等
3 000≤L<6 000	三等
1 000≤L<3 000	四等
L<1 000	一级

条文说明

利用定测桩点，经过加密后满足施工需要，是便捷经济的做法。隧道平面控制测量等级表是根据《公路勘测规范》（JTG C10—2007）制定的。

本规范中的卫星定位测量不仅仅局限于 GPS 系统，也包括北斗系统等。

5.2.3 每个洞口和井口平面控制测量点应不少于 3 个，高程控制测量点应不少于 2 个。

条文说明

此处的洞口既包括正洞洞口，也包括斜井、竖井、横洞和平行导洞等辅助坑道的洞口。

5.2.4 卫星定位控制测量应符合下列规定：

1 根据隧道贯通精度的要求按静态相对定位原理建网。

2 标准差应按式（5.2.4）计算：

$$\sigma = \sqrt{a^2 + (bd)^2} \tag{5.2.4}$$

式中：σ——标准差（mm）；

a——固定误差（mm）；

b——比例误差系数（mm/km）；

d——基线长度（km）。

3 卫星定位基线测量的中误差应小于标准差，固定误差 a、比例误差系数 b 的取值应符合表 5.2.4-1 的规定。

4 卫星定位测量的主要技术要求应符合表 5.2.4-2 的规定。每个观测时段，观测前、后应分别量取天线高，两次量取差值应不大于 3mm，取其平均值作为计算天线高。

表 5.2.4-1 卫星定位测量固定误差和比例误差系数取值规定

测 量 等 级	固定误差 a（mm）	比例误差系数 b（mm/km）
二等	≤5	≤1
三等	≤5	≤2
四等	≤5	≤3
一级	≤10	≤3

表 5.2.4-2 卫星定位测量的主要技术规定

测量等级		二等	三等	四等	一级
卫星高度角（°）		≥15	≥15	≥15	≥15
时段长度	静态（min）	≥240	≥90	≥60	≥45
	快速静态（min）	—	≥30	≥20	≥15

表 5.2.4-2（续）

测量等级	二等	三等	四等	一级
平均重复设站数 （次/点）	≥4	≥2	≥1.6	≥1.4
同时观测有效 卫星数（个）	≥4	≥4	≥4	≥4
数据采样率（s）	≤30	≤30	≤30	≤30
GDOP	≤6	≤6	≤6	≤6

注：GDOP（Geometric Dilution of Precision）即几何精度因子，指卫星几何因素（包括经度、纬度、高程和时间）对卫星定位测量定点精度的影响，反映了在测量时被跟踪卫星几何结构上的强度。

5.2.5 导线测量的技术要求应符合表 5.2.5-1～表 5.2.5-4 的规定。应根据仪器要求进行气象改正。

表 5.2.5-1 导线测量技术规定

测量等级	附（闭）合导线长度（km）	边数	每边测距中误差（mm）	单位权中误差（″）	导线全长相对闭合差	方位角闭合差（″）
三等	≤18	≤9	≤14	≤1.8	1/52 000	$\pm 3.6\sqrt{n}$
四等	≤12	≤12	≤10	≤2.5	1/35 000	$\pm 5\sqrt{n}$
一级	≤6	≤12	≤14	≤5.0	1/17 000	$\pm 10\sqrt{n}$

注：1. 表中 n 为测站数。

2. 以测角中误差为单位权中误差。

3. 导线网节点间长度不得大于表中长度的 0.7 倍。

表 5.2.5-2 水平角方向观测技术规定

测量等级	仪器型号	光学测微器两次重合读数之差（″）	半测回归零差（″）	一测回中 2 倍照准差较差（″）	同一方向值各测回间较差（″）	测回数
二等	DJ_1	≤1	≤6	≤9	≤6	≥12
三等	DJ_1	≤1	≤6	≤9	≤6	≥6
	DJ_2	≤3	≤8	≤13	≤9	≥10
四等	DJ_1	≤1	≤6	≤9	≤6	≥4
	DJ_2	≤3	≤8	≤13	≤9	≥6
一级	DJ_2	—	≤12	≤18	≤12	≥2
	DJ_6	—	≤24	—	≤24	≥4

注：当观测方向的垂直角超过 ±3° 的范围时，该方向一测回中 2 倍照准差较差，可按同一观察时段内相邻测回同方向进行比较。

表 5.2.5-3 测距仪精度等级表

测距仪精度等级	每公里测距中误差 m_D（mm）	平面控制测量等级
Ⅰ级	$m_D \leqslant 5$	二、三、四等，一级
Ⅱ级	$5 < m_D \leqslant 10$	三、四等，一级
Ⅲ级	$10 < m_D \leqslant 20$	一级

表 5.2.5-4 测距的主要技术规定

平面控制网测量等级	测距仪精度等级	观测次数		每边测回数		一测回读数较差（mm）	单程各测回较差（mm）	往返较差
		往	返	往	返			
二等	Ⅰ	≥1	≥1	≥4	≥4	≤5	≤7	$\leqslant \sqrt{2}\ (a+b\cdot D)$
三等	Ⅰ、Ⅱ	≥1	≥1	≥3	≥3	≤5	≤7	
四等	Ⅰ、Ⅱ、Ⅲ	≥1	≥1	≥2	≥2	≤7	≤10	
一级	Ⅰ、Ⅱ、Ⅲ	≥1	—	≥2	—	≤7	≤10	

注：1. 测回是指照准目标 1 次，读数 4 次的过程。

2. 根据具体情况，测边可采取不同时间段观测代替往返观测。

3. 表中 a 为标称精度中的固定误差（mm）；b 为标称精度中的比例误差系数（mm/km）；D 为测距长度（km）。

条文说明

表格和公式均引自《公路勘测规范》（JTG C10—2007）。如不能符合这些规定，需要根据具体情况估算误差范围能否符合本规范第 5.1.6 条的规定，否则需要重新进行测量设计。

导线测量时，中误差可按式（5-1）~式（5-4）计算。

（1）导线网水平角观测的测角中误差可按式（5-1）计算。

$$m_{\beta} = \sqrt{\frac{1}{N}\left[\frac{f_{\beta}f_{\beta}}{n}\right]} \tag{5-1}$$

式中：m_{β}——按方位角闭合差计算导线测角中误差（″）；

f_{β}——附合导线或闭合导线环的方位角闭合差（″）；

n——计算 f_{β} 时的测站数；

N——附合导线或闭合导线环的个数。

（2）按左、右角观测的导线测角中误差可按式（5-2）计算。

$$m_{\beta} = \pm\sqrt{\frac{[\Delta\Delta]}{2n}} \tag{5-2}$$

式中：m_{β}——按左、右角观测的导线测角中误差（″）；

Δ——测站圆周角闭合差（″）；

n——三角形的个数。

（3）任一边的实际测距中误差可按式（5-3）计算。

$$m_{D_i} = \mu \sqrt{\frac{1}{P_i}} \qquad (5\text{-}3)$$

式中：m_{D_i}——第 i 边的实际测距中误差（mm）；

$\quad\quad P_i$——第 i 边距离测量的先验权；

$\quad\quad \mu$——测边单位权中误差。

当网中的边长相差不大时，可按式（5-4）计算平均测距中误差。

$$m_D = \sqrt{\frac{[dd]}{2n}} \qquad (5\text{-}4)$$

式中：m_D——平均测距中误差（mm）。

5.2.6 高程控制测量应符合下列规定：

1 隧道高程控制测量等级和误差应符合表 5.2.6-1 规定。高程控制测量宜采用水准测量，洞外四等高程控制测量也可采用光电测距三角高程测量；光电测距三角高程测量能够满足三等高程测量要求，并满足高程贯通误差的要求时，对长度为 3 ~ 6km 的隧道，也可在洞外高程测量中采用光电测距三角高程测量。

表 5.2.6-1　隧道高程控制测量等级表

隧道长度（m）	测量等级	每公里高差中数中误差（mm）	
		偶然中误差 M_Δ	全中误差 M_W
$L \geqslant 6\,000$	二等	±1	±2
$3\,000 \leqslant L < 6\,000$	三等	±3	±6
$L < 3\,000$	四等	±5	±10

2 高程控制点可利用稳固坚硬的基岩刻凿，如无稳固坚硬的基岩可以利用，应埋设有金属标志的混凝土桩。

3 水准测量的主要技术要求应符合表 5.2.6-2 ~ 表 5.2.6-4 的规定。

4 高程控制网的竖井联系测量应采用全站仪或光电测距仪传递高程。

表 5.2.6-2　水准测量的主要技术规定

测量等级	附合或环线水准线路最大长度（km）	往返较差、附合或环线闭合差（mm）		检测已测测段高差之差（mm）
		平原、微丘	山岭、重丘	
二等	600	$\leqslant 4\sqrt{l}$	$\leqslant 4\sqrt{l}$	$\leqslant 6\sqrt{l_i}$
三等	60	$\leqslant 12\sqrt{l}$	$\leqslant 3.5\sqrt{n}$ 或 $\leqslant 15\sqrt{l}$	$\leqslant 20\sqrt{l_i}$
四等	25	$\leqslant 20\sqrt{l}$	$\leqslant 6.0\sqrt{n}$ 或 $\leqslant 25\sqrt{l}$	$\leqslant 30\sqrt{l_i}$
五等	10	$\leqslant 30\sqrt{l}$	$\leqslant 45\sqrt{l}$	$\leqslant 40\sqrt{l_i}$

注：计算往返较差时，l 为水准点间的路线长度（km）；计算附合或环线闭合差时，l 为附合或环线的路线长度（km）；n 为测站数。l_i 为检测测段长度（km），小于 1km 时按 1km 计算。

表 5.2.6-3　高程测量的数字取位规定

测 量 等 级	各测站高差（mm）	往返测距离总和（km）	往返测距离中数（km）	往返测高差总和（mm）	往返测高差中数（mm）	高程（mm）
各等	0.1	0.1	0.1	0.1	1	1

表 5.2.6-4　水准测量观测的主要技术规定

测量等级	仪器类型	水准尺类型	观测方法	观 测 顺 序	视线长（m）	前后视较差（m）	前后视累积差（m）	视线离地面最低高度（m）	基辅（黑红）面读数差（mm）	基辅（黑红）面高差较差（mm）
二等	DS05	因瓦	往返	后—前—前—后	≤50	≤1	≤3	≥0.3	≤0.4	≤0.6
三等	DS1	因瓦	往返	后—前—前—后	≤100	≤3	≤6	≥0.3	≤1.0	≤1.5
三等	DS2	双面	往返	后—前—前—后	≤75	≤3	≤6	≥0.3	≤2.0	≤3.0
四等	DS3	双面	往	后—后—后—前	≤100	≤5	≤10	≥0.2	≤3.0	≤5.0
五等	DS3	单面	往	后—前	≤100	≤10	—	—	—	≤7.0

条文说明

水准测量高差偶然中误差 M_Δ 可按式（5-5）计算，高差全中误差 M_W 可按式（5-6）计算。当二、三等水准测量与国家水准点附合时，需要进行正常水准面不平行修正。

$$M_\Delta = \sqrt{\frac{1}{4n}\left[\frac{\Delta\Delta}{L}\right]} \qquad (5\text{-}5)$$

式中：M_Δ——高差偶然中误差（mm）；

　　　Δ——水准路线测段往返高差不符值（mm）；

　　　L——水准测段长度（km）；

　　　n——往返测的水准路线测段数。

$$M_W = \sqrt{\frac{1}{N}\left[\frac{WW}{L}\right]} \qquad (5\text{-}6)$$

式中：M_W——高差全中误差（mm）；

　　　W——闭合差（mm）；

　　　L——计算各闭合差时相应的路线长度（km）；

　　　N——附合路线或闭合路线环的个数。

5.2.7　洞内平面控制测量应符合下列规定：

1　洞内平面控制测量宜采用导线测量。

2　洞内导线，应布置成多边形导线环；应根据贯通精度的要求布点，宜选择在施工干扰小、稳固可靠、通视良好的地方。导线边长在直线地段不宜小于 200m，在曲线地段不宜小于 70m。

3　掘进长度超过 2 倍导线边长时，应进行一次洞内导线延伸测量。导线测量视线与障碍物距离不应小于 0.2m。

    4 联系洞外和洞内的控制测量，宜选在洞外和洞内观测条件接近的时段进行观测。

    5 平面控制测量的竖井联系测量可采用光学垂准仪投点、陀螺仪辅助定向。应根据竖井长度和贯通精度要求选择测量仪器和测量方法，估算贯通误差，确定测量方案。

    6 施工时不应损毁导线点。

条文说明

    1 受洞内的条件限制，卫星定位测量目前不可行，三角测量非常困难，洞内平面控制测量的最适宜方法就是导线测量。

    2 规定洞内导线应布置成多边形导线环，是为了提供和增加校核条件，防止粗差。规定导线边长的最小长度，是为了降低测角误差对导线精度的影响。在考虑降低旁折光和通视的基础上，导线边长越大越好。

    4 洞外和洞内联系的控制测量结果是控制测量的起算量，对贯通精度影响很大，因此非常重要。白天，洞外和洞内的温度差、湿度差和亮度差均较大，洞内外气流交换明显，观测条件不佳，各时段观测成果波动大且无法调整。而晚上和阴天的测量条件则有利得多。

    5 竖井联系测量远离贯通面，误差对贯通精度的影响较大，而传统的钢弦吊锤法精度较低，光学垂准仪可有效提高精度。垂线间距受竖井尺寸的限制，相对于导线边长来说太短，测角误差影响较大；用钻孔增加井下定向精度成本较高，竖井长度大时对钻孔垂直度要求高，不易达到要求；陀螺仪定向可有效提高井下定向精度。

5.2.8 斜井导线测量应符合下列规定：

    1 宜采用有双轴补偿的全站仪，否则应进行竖轴倾斜改正。

    2 垂直角应小于 30°。

    3 仪器和棱镜宜采用强制对中。

    4 测回间应检查仪器和棱镜气泡偏离情况，必要时重新整平。

    5 导线边长应对向观测。

5.2.9 竖井内悬挂钢尺进行高程传递测量时，应符合下列规定：

    1 应在钢尺上悬挂与钢尺计量检定时相同质量的重锤。

    2 应采取重锤稳定措施。

    3 应独立观测不少于三测回，测回间应变动仪器高。

    4 地上和地下安置的两台水准仪应同时读数。

    5 测回间测得地上、地下水准点间的高差差值应小于 3mm。

    6 高差应进行温度、尺长和自重张力改正。

5.2.10 洞外平面控制网和高程控制网应不定期复测，复测周期宜不大于 6 个月，复测精度应与建网精度相同。沙漠、冻土、软土区、地震多发区和影响区、地面沉降地区、施工期间出现异常地段等特殊地区，复测频率应根据变形规律和控制桩情况分析确定，宜适当缩短复测周期，或临时增加复测。

5.3 放样测量

5.3.1 用导线法进行洞内控制测量的隧道，需要使用施工中线点放样时，应由洞内导线测设施工中线。

5.3.2 用中线法进行洞内测量的隧道，中线点点位横向偏差不得大于5mm。中线点间距曲线部分不宜小于50m，直线部分不宜小于100m。直线地段宜采用正倒镜延伸直线法。

5.3.3 开挖前应校核中线点，并在开挖断面上标出设计断面轮廓线。

条文说明

隧道超欠挖对隧道的整体施工质量影响很大，需要加强开挖断面放样测量工作，开挖前在开挖断面上准确标出设计断面尺寸线，开挖工作完成后，及时测量超欠挖并绘出断面图。

隧道衬砌，不论任何类型，均不能侵入隧道建筑限界，因此各个部位的衬砌放样都要在控制测量（或者线路中线、水平测量）正确的基础上认真做好，使其位置正确，尺寸和高程满足设计要求。

5.3.4 供衬砌用的临时中线点的间距宜与模板长度一致。

条文说明

高等级隧道衬砌多采用整体模板台车施工，模板台车长度一般为6~12m，每模都放样供衬砌用的临时中线点。

5.3.5 防水板施工前，应复核中线位置和高程，检查断面尺寸，确定衬砌施工后的衬砌厚度和净空满足规范和设计要求。衬砌模板立模后应进行检查和校正。

条文说明

防水板施工后很难进行超欠挖处理，所有的超欠挖都应当在防水板施工前得到处理，所以要在防水板施工前复核中线位置和高程。无防水板的隧道要在衬砌立模前复核中线位置和高程。

5.3.6 洞内施工用的水准点，应根据洞外、洞内已设定的水准点，按施工需要加设。为方便施工，在导坑内拱部、边墙施工地段宜每 100m 设立一个临时水准点，并定期复核。

5.3.7 直线段可使用激光设备导向。

条文说明

使用激光设备导向，可以提高效率。

5.3.8 在开挖断面形成后，应及时进行断面测量，根据测量数据修正开挖参数，控制超欠挖。

5.4 贯通误差测定及调整

5.4.1 贯通误差的测定应符合下列规定：

1 采用导线法测量时，在贯通面附近定一临时点，由两端分别测量该点的坐标，所得的闭合差分别投影至贯通面及其垂直方向，得出实际的横向和纵向贯通误差，再置镜于该临时点测求方位角贯通误差。

2 采用中线法测量时，由两端向中间进行测量，并在贯通面上分别得出中线点，量出两点的横向和纵向距离，即为该隧道的实际贯通误差。

3 由两端向中间进行水准测量，分别测至贯通面附近的同一高程控制点或中线点上，所测得的高程差值即为实际的高程贯通误差。

5.4.2 隧道贯通后，洞内导线、施工中线及高程的实际贯通误差，应在贯通面两侧未衬砌段调整，该贯通误差调整段的长度应根据中线形式、贯通误差值、支护和衬砌（包括仰拱）施工情况综合确定，长度宜大于 100m，贯通面两侧对称。该段的后续工序均应以调整后的中线及高程为准进行放样。

条文说明

调线地段的长度越短，贯通误差引起的偏角越大，调整后的中线偏离原中线越远，对可能的扩大开挖、凿除支护的要求越大；另外，调整段太短，单位长度上分担的偏角过大，可能会造成增设曲线的长度及曲线间夹直线的长度不能满足规范规定，降低线路标准。表 5-1 给出了贯通误差为限差、调整段为 200m 时的部分调整参数。有些情况曲线长度偏短，可通过增大半径，或减小调线长度从而增大偏角来调整。

表 5-1　贯通误差调整调线参数示例表

相向开挖总长度（km）	<3	≥3
限差（mm）	150	200
调线长（m）	200	200
偏角	2′35″	3′26″
ε（每10m隧道分担的导线法调整贯通误差偏角）	8″	10″
半径（m）	30 000	30 000
曲线长（m）	22	30
外矢距（mm）	2	4
夹直线长（m）	178	170

5.4.3　两端开挖至贯通误差调整地段时，开挖断面宜适当加宽，二次衬砌在贯通前施工时，贯通误差调整地段开挖断面应加宽；加宽值宜不超过贯通极限误差允许值的一半。

条文说明

贯通误差在预计贯通面附近调整，调整贯通误差要补炮，对围岩和初期支护带来很大损害。为了避免这种损害，给出此项规定。

5.4.4　贯通误差宜符合表5.4.4的规定。

表 5.4.4　贯通误差的限值

不同贯通长度 L（m）的横向贯通误差限值（mm）			高程中误差（mm）
$L < 3\,000$	$3\,000 \leq L < 6\,000$	$L \geq 6\,000$	—
≤150	≤200	≤300	≤70

注：利用竖井联系测量的贯通误差限值应根据测量设计确定。

5.4.5　采用导线法测量，贯通误差应符合下列规定：

1　方位角贯通误差分配在未衬砌地段的导线角上。

2　坐标闭合差在贯通误差调整段的导线上，按边长比例分配。

3　采用调整后的导线坐标作为贯通误差调整段的放样依据。

5.4.6　采用中线法测量，贯通误差调整应符合下列规定：

1　贯通误差调整段为直线时，宜通过加设曲线来调整线路中线，所加设的曲线参数应符合现行《公路路线设计规范》（JTG D20）的规定。

2　贯通误差调整段全部位于圆曲线地段时，贯通误差应由曲线的两端向贯通面按长度比例调整中线。

3 贯通误差调整段既有直线又有曲线时，宜通过调整曲线偏角和曲线起（终）点位置调整线路中线，并符合现行《公路路线设计规范》（JTG D20）的规定和隧道净空要求。

条文说明

1 汽车行驶有轨迹连续、曲率连续和曲率变化连续的特点。为了满足这些条件，直线段贯通误差需要通过加设曲线来调整。表 5-1 中给出了增设无缓和曲线的大直径圆曲线的部分参数，直径不小于现行《公路路线设计规范》（JTG D20）关于不设超高最小半径的规定。有些情况曲线长度偏短，可通过增大半径，或增大偏角来调整。还可考虑加设两个反向圆曲线用回旋曲线相连的 S 形组合曲线，两个同向回旋线间不插入圆曲线的凸形曲线，满足现行《公路路线设计规范》（JTG D20）的规定。

2 贯通误差调整段既有直线又有曲线时，如图 5-1 所示，Ⅱ端的一直线段从Ⅱ端放样得到 EF，从Ⅰ端放样得到 $E'F'$，EF 和 $E'F'$ 的夹角就是贯通误差造成的曲线偏角变化 δ，测量该夹角的值，或测量 EF、$E'F'$、EE' 的值，并通过式（5-7）计算出 δ 角。将原设计曲线的偏角减小（$FF' > EE'$ 时）或增大（$FF' < EE'$ 时）δ 角后（图 5-2），则可将 EF 与 $E'F'$ 调整平行。此时，EF 与 $E'F'$ 平行但其距离为 S，只需将曲线的直缓点 B 沿其本身的切线方向连同整个曲线移动一段距离 BB' ［式（5-8）］。

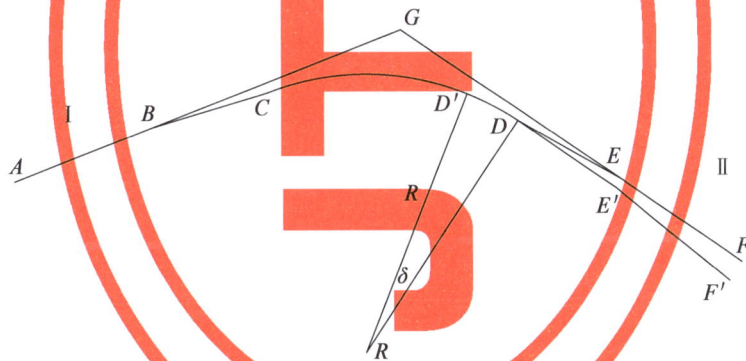

图 5-1　贯通误差调整示意图一

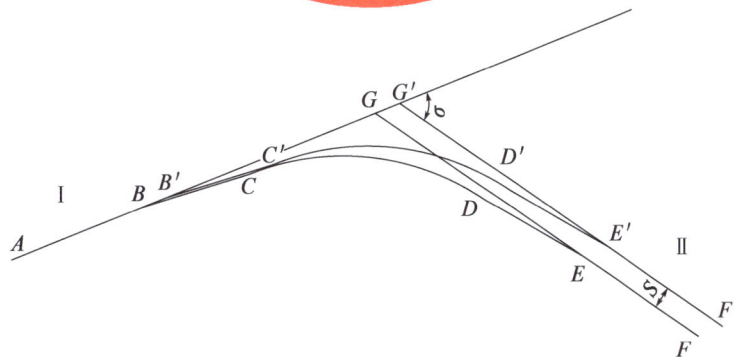

图 5-2　贯通误差调整示意图二

$$\delta = 2\arctan\left(\frac{FF' - EE'}{2EF}\right) \tag{5-7}$$

$$BB' = \frac{S}{\sin\alpha} \tag{5-8}$$

5.4.7 高程贯通误差调整应符合下列规定：

1 由两端分别引测贯通点附近的高程控制点，采用其平均值作为该点调整后的高程，并作为放样依据。

2 高程贯通误差的一半，分别在贯通面两端未衬砌地段按水准线路长度的比例调整。

5.5 交（竣）工测量

5.5.1 应在中线复测的基础上埋设永久中线点，永久中线点应用混凝土包埋金属标志。直线上的永久中线点，每 200~250m 设一个，曲线上应在缓和曲线的起终点各设一个；曲线中部，可根据通视条件适当增加。永久中线点设立后，应在隧道边墙上画出标志。

5.5.2 应在直线地段每 50m、曲线地段每 20m 及需要加测断面处，测绘以路线中线为准的隧道实际净空，标出拱顶高程、起拱线宽度、路面水平宽度。

5.5.3 洞内水准点每公里应埋设一个，短于 1km 的隧道应至少设一个，并应在隧道边墙上画出标志。

5.5.4 应提交贯通测量技术成果书，贯通误差的实测成果和说明，净空断面测量和永久中线点、水准点的实测成果及示意图。

5.5.5 应提交隧道总体实测项目，并应符合表 5.5.5 的规定。

表 5.5.5　隧道总体实测项目

序号	检查项目	允许偏差	检验频率	检验方法
1	车行道宽（mm）	±10	每 20m（曲线）或 40m（直线）检查一处	尺量、全站仪、激光断面仪
2	净总宽	不小于设计	每 20m（曲线）或 40m（直线）检查一处	尺量、全站仪、激光断面仪
3	隧道净高	不小于设计	每 20m（曲线）或 40m（直线）测一断面，每个断面测拱顶和拱腰 3 个点	全站仪

表 5.5.5 （续）

序号	检 查 项 目	允 许 偏 差	检 验 频 率	检 验 方 法
4	隧道偏位（mm）	20	每20m（曲线）或40m（直线）检查一处	全站仪
5	引道中心线与隧道中心线的衔接（mm）	20	—	全站仪。分别将引道中心线和隧道中心线延长至两侧洞口，比较其平面位置
6	边坡、仰坡的坡度	不大于设计	检查10处	尺量

6 洞口、明洞与浅埋段工程

6.1 洞口工程

6.1.1 洞口开挖和进洞施工宜避开雨季和融雪期。当不能避免时，应采取防止坍塌的安全保证措施。

条文说明

洞口工程指洞口土石方、边仰坡防护、洞门及其相邻的翼墙、挡土墙及洞口排水系统等。

6.1.2 对洞口不稳定的地表土及山坡危石等，应进行清除、防护或加固。

6.1.3 隧道洞口开挖前，应结合设计文件，遵循"早进晚出"的原则，复核确认明暗分界位置的合理性，控制边仰坡开挖高度。

6.1.4 洞口段存在偏压时，应采取偏压防治措施。

6.1.5 洞口开挖与防护应符合下列规定：
1 洞口边坡及仰坡应自上而下开挖，不得掏底开挖或上下重叠开挖。
2 宜采用人工配合机械开挖，或者采用控制爆破措施减少对边仰坡及围岩的扰动。
3 边仰坡防护应及时施作。
4 应随时检查监测边坡和仰坡的变形状态。

6.1.6 洞口边坡、仰坡开挖及地表恢复应符合环境保护规定，做好水土保持。

6.1.7 洞口截排水设施应符合下列规定：
1 应结合地形条件设置，具备有效拦截、排水顺畅的能力。
2 不应冲刷路基坡面及桥涵锥坡等设施。
3 洞口截、排水设施应在雨季和融雪期之前完成。
4 截水沟迎水面不得高于原地面，回填应密实且不易被水淘空。

5　截水沟应采取防止渗漏和变形的措施。

6.1.8　洞内排水应与洞外排水设施合理连接。

6.1.9　开挖进洞前，应完成管棚、地层加固、降水等设计要求的辅助工程施工。

6.1.10　洞口永久性挡护工程应紧跟土石方开挖及早完成。

6.1.11　洞口爆破开挖影响邻近建（构）筑物或已建工程时，应采取措施控制爆破振动，并进行爆破振动监测。

6.1.12　洞门墙施工应符合下列规定：
　　1　洞门墙宜在洞口衬砌施工完成后及时施作。
　　2　洞门墙基底虚渣、杂物、泥、水等应清除干净，地基承载力应符合设计规定。
　　3　洞口衬砌两侧端墙砌筑和墙背回填应对称进行。
　　4　洞门墙背排水设施应与洞门墙同步施工。

6.1.13　管棚导向墙基础尺寸和承载力应符合设计规定。

6.2　明洞工程

6.2.1　明洞工程宜尽早施工。

6.2.2　基底承载力不足时，基底处理应符合设计规定。严禁超挖后回填虚土。

6.2.3　明洞防水层铺设前应检查并清除拱墙背面露出的尖锐突出物，明洞拱墙背面混凝土表面应平整圆顺，必要时可用砂浆抹平。防水层的铺设应保证各方向的搭接宽度。

6.2.4　明洞回填施工应遵循对称均衡原则，并应符合下列规定：
　　1　明洞拱背回填应在外模拆除、防水层和排水盲管施工完成后进行。人工回填时，拱圈混凝土强度应不小于设计强度的75%。机械回填时，拱圈混凝土强度应不小于设计强度。
　　2　明洞两侧回填水平宽度小于1.2m的范围应采用浆砌片石或同级混凝土回填。
　　3　回填料不宜采用膨胀岩土。
　　4　顶面0.2m可用耕植土回填。
　　5　明洞土石回填应对称分层夯实，分层厚度不宜大于0.3m，两侧回填高差不应大于0.5m。回填到拱顶以上1.0m后，方可采用机械碾压。回填土压实度应符合设计规定。

6 单侧设有反压墙的明洞回填应在反压墙施工完成后进行。

7 回填时不得倾填作业。

8 明洞回填时，应采取防止损伤防水层的措施。

9 洞门顶排水沟砌筑在填土上时，应在夯实后砌筑。

条文说明

2 明洞两侧回填水平宽度小于1.2m的范围应采用浆砌片石或同级混凝土回填，是为了保证隧道两侧能提供足够的抗力。

3 采用膨胀岩土回填对明洞结构有不利影响，本条规定是为了限制回填料采用膨胀岩土。当周围没有非膨胀岩土可以利用，甚至洞渣也存在膨胀性，拱部回填采用这些土石时，需要采取措施，并经论证确认所采用的措施可以消除膨胀岩土对明洞衬砌、洞顶排水的不利影响。所以本款的程度用词采用了"不宜"。

4 顶面0.2m用耕植土回填便于植被恢复，防止回填层顶面干裂。

5 回填土不密实，可能发生不均匀沉降造成回填土开裂、渗水。

6.3 浅埋段工程

6.3.1 浅埋段的开挖施工应遵循"管超前、严注浆、短开挖、强支护、早封闭、勤量测、速反馈、控沉陷"的原则。

条文说明

《公路隧道设计规范 第一册 土建工程》（JTG D3370.1—2018）第D.0.1条规定："浅埋和深埋隧道的分界可按荷载等效高度值，并结合地质条件、施工方法等因素综合判定。按荷载等效高度的判定可按式（D.0.1-1）、式（D.0.1-2）计算：

$$H_p = (2 \sim 2.5)h_q \tag{D.0.1-1}$$

$$h_q = \frac{q}{\gamma} \tag{D.0.1-2}$$

式中：H_p——浅埋隧道分界深度（m）；

h_q——荷载等效高度（m）；

q——用式（6.2.2-1）算出的深埋隧道垂直均布压力（kN/m²）；

γ——围岩重度（kN/m³）。

在钻爆法或浅埋暗挖法施工的条件下，Ⅳ～Ⅵ级围岩取：

$$H_p = 2.5h_q \tag{D.0.1-3}$$

Ⅰ～Ⅲ级围岩取：

$$H_p = 2h_q \qquad (\text{D}.0.1\text{-}4)"$$

《公路隧道设计规范 第一册 土建工程》（JTG D3370.1—2018）第 6.2.2 条规定："深埋隧道松散荷载垂直均布压力及水平均布压力，在不产生显著偏压及膨胀力的围岩条件下，可按下列公式计算：

1 垂直均布压力可按式（6.2.2-1）和式（6.2.2-2）计算确定：

$$q = \gamma h \qquad (6.2.2\text{-}1)$$

$$h = 0.45 \times 2^{S-1} \omega \qquad (6.2.2\text{-}2)$$

式中：q——垂直均布压力（kN/m^2）；

$\quad\quad\gamma$——围岩重度（kN/m^3）；

$\quad\quad h$——围岩压力计算高度（m）；

$\quad\quad S$——围岩级别，按 1、2、3、4、5、6 整数取值；

$\quad\quad\omega$——宽度影响系数，按式（6.2.2-3）计算：

$$\omega = 1 + i(B - 5) \qquad (6.2.2\text{-}3)$$

$\quad\quad B$——隧道宽度（m）；

$\quad\quad i$——B 每增减 1m 时的围岩压力增减率，以 $B=5m$ 的围岩垂直均布压力为准，按表 6.2.2-1 取值。"

表 6.2.2-1 围岩压力增减率取值表

隧道宽度 B（m）	$B < 5$	$5 \leqslant B < 14$	$5 \leqslant B < 14$	
围岩压力增减率 i	0.2	0.1	考虑施工过程分导洞开挖	0.07
			上下台阶法或一次性开挖	0.12

6.3.2 围岩自稳能力差或三车道及三车道以上跨度隧道的浅埋段，可选择地表降水、地表加固、管棚、超前小导管、预注浆等辅助工程措施。

6.3.3 浅埋隧道应加强初期支护和减小爆破振动，及时施作初期支护，尽早施作二次衬砌。

6.4 质量控制标准

6.4.1 洞门端墙和挡土墙基坑施工质量检查及控制标准应符合表 6.4.1 的规定。

表 6.4.1 洞门端墙和挡土墙基坑开挖质量控制标准

序号	项 目	允许偏差（mm）	检 验 频 率	检 验 方 法
1	基坑中心线距路线中心线	+50，0	每边不少于 5 处	全站仪、尺量
2	基坑长度、宽度	+100，0	每边不少于 5 处	全站仪、尺量
3	基坑底高程	不小于基底设计高程	每边不少于 5 处	水准仪测量

6.4.2 洞门端墙和挡土墙模板安装施工质量检查及控制标准应符合表 6.4.2 的规定。

表 6.4.2 洞门端墙和挡土墙模板安装质量控制标准

序号	项　　目	规定值或允许偏差（mm）	检 验 频 率	检 验 方 法
1	基础边缘位置	+15，0	每边不少于 4 处	测量
2	基础顶面高程	±10		
3	边墙边缘位置	±10，0		
4	边墙拱脚、端翼墙面顶面高程	±10		
5	模板表面平整度	5	每 10m 每侧连续检查 2 处	2m 靠尺测量最大间隙
6	模板表面错台	2	不少于 4 处	尺量
7	预留孔洞位置	+10，0	不少于 4 处	尺量

6.4.3 洞门混凝土端墙和挡土墙施工质量检查及控制标准应符合表 6.4.3 的规定。

表 6.4.3 洞门混凝土端墙和挡土墙质量控制标准

序号	项　　目	规定值或允许偏差	检 验 频 率	检 验 方 法
1	强度	在合格标准内	按本规范附录 B.1 要求	按本规范附录 B.1 要求
2	平面位置（mm）	50	每边不少于 4 处	全站仪
3	断面尺寸	不小于设计		
4	顶面高程（mm）	±20		
5	表面平整度（mm）	5	拱部不少于 2 处，墙身不少于 4 处	2m 靠尺测量
6	竖直度或坡度（%）	0.5	每边不少于 4 处	吊垂线

6.4.4 洞门砌体端墙和挡土墙施工质量检查及控制标准应符合表 6.4.4 的规定。

表 6.4.4 洞门砌体端墙和挡土墙质量控制标准

序号	项　　目		规定值或允许偏差	检 验 频 率	检 验 方 法
1	砂浆强度		在合格标准内	按本规范附录 B.2 要求	按本规范附录 B.2 要求
2	平面位置（mm）		50	每边不少于 4 处；2m 靠尺测量，拱部不少于 2 处；墙身不少于 4 处	仪器测量
3	断面尺寸		不小于设计		
4	顶面高程（mm）		±20		
5	表面平整度（mm）	块石	20	拱部不少于 2 处，墙身不少于 4 处	2m 靠尺测量
		片石	30		
		混凝土块、料石	10		
6	竖直度或坡度（%）		0.5	每边不少于 4 处	吊垂线

6.4.5 明洞回填及防水层施工质量检查及控制标准应符合表6.4.5的规定。

表6.4.5　明洞回填及防水层质量控制标准

序号	项　　目		规定值或允许偏差（mm）	检验频率	检验方法
1	卷材搭接宽度		≥100	每环测3处	尺量
2	卷材向暗洞延伸长度		≥500	检查3处	尺量
3	卷材在基底的横向长度		≥500	检查3处	尺量
4	沥青防水层每层厚度		2	检查10点	尺量
5	缝宽	焊接	≥10	每环检查3处	尺量
		粘接	≥50	每环检查3处	
6	回填层厚		≤300	每层检查至少每侧5点	尺量
7	两侧回填高差		≤500	检查5处	水准仪
8	坡度		符合设计规定	检查3处	尺量
9	回填厚度		符合设计规定	检查5处	全站仪、水准仪
10	回填压实		压实质量符合设计规定		厚度及碾压遍数符合要求

7 洞身开挖

7.1 一般规定

7.1.1 应根据隧道长度、跨度、结构形式、掌子面稳定性、地质条件等选择适宜的开挖方法，并应根据开挖方法选择配套的机械设备。

7.1.2 开挖前应核实掌子面地质情况，结合超前地质预报结果，根据地质变化情况及时调整开挖方法和支护参数，并做好各工序的衔接。

7.1.3 开挖后可能发生失稳、坍塌、涌水等地段，应预先采取针对性的预处理措施。

7.1.4 开挖作业应符合下列规定：
1 开挖断面尺寸应符合设计规定。
2 应根据开挖方法、断面大小、地质条件等因素确定合理的循环进尺。
3 开挖作业不得危及人员、设备及支护结构的安全。
4 开挖后应清除危石，并及时进行初期支护作业。
5 危石清除工作应采用机械作业与人工作业相结合的方式。

条文说明

规定的目的是保证施工质量和安全，核对地质条件、把握围岩稳定情况，降低安全和环境风险。

7.1.5 隧道爆破应采用光面爆破。

条文说明

岩石隧道爆破，采用光面爆破技术，其目的是使隧道开挖断面尽可能地符合设计轮廓线，减轻对围岩的扰动，减少超挖、欠挖。

7.1.6 隧道邻近有需要保护的重要建（构）筑物时，应严格控制爆破振动；也可选择机械开挖。

7.1.7 爆破作业及爆破物品管理，必须符合现行《爆破安全规程》（GB 6722）的有关规定。爆炸物品装运应符合现行《民用爆炸物品安全管理条例》和《公路工程施工安全技术规范》（JTG F90）的相关规定。

条文说明

爆破作业存在若干危险因素，如果操作不慎，将会给国家和人民生命财产带来重大损失。

7.1.8 隧道对向开挖的两工作面相距达到4倍隧道跨度时，两端施工应加强联系、统一指挥；两工作面不得同时起爆。土质和软弱破碎围岩，两开挖面间距离达到3.5倍隧道跨度时，应改为单向开挖；围岩条件较好地段，两开挖面间距离达到2.5倍隧道跨度时，应改为单向开挖。

条文说明

隧道双向开挖接近贯通时，开挖面岩体已较薄。从围岩稳定和爆破安全等角度考虑，给出了本条规定。

7.1.9 隧道进、出洞前，应按设计完成超前支护等辅助工程措施。

7.2 开挖方法

7.2.1 应根据地质条件、隧道开挖断面和围岩稳定情况选择开挖方法。不同围岩条件和开挖断面适宜的开挖方法见表7.2.1。

表7.2.1 不同围岩条件和开挖断面适宜的开挖方法

序号	开 挖 方 法		围 岩 级 别	
			双车道隧道	三车道隧道
1	全断面法		Ⅰ～Ⅲ	Ⅰ～Ⅱ
2	台阶法	长台阶法	Ⅲ～Ⅳ	Ⅱ～Ⅲ
		短台阶法	Ⅳ～Ⅴ	Ⅲ～Ⅳ
		超短台阶法	Ⅴ	Ⅳ
3	分部开挖法	环形开挖留核心土法	Ⅴ～Ⅵ	Ⅲ～Ⅳ
		中隔壁法	Ⅴ～Ⅵ	Ⅳ～Ⅴ
		交叉中隔壁法	Ⅴ～Ⅵ	Ⅳ～Ⅵ
		双侧壁导坑法	—	Ⅴ～Ⅵ

条文说明

通常，长台阶法的台阶长度为 50m 以上，短台阶法的台阶长度为 5～50m，超短台阶法的台阶长度为 3～5m。超短台阶法也称微台阶法。

7.2.2 全断面法施工应符合下列规定：

1 宜采用机械化作业，各种机械设备应合理配套。

2 应控制一次同时起爆的单段最大爆破药量。

3 应根据掌子面围岩稳定情况、爆破振动、钻孔和出渣效率、超挖控制等确定循环进尺：Ⅲ级围岩宜控制在 3m 左右；Ⅰ、Ⅱ级围岩，使用气腿式凿岩机时可控制在 4m 左右，使用凿岩台车时可根据围岩稳定情况适当调整。采用特殊设计的其他情况，每循环进尺应符合设计规定。

条文说明

全断面法施工工序示意如图 7-1 所示。

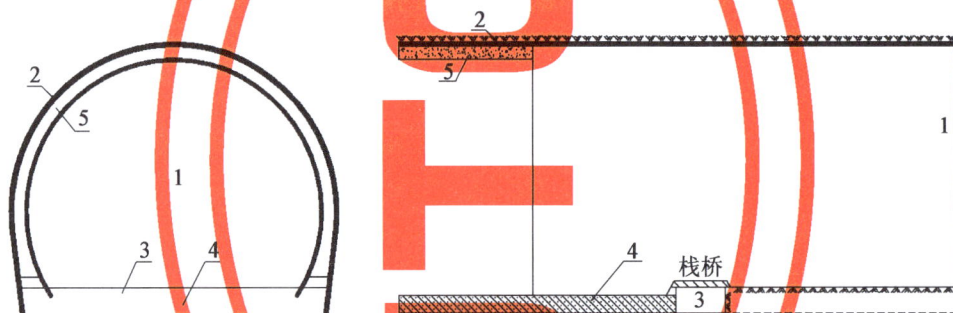

图 7-1 全断面法施工工序示意图

1-全断面开挖；2-初期支护；3-隧道底部开挖（捡底）；4-底板（仰拱及填充）浇筑；5-拱墙二次衬砌

全断面法作业空间较大，工序少、干扰小，有利于大型机械配套作业和提高施工速度，便于施工组织和管理。要求各种设备合理配套是为了提高效率和设备利用率。

爆破振动和爆破药量正相关。延时爆破是把一个爆破工作面分成多个区段分开起爆，这样一次爆破的爆破药量远远小于工作面的总爆破药量，从而极大地减弱了爆破振动。所以控制爆破振动首先要控制各个区段的爆破药量，特别是各个区段中装药量最多区段的装药量，即"单段最大爆破药量"，也就是俗称的"最大单响爆破药量"。

7.2.3 台阶法施工应符合下列规定：

1 台阶数量和台阶高度应综合考虑隧道断面高度、机械设备及围岩稳定性等因素确定。台阶开挖高度宜为 2.5～3.5m。可采用二台阶法或者三台阶法，台阶数量不宜多于三个。

2 上台阶开挖每循环进尺，Ⅲ级围岩宜不大于 3m，Ⅳ级围岩宜不大于 2 榀钢架间距，Ⅴ级围岩宜不大于 1 榀钢架间距。Ⅳ、Ⅴ级围岩下台阶每循环进尺宜不大于 2 榀钢架间距。下台阶单侧拉槽长度宜不超过 15m。

3 下台阶左、右侧开挖宜前后错开 3~5m，同一榀钢架两侧不得同时悬空。

4 下部施工应减少对上部围岩、支护的干扰和破坏。

5 下台阶应在上台阶喷射混凝土强度达到设计强度的 70% 以后开挖。

条文说明

两台阶法施工工序示意如图 7-2 所示。

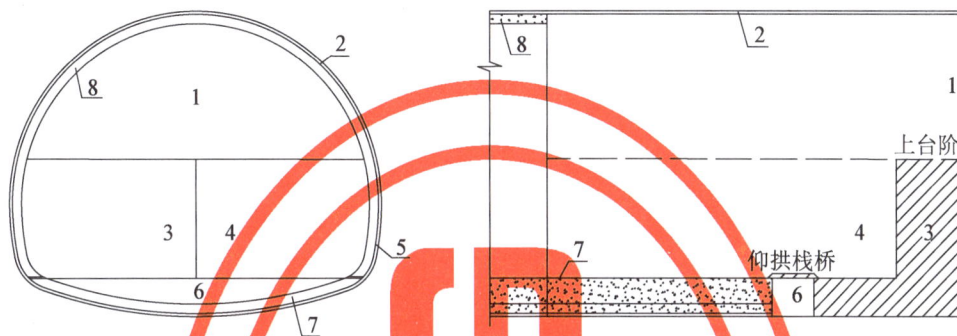

图 7-2 两台阶法施工工序示意图

1-上台阶开挖；2-上台阶初期支护；3、4-下台阶错开挖；5-下台阶初期支护；6-底部开挖（捡底）；7-仰拱及填充（底板）；8-二次衬砌

台阶法因其灵活多变、适用性强等优点，已成为大断面隧道施工的主流施工方法。实际施工中视围岩条件和机械设备情况可派生出各种台阶法。

采用台阶法时，台阶数量、台阶长度要适当。确定台阶的长度主要考虑两个因素：一是初期支护形成闭合断面的时间要求，稳定性愈差的围岩要求闭合时间愈短；二是上半断面施工时开挖、支护、出渣机械设备所需的作业空间。

采用长台阶法时，上下部可配属同类较大型机械平行作业，当机械不足时也可交替作业；当遇短隧道时，可将上部断面全部挖通后，再挖下半断面。该法施工干扰较少，可进行单工序作业，但是需要控制拱脚下沉。

短台阶法或超短台阶法两种方法可缩短仰拱封闭时间，改善初期支护受力条件，但施工干扰较大，支护不及时可能造成围岩失稳。软弱围岩必要时需要采用辅助开挖措施稳定开挖面，以保证施工安全。

扩大拱脚、加强锁脚锚杆、加设临时仰拱等措施有利于控制拱脚下沉。

7.2.4 环形开挖留核心土法施工应符合下列规定：

1 台阶开挖高度宜为 2.5~3.5m。

2 环形开挖每循环进尺，Ⅴ级围岩宜不大于 1 榀钢架间距，Ⅳ级围岩宜不大于 2 榀钢架间距。中下台阶每循环进尺，不得大于 2 榀钢架间距。核心土面积宜不小于断面面积的 50%。

3 上台阶钢架施工时，应采取有效措施控制其下沉和变形。

4 拱部超前支护完成后，方可开挖上台阶环形导坑；留核心土长度宜为 3~5m，宽度宜为隧道开挖宽度的 1/3~1/2。

5 各台阶留核心土开挖每循环进尺宜与其他分部循环进尺相一致。

6 核心土与下台阶开挖应在上台阶支护完成且喷射混凝土强度达到设计强度的 70% 后进行。下台阶左、右侧开挖应错开 3~5m，同一榀钢架两侧不得同时悬空。

7 仰拱施作应紧跟下台阶，以及时闭合成稳固的支护体系。

条文说明

两台阶环形开挖留核心土法施工工序示意如图 7-3 所示。仰拱与掌子面距离需要根据围岩和初期支护稳定情况调整控制。

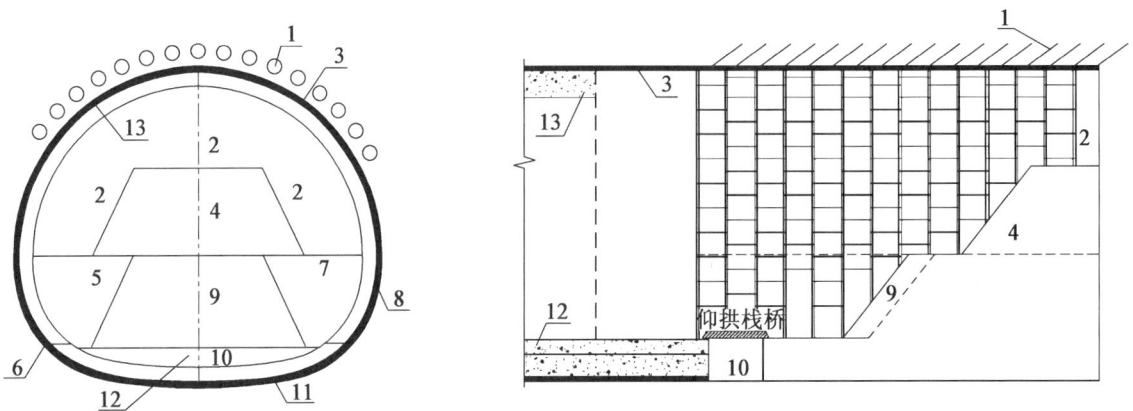

图 7-3 两台阶环形开挖留核心土法施工工序示意图

1-超前支护；2-上部环形导坑开挖；3-上部初期支护；4-上部核心土开挖；5、7-两侧开挖；6、8-两侧初期支护；9-下部核心土开挖；10-仰拱开挖；11-仰拱初期支护；12-仰拱及填充混凝土；13-拱墙二次衬砌

当地质条件较差，采用台阶法开挖掌子面自稳能力不足时，可采用环形开挖留核心土法。环形开挖留核心土法可分为两台阶环形开挖留核心土法和三台阶环形开挖留核心土法。

7.2.5 中隔壁法施工应符合下列规定：

1 各分部开挖时，周边轮廓应圆顺。开挖进尺不得大于 1 榀钢架间距。

2 初期支护完成、强度达到设计规定后方可进行下一分部开挖。

3 当开挖形成全断面时，应及时完成全断面初期支护闭合。

4 临时支护拆除宜在仰拱施工前进行，一次拆除长度应与仰拱浇筑长度相适应。临时支护拆除后，应及时浇筑仰拱和仰拱填充、施作拱墙二次衬砌。

5 临时支护拆除前后，应进行变形量测。

条文说明

中隔壁法施工工序示意如图 7-4 所示。

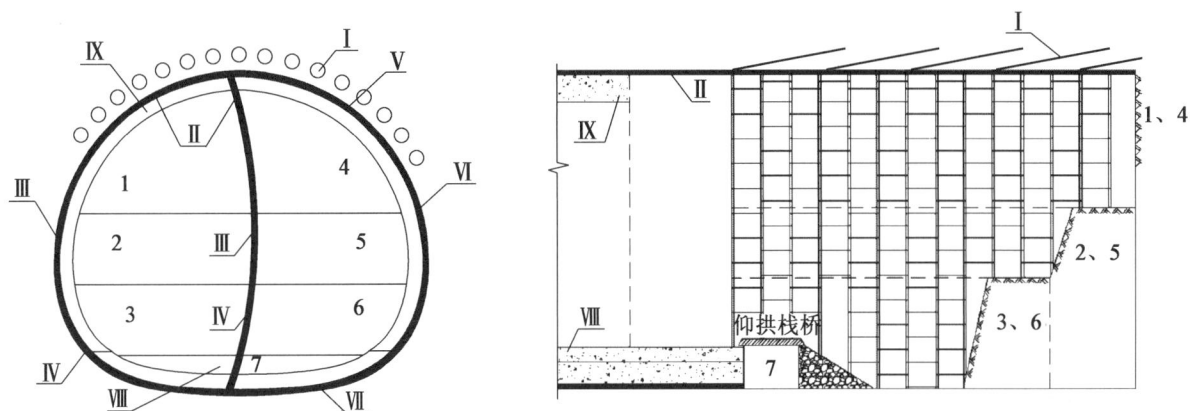

图 7-4　中隔壁法施工工序示意图

Ⅰ-超前支护；1-左侧上部开挖；Ⅱ-左侧上部初期支护；2-左侧中部开挖；Ⅲ-左侧中部初期支护；3-左侧下部开挖；Ⅳ-左侧下部初期支护；4-右侧上部开挖；Ⅴ-右侧上部初期支护；5-右侧中部开挖；Ⅵ-右侧中部初期支护；6-右侧下部开挖；Ⅶ-右侧下部初期支护；7-拆除中隔壁；Ⅷ-仰拱及填充混凝土；Ⅸ-拱墙二次衬砌

7.2.6　交叉中隔壁法施工应符合下列规定：

1　各分部开挖时，周边轮廓应圆顺。开挖进尺不得大于 1 榀钢架间距。

2　初期支护完成、强度达到设计规定后方可进行下一分部开挖。每个台阶底部均应按设计规定及时施工临时钢架或临时仰拱。

3　当开挖形成全断面时，应及时完成全断面初期支护闭合。

4　临时支护拆除宜在仰拱施工前进行，一次拆除长度宜与仰拱浇筑长度相适应。临时支护拆除后，应及时浇筑仰拱和仰拱填充、施作拱墙二次衬砌。

5　临时支护拆除前后，应进行变形量测。

条文说明

交叉中隔壁法施工工序示意如图 7-5 所示。

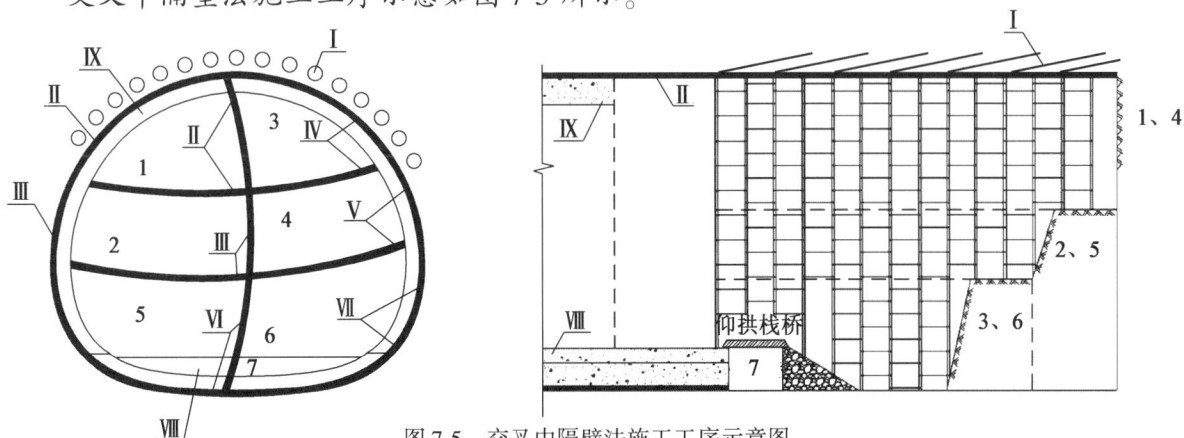

图 7-5　交叉中隔壁法施工工序示意图

Ⅰ-超前支护；1-左侧上部开挖；Ⅱ-左侧上部初期支护成环；2-左侧中部开挖；Ⅲ-左侧中部初期支护成环；3-右侧上部开挖；Ⅳ-右侧上部初期支护成环；4-右侧中部开挖；Ⅴ-右侧中部初期支护成环；5-左侧下部开挖；Ⅵ-左侧下部初期支护成环；6-右侧下部开挖；Ⅶ-右侧下部初期支护成环；7-拆除中隔壁及临时仰拱；Ⅷ-仰拱及填充混凝土；Ⅸ-拱墙二次衬砌

中隔壁法也叫 CD 法，英文名称：center diaphragm。交叉中隔壁法也叫 CRD 法，英文名称：cross diaphragm。二者既有联系又有区别。

（1）CD 法与 CRD 法的联系：中隔壁法（CD 法）可适用于比较软弱的Ⅳ～Ⅴ级围岩浅埋大断面双车道、三车道隧道的场合；交叉中隔壁法（CRD）可适用于软弱的Ⅳ～Ⅵ级围岩浅埋大断面双车道、三车道、四车道隧道的场合。

（2）CD 法与 CRD 法的主要区别：CD 法是用钢架和喷射混凝土的隔壁将断面分割开进行开挖的方法，一般临时仰拱没有横撑；CRD 法是用隔壁和仰拱把断面上下、左右分割进行开挖的方法，是在地质条件要求分部开挖及时封闭的条件下采用的，一般临时仰拱有横撑。CRD 法和 CD 法的区别是在施工过程的每一步，都要求用临时仰拱（横撑）闭合。CRD 法对地层的变形控制较 CD 法更为有效。

7.2.7 双侧壁导坑法施工应符合下列规定：

1 侧壁导坑开挖时，周边轮廓应圆顺。导坑跨度宜为整个隧道开挖宽度的三分之一。

2 导坑与中间土体同时施工时，导坑应超前 30～50m。

3 侧壁导坑开挖后，应及时施工初期支护并尽早形成封闭环。

4 临时支护拆除宜在仰拱施工前进行，一次拆除长度宜与仰拱浇筑长度相适应。临时支护拆除后，应及时浇筑仰拱和仰拱填充、施作拱墙二次衬砌。

5 临时支护拆除前后，应进行变形量测。

条文说明

双侧壁导坑法施工工序示意如图 7-6 所示。

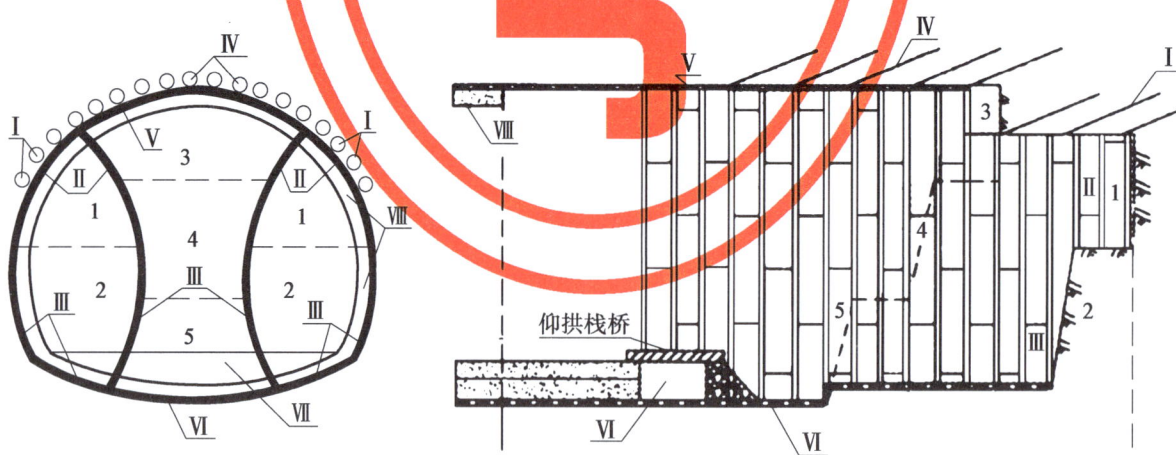

图 7-6 双侧壁导坑法施工工序示意图

Ⅰ-两侧超前支护；1-左（右）导坑上部开挖；Ⅱ-左（右）侧导坑上部初期支护；2-左（右）侧导坑下部开挖；Ⅲ-左（右）侧导坑下部支护成环；Ⅳ-拱部超前小导管；3-中壁上部开挖；Ⅴ-中壁拱部初期支护与左右Ⅱ闭合；4-中壁中部开挖；5-中壁下部开挖；Ⅵ-中壁下部初期支护与左右Ⅲ闭合；6-拆除临时支护；Ⅶ-仰拱及填充混凝土施工；Ⅷ-拱墙二次衬砌

7.2.8 仰拱部位开挖应符合下列规定：

1 应控制仰拱到掌子面的距离。必要时，仰拱应紧跟掌子面。

2 仰拱开挖时，应采取交通安全措施。

3 仰拱开挖长度：土和软岩应不大于 3m，硬岩应不大于 5m。开挖后应及时施作仰拱初期支护、二次衬砌及填充。

4 应做好排水设施，清除底面积水和松渣，严禁松渣回填。

7.2.9 开挖方法转换应符合下列规定：

1 转换前应进行围岩级别核对，确认开挖方法和支护参数适用于前方围岩。

2 分部断面变大、支护变弱应在较好的围岩段中进行。

3 转换前应进行技术交底。

4 转换应逐渐过渡。

5 转换过程中各开挖分部应及时支护、及时闭合。

7.3 超欠挖控制

7.3.1 隧道开挖轮廓应根据设计开挖轮廓和围岩变形量确定，规定预留变形量可根据设计预测值或表 7.3.1 选择初始值，并根据监控量测信息调整。

表 7.3.1 开挖轮廓预留变形量

围岩级别	预留变形量（mm）		围岩级别	预留变形量（mm）
I	双车道隧道	—	IV	双车道隧道	50 ~ 80
	三车道隧道	—		三车道隧道	80 ~ 120
	四车道隧道	—		四车道隧道	120 ~ 150
II	双车道隧道	—	V	双车道隧道	80 ~ 120
	三车道隧道	10 ~ 50		三车道隧道	100 ~ 150
	四车道隧道	30 ~ 80		四车道隧道	150 ~ 250
III	双车道隧道	20 ~ 50	VI	双车道隧道	依据设计和现场监控量测信息确定
	三车道隧道	50 ~ 80		三车道隧道	
	四车道隧道	80 ~ 120		四车道隧道	

注：1. 围岩破碎取大值，围岩完整取小值。

2. 膨胀性岩体或者围岩有明显流变时，应根据监控量测信息反馈计算分析选定。

条文说明

隧道周边围岩变形量不仅随围岩类别、水文地质和隧道宽度不同而异，而且与施工方法、初期支护、辅助工程措施等密切相关，因此施工中需要根据隧道现场监测数据及时调整，以防止实际变形量超过预留变形量时，造成开挖净空不够、影响二次衬砌厚度；同时也避免实际变形量远小于预留变形量时，造成开挖浪费、二次衬砌厚度增加过大或增加回填量等现象。

7.3.2 当采用钢架支撑时，如围岩变形较大，支撑可能沉落或局部支撑难以拆除时，宜适当加大开挖断面，预留支撑沉落量，保证衬砌设计厚度。应根据围岩性质和围岩压力预留支撑沉落量，并在施工过程中根据监控量测结果调整。

7.3.3 应严格控制欠挖。当岩层完整、岩石抗压强度大于30MPa并确认不影响衬砌结构稳定和强度时，每$1m^2$内欠挖面积不宜大于$0.1m^2$，欠挖隆起量不得大于50mm。拱脚、墙脚以上1m范围内及净空图折角对应位置严禁欠挖。

条文说明

开挖需按设计规定作业，原则上不能欠挖。但在完整的硬岩及中硬岩层中开挖时，由于岩面硬度较大，往往造成个别部位欠挖，如采取补炮，则势必造成较大的超挖，浪费工料，且二次扰动围岩，而在条文给出的限定范围和程度下，欠挖处岩石强度大于30MPa，对二次衬砌的减弱有限。故本条规定了不影响衬砌设计要求和质量的欠挖限值。拱墙脚以上1m内，是二次衬砌的关键位置，衬砌断面不能减薄。

7.3.4 宜减少超挖，不同围岩地质条件下超挖控制值应符合表7.3.4的规定。平均超挖值可按式（7.3.4）计算：

$$平均超挖值 = \frac{超挖面积}{爆破设计开挖断面周长(不包括隧底)} \quad (7.3.4)$$

表7.3.4 平均和最大超挖控制值

项 目		超挖控制值（mm）	检验方法和频率
拱部	破碎岩、土（Ⅳ级、Ⅴ级、Ⅵ级围岩）	平均100，最大150	全站仪或断面仪，每20m检查一个断面
	中硬岩、软岩（Ⅱ级、Ⅲ级、Ⅳ级围岩）	平均150，最大250	
	硬岩（Ⅰ级围岩）	平均100，最大200	
边墙	每侧	+100，0	尺量，每20m检查1处
	全宽	+200，0	
仰拱、隧底		平均100，最大250	水准仪，每20m检查3处

注：1. 最大超挖值是指最大超挖处至设计开挖轮廓切线的垂直距离。
2. 表列数值不包括测量贯通误差、施工误差。
3. 炮孔深度大于3m时，允许超挖值可根据实际情况另行确定。

条文说明

隧道开挖不免会有超挖。超挖量随岩质、节理裂隙状况、开挖方式和方法等因素不同而异。超挖过多，不仅会因出渣量和衬砌量增多而提高工程造价，而且由于局部挖掉围岩会产生应力集中问题,因此需要尽量减少超挖量。

表7.3.4规定的"超挖控制值",其中拱部超挖控制值比边墙、仰拱、隧底大,是考虑到拱部钻眼方向难于掌握,故稍稍放宽。不同类别的围岩中,拱部的超挖控制值稍有不同,是考虑到围岩的软硬及完整性不同。

7.3.5 超挖应回填密实。超挖回填应符合设计规定,设计中没有规定时应符合下列规定:

1 拱部坍塌形成的超挖处理应编制方案,并经审批后按方案处理。

2 沿设计轮廓线的均匀超挖,有钢架时,可采用喷射混凝土回填,或增大钢架支护断面尺寸,使钢架贴近开挖轮廓,在施工二次衬砌时,以二次衬砌混凝土回填;无钢架时,可在施工二次衬砌时,以二次衬砌混凝土回填。

3 局部超挖,超挖量不超过200mm时,宜采用喷射混凝土回填密实。

4 边墙部位超挖,可采用混凝土或片石混凝土回填。

7.4 钻爆

7.4.1 钻爆设计应符合下列规定:

1 施工前应进行钻爆设计。

2 钻爆设计应根据工程地质、地形环境、开挖断面、开挖方法、循环进尺、钻孔机具、爆破材料和出渣能力等因素综合考虑。

3 钻爆设计的内容宜包括:爆破方法,炮孔(掏槽孔、辅助孔、周边孔)的布置、数目、深度和角度,炸药种类,装药量和装药结构,起爆方法,起爆器材和爆破顺序等。钻爆设计图应包括炮孔布置图、周边孔装药结构图、钻爆参数表、主要技术经济指标及必要的说明。

4 钻爆设计应根据爆破效果优化调整。

条文说明

爆破是隧道施工的重要工序,对安全、质量、进度、造价均很关键。爆破设计如有问题,不但会影响隧道超欠挖,还可能加大对围岩的扰动,甚至诱发塌方。所以,需要进行钻爆设计并形成完整的钻爆设计文件。爆破后应根据爆破效果分析比较,及时修正钻爆参数,提高爆破效果,改进技术经济指标。钻爆设计文件力求简明易懂,以指导钻爆工正确执行钻爆设计。

7.4.2 钻爆作业应按钻爆设计实施。

7.4.3 爆破器材应具备相关的检验合格证、技术指标及说明书。

7.4.4 光面爆破应符合下列规定：

1 应根据围岩特点合理选择周边孔间距及周边孔的最小抵抗线。

2 应严格控制周边孔的装药量，并使药量沿炮孔全长合理分布。

3 周边孔宜采用小直径药卷不耦合装药或装填低威力炸药。可借助导爆索实现空气间隔装药。

4 宜采用毫秒雷管微差顺序起爆，使周边爆破时产生临空面。周边孔宜采用导爆索网路同时起爆；同时起爆药量超过安全允许药量时，也可分段起爆。

5 初始光面爆破参数，可根据工程类比选择，也可按表7.4.4-1、表7.4.4-2选用。光面爆破参数应根据爆破效果及时调整，优化爆破效果。当不采用2号岩石硝铵炸药时，装药集中度换算系数 K 可按式（7.4.4）计算：

$$K = \frac{1}{2}\left(\frac{2\text{号岩石炸药猛度}}{\text{换算炸药猛度}} + \frac{2\text{号岩石炸药爆力}}{\text{换算炸药爆力}}\right) \tag{7.4.4}$$

表 7.4.4-1　光面爆破参数

岩石种类	饱和单轴抗压极限强度 R_b（MPa）	装药不耦合系数 D	周边孔间距 E（mm）	周边孔最小抵抗线 V（mm）	相对距 E/V	周边孔装药集中度 q（kg/m）
硬岩	>60	1.25～1.50	550～700	700～850	0.8～1.0	0.30～0.35
中硬岩	30～60	1.50～2.00	450～600	600～750	0.8～1.0	0.20～0.30
软岩	<30	2.00～2.50	300～500	400～600	0.5～0.8	0.07～0.15

注：1. 装药不耦合系数为炮孔孔径与药卷直径的比值。

2. 断面较小或围岩软弱破碎或在曲线、折线处开挖成形要求高时，周边孔间距应取较小值。

3. 软岩在取较小的周边孔间距的同时，应适当增大抵抗线。

4. 软岩或破碎性围岩，相对距宜取小值。

5. 装药集中度按2号岩石硝铵炸药考虑；当采用其他炸药时，应进行换算。

表 7.4.4-2　预留光面层光面爆破参数

岩石种类	饱和单轴抗压极限强度 R_b（MPa）	装药不耦合系数 D	周边孔间距 E（mm）	周边孔最小抵抗线 V（mm）	相对距 E/V	周边孔装药集中度 q（kg/m）
硬岩	>60	1.25～1.50	600～700	700～800	0.7～1.0	0.30～0.35
中硬岩	30～60	1.50～2.00	400～500	500～600	0.8～1.0	0.20～0.30
软岩	<30	2.00～2.50	400～500	500～600	0.7～0.9	0.07～0.15

注：表的适用范围为炮孔深度1.0～3.5m；炮孔直径40～50mm；药卷直径20～32mm。

条文说明

优先考虑选用光爆炸药，一般选用导爆索加小直径药卷，但选用小直径药卷时，需防止爆炸中断现象，岩石很软时可以采用导爆索束代替炸药。硬岩或炮孔较深时，孔底可以装一节加强药包，以保证爆破效果。

7.4.5 炮孔布置应符合下列规定：

1 掏槽孔宜布置在开挖断面的中央稍靠下部。

2 开挖断面底面两隅处，宜合理布置辅助孔，适当增加药量，消除爆破死角。断面顶部应控制药量。

3 两个掏槽孔间距不宜小于200mm。

4 在岩层层理或节理发育时，斜孔掏槽的炮孔方向宜与层理面或节理面垂直。

5 掏槽孔宜比辅助孔孔底深100~200mm。爆破后开挖面凹凸较大时，应按实际情况调整炮孔深度及装药量。

7.4.6 应控制内圈孔的爆破参数，防止围岩过度龟裂。

7.4.7 钻爆作业应按钻爆设计钻孔、装药、接线和引爆。隧道爆破作业人员应经过专业培训，持证上岗。

7.4.8 应控制周边孔外插角度。

7.4.9 钻孔前应定出开挖断面中线、水平线和断面轮廓，经检查符合规定后方可钻孔。

7.4.10 非程控钻机钻孔前应标出炮孔位置，钻孔完成后，应按炮孔布置图检查并做好记录，不符合规定的炮孔应重钻，经检查合格后方可装药。

7.4.11 装药作业应符合下列规定：

1 严禁装药与钻孔平行作业。

2 严禁作业人员穿戴化纤衣物。

3 装药前，无关人员与机具等应撤至安全地点。

4 应使用木质或竹质炮棍装药。非间隔装药各药卷间应彼此密接。

5 已装药的炮孔应及时堵塞密封。除膨胀岩土地段和寒区隧道外，炮泥宜采用水炮泥、黏土炮泥。严禁用块状材料、煤粉或其他可燃材料作炮泥。

条文说明

装药结构与炮孔封堵质量影响爆破效果，装药过于集中也将影响爆破效果。

炮孔的填塞质量会影响爆破效果。填塞炮孔是爆破作业重要工序之一，填塞的目的在于使炸药爆炸的能量得到很好利用，改善岩石爆破破碎效果。填塞长度主要与炮孔孔径、最小抵抗线有关。钻孔直径大，则填塞长度大。一般来说，填塞长度不能小于最小抵抗线。炮泥通常用炮泥机制作，炮泥配合比一般为1:3的黏土和砂子，加含有2%~3%食盐的水制成。炮泥要干湿适度。

规定使用黏土炮泥加水炮泥是指在孔口使用黏土炮泥封孔，中间使用水炮泥堵塞，要求使用水炮泥是为了抑尘；排除了在膨胀岩土地段和寒区隧道使用水炮泥，是为了避免水在这两种情况下的不利影响。

7.4.12 连线起爆作业应符合下列规定：

1　每次起爆前，爆破员应仔细检查起爆网络。

2　起爆前，应确认邻近爆破工作面未装炸药及雷管。

3　爆破员应最后离开爆破地点，撤离到有掩护的安全地点起爆。

4　起爆前，所有人员应撤至不受有害气体、振动及飞石伤害的安全地点。安全地点至爆破工作面的距离，在独头坑道内不应小于200m；当采用全断面开挖时，应根据爆破方法与装药量计算确定安全距离。在有可能发生涌水、突水地段应加强开挖工作面与洞内后部工作点的联系。

5　起爆前班组长应清点人数，确认无误后，方可下达起爆指令。爆破员接到起爆指令后，应先发出爆破警号，至少等5s后，方可起爆。

6　处理瞎炮、残炮应符合现行《爆破安全规程》（GB 6722）的规定。

7　爆破后应待洞内有害气体浓度达到本规范第13章的规定后方可进入开挖面工作。

7.4.13 采用电力起爆时，除应执行现行《爆破安全规程》（GB 6722）的有关规定外，尚应符合下列规定：

1　工作面的电灯及电线应在装药前全部撤离，装药时应用矿灯、投光灯或风灯照明。

2　起爆主导线不宜与电线和管路敷设在同一侧；若设在同一侧时，与钢轨、管道等导电体的间距应大于1.0m，并悬空架设。

3　起爆前，应确保现场人员、机械设备等已撤离到安全距离外，并检查主线的连接，确认起爆顺序无误后方可起爆。

4　在地下水发育地段，爆炸材料应防水；应采用塑料导线作为连接线。应加强接头的防水与绝缘处理，爆破管路接头不得浸在水中。

7.4.14 爆破效果应达到围岩稳定、无大剥落或坍塌、块度适于出渣的要求。应对开挖断面形状、轮廓尺寸及爆破效果进行检查，并应符合下列规定：

1　超欠挖量应符合本规范第7.3.3条、第7.3.4条的规定。前后两茬炮衔接段的台阶形误差不宜大于150mm，使用凿岩台车时可根据实际情况另行确定。

2　周边炮孔痕迹保存率可按式（7.4.14）计算。不同岩质炮孔痕迹保存率 ξ 应符合下列规定：

1）硬岩 $\xi \geqslant 80\%$。

2）中硬岩 $\xi \geqslant 70\%$。

3）软岩 $\xi \geqslant 50\%$。

4）松散岩土不规定炮孔痕迹保存率，但开挖周边轮廓需平整圆顺。

$$周边炮孔痕迹保存率 \xi = \frac{残留有痕迹的炮孔数}{周边孔总数} \times 100\% \qquad (7.4.14)$$

条文说明

用炮孔痕迹保存率来检查爆破效果是简单有效的方法，在钻眼方法精度达到要求的前提下，可按目测计算的数据为准，松散软岩保留炮孔痕迹有一定难度，可以不强求数据，但要保证开挖周边轮廓平整圆顺。

《公路隧道施工技术细则》（JTG/T F60—2009）第6.4.17条对爆破后围岩的扰动深度给出了规定。此次修订考虑现场检查工作量太大，而且光面爆破一般能够满足扰动深度的规定，所以取消了这项规定。

7.4.15 爆破作业应在上一循环喷射混凝土终凝3h后进行。

7.4.16 连拱隧道、小净距隧道以及地表周围有建（构）筑物的浅埋隧道，宜进行爆破振动监测。

7.4.17 凿岩台车使用应符合下列规定：

1 选择凿岩台车时，应根据其技术、经济指标的合理性和先进性，分析对比择优选用。

2 程控凿岩台车定位应符合本规范第5章的规定。

3 凿岩台车进尺宜根据掌子面稳定、钻爆效率、超挖量、出渣效率等综合确定。

条文说明

选择设备考虑因素包括：①凿岩速度快、工作稳定可靠、结构简单、便于操作和维修；②满足各种凿岩爆破工艺对钻孔布置和深度、隧道断面尺寸和运输方式等方面的要求。考虑经济性时，包括设备的投资、能源消耗、设备维修和管理、设备折旧等方面的费用。通常将所有费用换算成每钻1m炮孔时所需的费用。

7.5 机械开挖

7.5.1 土质围岩应采用机械开挖。软弱破碎围岩宜采用机械开挖。

7.5.2 机械开挖应根据隧道结构特点、围岩特性和掌子面稳定情况、断面大小、开挖和支护出渣效率、动力提供条件和工期要求、场地条件及经济性等因素，选择合适的机械、开挖方法、开挖参数。

7.5.3 机械开挖应及时施作初期支护。

7.5.4 开挖机械和其他电动、液压机械的使用、管理、维修和保养，应按有关规定办理，并应符合下列规定：

1 机械运转不应超过其最大负荷强度。

2 燃料、润滑油脂和用水应符合有关规定。

3 不得乱拆乱卸、互换装用机械及零部件。

4 新型机械使用前，应对操作人员进行技术培训，熟悉其性能，掌握机械的安全操作规程。

5 检查、操作和保养应符合产品说明书和操作规程规定。

条文说明

长期以来，我国隧道施工大量采用人工作业，机械化水平不高，工人作业环境差，施工效率低下。随着国家对施工安全、质量、环保等标准越来越高，以及劳动力成本日益增长，以往靠拼劳动力，牺牲安全、质量和环境的粗放型施工管理模式难以为继，只有通过全面推广隧道施工机械化作业，不断提高隧道施工综合机械化配套水平，才有可能从根本上改变上述隧道施工面临的问题，促进施工进度，缩短工期，保证施工质量和安全，缩短我国与发达国家之间的差距。

8 装渣、运渣与弃渣

8.1 一般规定

8.1.1 出渣运输方式宜采用汽车无轨运输方式。通风、掉头、会车、爬坡困难时，可选用有轨运输、皮带运输或混合运输方式。

8.1.2 出渣运输设备的选型配套应保证机械设备充分发挥其功能，并应使出渣能力、运输能力与开挖能力相适应。

8.1.3 运输线路或道路应设专人进行维修和养护，使其处于平整、畅通状态。线路或道路两侧的废渣和余料应及时清除。

8.1.4 应定期检查、维护、保养出渣运输车辆，使之处于完好状态。

条文说明

本条为保证出渣与运输的安全、环保而制定。运输车辆的性能良好才能保证洞内运输线路的畅通，车辆制动有效方能保证运输安全。

8.1.5 严禁人料混载，不得超载、超宽、超高、超速运输。运装大体积或超长料具时，应有专人指挥、专车运输，并设置显示界限的红灯。

8.1.6 进洞的各类施工机械与车辆，宜选用带净化装置的柴油机动力，有轨式出渣运输车辆宜选用电瓶车。

8.2 出渣运输

8.2.1 隧道施工时，应建立运输调度系统，并编制运输计划，统一指挥，确保车辆运输安全，提高运输效率。

8.2.2 无轨运输作业应符合下列规定：

1 洞内路面应平整密实、排水通畅。

2 从隧道的开挖面到弃渣场地，会车场所、转向场所及行人的安全通路设置应按施工方案要求执行。

3 在洞口、平交道口、狭窄的施工场地，应设置明显的警示标志，必要时应设专人指挥交通。

4 单车道净宽不得小于车宽加 2m，并应间隔适当距离设置错车道；双车道净宽不得小于 2 倍车宽加 2.5m；会车视距宜大于 40m。

5 行车速度在施工作业地段和错车时不应大于 10km/h；成洞地段不宜大于 25km/h。

6 车辆行驶中严禁超车，洞内倒车与转向应由专人指挥。

7 二次衬砌完成后可加装隔离设施，人车分流。

8.2.3 有轨运输线路布设应符合下列规定：

1 轨道运输的弃渣线、编组线和联络线，应形成有效的循环系统。

2 洞外应根据需要设置调车、编组、出渣、进料、设备整修等作业线路。

3 洞内宜铺设双道；在单道地段，应根据装渣作业时间和行车速度的大小合理布设错车道、调车设备，增加岔线和岔道等。

8.2.4 有轨运输线路铺设应符合下列规定：

1 同一线路应使用同一型号钢轨，钢轨质量不宜小于 38kg/m。钢轨配件、夹板、螺栓应按标准配齐，且与轨型相符。

2 道岔型号应与钢轨类型相配合，不得低于 6 号道岔，并安装转辙器。

3 轨枕的规格及数量应符合标准规定，间距不宜大于 0.7m，间距偏差不得超过 50mm，长度为轨距加 0.6m。轨枕的上下面应平整。

4 平曲线半径，宜使用较大的曲线半径；洞内不应小于机动车或车辆轴距的 7 倍，洞外不应小于机动车或车辆轴距的 10 倍；使用有转向架的梭式矿车时，不应小于车辆技术文件规定的最小曲线半径。

5 道床道砟应采用不易风化的碎石，粒径应符合标准规定，不宜过大。道床厚度不应小于 150mm。

6 双道的线间距应保持两列车间净距不小于 0.3m，错车线处应大于 0.4m。

7 车辆距坑道壁或支撑边缘的净距不应小于 0.3m，单道一侧的人行道宽度不宜小于 0.7m。

8 洞外卸渣线末端应设 1% ~3% 的上坡段。

9 线路铺设轨距允许误差为：+6mm、-4mm，曲线地段应按规定加宽和设超高；钢轨接头间隙、顶面的高低差，以及曲线段外轨按设计加高后与内轨顶面的高低偏差，不得大于 5mm。钢轨配件应齐全牢固。

10 当采用新型轨式机械设备时，线路铺设标准应满足机械规格、性能的要求，保证运输安全。

条文说明

有轨式运输线路铺设标准和规定，是根据隧道施工常用的机械设备和洞内运输条件综合考虑规定的。

8.2.5 有轨运输作业应符合下列规定：

1 不得超载。

2 车辆装载高度，斗车不应超过顶面 0.5m，宽度不应超过车宽。

3 列车应连接良好，采用不能自行脱钩的连接装置。利用机车进行车辆的调车、编组和停留时，应有可靠的制动装置，严禁溜车。

4 车辆在同方向行驶时，相邻两组列车间的距离不应小于 100m。人推斗车的间距不应小于 20m。

5 在洞内施工地段、视线不良的弯道上或通过道岔和洞口平交道等处，机动车牵引的列车运行速度不宜超过 10km/h；其他地段在采取有效的安全措施后，最大速度不宜超过 20km/h。

6 轨道旁的料堆，距钢轨外缘不应小于 0.8m，高度不应大于 1.0m。

7 洞内在曲线区间、转辙器和人行横道处应设慢行标志、限速标志和注意安全标志。

8 长隧道施工应有载人列车供施工人员上下班使用，并应制定安全保证措施。严禁非专职人员开车。

8.2.6 仰拱栈桥应符合下列规定：

1 仰拱栈桥应经过强度、刚度和稳定性验算。应根据验算条件编制栈桥使用要求，并进行交底。

2 仰拱栈桥宜采用自行式整体栈桥。

3 仰拱栈桥液压千斤顶宜设有自锁定装置。

4 仰拱栈桥引桥的最大纵向坡度宜不大于 25%。

5 仰拱栈桥基础应稳固。栈桥就位后应检查基础的稳定情况和千斤顶是否锁定。

6 汽车通过仰拱栈桥时，栈桥下方施工人员应躲避。

7 仰拱栈桥上部的泥水及残余混凝土应及时清除。

8 车辆通过栈桥时速度不得大于 5km/h。

条文说明

4 《车库建筑设计规范》（JGJ 100—2015）规定汽车库内通车道坡度的最大值见表 8-1。

表8-1 汽车库内通车道最大坡度

车 型	直线坡道		曲线坡道	
	坡度（%）	坡道高长比值	坡度（%）	坡道高长比值
微型车、小型车	15	1:6.67	12	1:8.3
轻型车	13.3	1:7.50	10	1:10
中型车	12	1:8.3	10	1:10
大型客车、大型货车	10	1:10	8	1:12.5

爬坡能力影响因素较多，在不冲坡的前提下，典型车型爬坡能力近似值见表8-2。

表8-2 爬坡能力近似值一览表

车 型	爬坡能力（坡度）（%）
前驱动轿车（雨雪湿滑路面）	10
前驱动轿车（干粗路面）	15
4×2（2轴2轮驱动）货车	25
6×4（3轴4轮驱动）货车	32
4×4（2轴4轮驱动）吉普车	50

《公路工程技术标准》（JTG B01—2014）对最大纵坡规定见表8-3。

表8-3 最大纵坡

设计速度（km/h）	120	100	80	60	40	30	20
最大纵坡（%）	3	4	5	6	7	8	9

考虑通过车辆、坡度、坡道长度、爬坡能力、仰拱栈桥工作场地占用等综合因素，结合现场经验，在本条中规定仰拱栈桥引桥最大坡度为25%。

8.2.7 台车、仰拱栈桥护栏等道路宽度变化处、道路上阻挡物处应设置反光标志。

8.3 装渣与卸渣

8.3.1 装渣设备应选用能在隧道开挖断面内发挥高效率的机械，其装渣能力应与开挖土石方量及运输车辆的容量相适应。装渣机械应具有移动、装卸方便、污染小的特点。

8.3.2 装渣作业范围内应有充足照明，并应符合下列规定：

1 装渣前及装渣过程中，应观察开挖面围岩的稳定情况。发现有松动岩石或塌方征兆时，应先处理后装渣。

2 装渣前，拒爆残药的处理应符合现行《爆破安全规程》（GB 6722）的规定。

3 装渣时，应将车辆停稳并制动。

4 漏斗装渣时，漏斗处应有防护设备和联络信号；装满渣时应发出停漏信号；装渣结束后漏斗处应加盖；接渣时，漏斗口下不得有人通过。

5 机械装渣时，装载机械应能在开挖断面安全运转，装渣机操作时其回转范围内不得有人通过，2 台以上机械同时作业时应明确各自的作业范围；机械装渣作业应严格按操作规程进行，并不得损坏已有的支护及设施。

6 采用有轨式装渣机械时，轨道应紧跟开挖面，调车设备应及时向前移动。

7 装渣高度不宜高于车厢护栏高度。

8 临时弃渣倒运时，不得掏底装渣。

条文说明

装渣作业规定是为保证装渣的安全及提高轨式装渣速度而制定的。

隧道在开挖爆破后，围岩受到不同程度的扰动，因此，在进行装渣作业前要进行围岩稳定性检查，处理危石，排除拒爆残药，规范装渣，确保装渣作业安全。

8.3.3 卸渣作业应符合下列规定：

1 应根据弃渣场地形条件、弃渣利用情况、车辆类型，合理布置卸渣路线，卸渣应在规定的卸渣路线上依次进行。

2 卸渣宜采用自动卸渣或机械卸渣设备和平渣设备。机械卸渣时，应有专人指挥。应分层卸渣、及时平整。

3 卸渣时，应将车辆停稳制动，严禁站在斗车内扒渣。

4 轨道运输卸渣时，卸渣码头应搭设牢固，并设挂钩、栏杆，轨道末端应设置可靠的挡车装置和标志，以及足够宽的卸车平台。

5 卸渣不得影响装渣人员和设备的安全。

8.4 弃渣场

8.4.1 弃渣场地应按设计规定布置，满足安全、防洪、环保、水保要求，少占耕地和林地，运距合理，方便挡护、行洪和弃渣。

条文说明

弃渣场地压缩甚至堵塞河道、沟谷，造成排水泄洪不畅，危害很大；挤压桥梁墩台或其他建（构）筑物会危或其安全。

弃渣场地要选择占地、伐树、拆迁等补偿费用低廉，且出渣运输方便、距离最短的地点，其场地容量能够容纳隧道弃渣。在风景区和住宅规划区，以及保护林和防沙地带等弃渣均受到限制，因此需要进行详尽的现场调查。

8.4.2 挡护工程基础的地基承载力应符合设计规定。挡护工程基础应在弃渣前完成。

条文说明

　　给出本条规定是考虑弃渣后施工基础，基础开挖会造成渣体不稳，无法施工挡护结构。

8.4.3　弃渣场应因地制宜设置防排水设施，并应符合设计规定。

条文说明

　　弃渣场排水不好会造成安全质量隐患。

8.4.4　弃渣场的支挡结构、坡面防护、排水沟、截水沟等的结构形式及尺寸应满足设计要求。沉降缝、泄水孔和反滤层的位置、数量应满足设计要求。

8.4.5　弃渣应符合下列规定：
1　弃渣范围和坡度应符合设计规定。
2　必要时可留平台。
3　弃渣场防护和弃渣应协调进行。

条文说明

　　随意弃渣会造成弃渣场的容量缩小、弃渣难度加大，存在安全隐患。

8.4.6　弃渣结束后，应根据环境保护法规、设计要求、合同规定恢复植被。

9 支护与衬砌

9.1 一般规定

9.1.1 支护与衬砌的强度、形状和尺寸应能保持围岩稳定、满足设计要求。

条文说明

  隧道衬砌结构包括喷锚衬砌和模筑混凝土衬砌。喷锚衬砌也称喷锚支护，在复合式衬砌结构中，通常称为初期支护；模筑混凝土衬砌在复合式衬砌结构中通常称为二次衬砌。支护与衬砌是隧道结构的一部分，是隧道施工安全和使用安全的基本保障。

9.1.2 隧道喷锚支护应紧随开挖及时施作。

条文说明

  喷锚支护是喷混凝土支护、喷混凝土＋锚杆支护、喷混凝土＋锚杆＋钢筋网支护、喷混凝土＋锚杆＋钢筋网＋钢架支护的统称。喷锚支护是薄型柔性支护结构，只有与围岩密贴，才能与围岩共同工作，才能与围岩形成组合结构，才能起到加固围岩、控制围岩变形、充分利用和发挥围岩自承能力的作用。及时施作喷锚支护是喷锚支护施工的关键，是维护围岩稳定的需要。

9.1.3 隧道衬砌中线、高程应满足设计要求，施工误差不得导致衬砌结构厚度减薄、侵入隧道设计内轮廓线。

条文说明

  本条是对隧道衬砌施工的基本要求。隧道衬砌（包括喷锚支护）施工时，中线、高程，隧道开挖断面形状、几何尺寸需要满足设计要求。施工误差包括测量精度误差、超欠挖控制等。

9.1.4 隧道衬砌施工应结合超前地质预报和现场监控量测结果，与设计配合对支护结构和开挖、支护方式进行合理调整。

条文说明

通过超前地质预测预报隧道开挖前方的围岩地质条件、地下水等地质信息；通过施工监控量测对围岩和支护结构的观察、监测，掌握围岩动态及支护结构受力状态，根据预测和监测情况，对支护结构和开挖、支护方式进行调整，实行动态设计、动态施工。

9.2 喷射混凝土

9.2.1 喷射混凝土施工应做好下列准备工作：

1 清理受喷岩面的浮石、岩屑、杂物和粉尘等。

2 检查开挖断面净空尺寸，凿除欠挖凸出部分。

3 岩面渗水处采取引排措施。

4 设置控制喷射混凝土厚度的标识。

5 检查作业机具、设备、风水管路、电缆线路，并试运转正常。

6 检查作业场地的通风和照明条件。

条文说明

喷射混凝土的施工准备工作关系到工程质量、喷射作业安全。

清除松动岩块、浮石是为防止松动碎块的掉落，危及喷射作业安全；清除岩面杂物、岩屑、灰尘，是为了保证喷射混凝土与岩面的有效黏结。

检查开挖断面，有局部欠挖需凿除。喷射混凝土作业完成后发现局部凸出，需凿除后补喷。

岩面有渗流水时，喷射混凝土难以与围岩岩面黏结，需采取引排、隔离措施。

设置控制喷射混凝土厚度的标识是为了保证喷层厚度。一般是在初喷混凝土上插标示短钢筋，或利用钢筋网、钢架设置标识。

喷射混凝土连续作业是保证质量的重要条件，机具需整体配套、工作良好。

喷射混凝土施工过程中需要良好的作业环境，保障作业人员的身心健康，也是保证施工质量的要求。

9.2.2 喷射混凝土的材料应符合下列规定：

1 应选用硅酸盐水泥或普通硅酸盐水泥。有特殊要求时，可采用特种水泥。采用特种水泥时应进行现场试验，强度指标应满足设计要求。

2 粗集料应采用坚硬耐久的碎石或卵石，粒径不宜大于12mm。细集料应采用坚硬耐久的中砂或粗砂，细度模数宜大于2.5，集料级配宜采用连续级配。

3 外加剂应符合现行《混凝土外加剂应用技术规范》（GB 50119）的规定。

4 应选择速凝效果好，对喷射混凝土强度和收缩影响小的速凝剂，其初凝时间应不大于3min，终凝时间应不大于12min，并应符合现行《混凝土外加剂应用技术规范》

（GB 50119）的规定。

    5   应根据水泥品种、水灰比等通过试验确定速凝剂掺量。

    6   拌和用水应符合表9.2.2的规定。

表 9.2.2　混凝土拌和用水标准

项　　　目	钢筋混凝土	素 混 凝 土
pH 值	≥4.5	≥4.5
不溶物（mg/L）	≤2 000	≤5 000
可溶物（mg/L）	≤5 000	≤10 000
Cl^-（mg/L）	≤1 000	≤3 500
SO_4^{2-}（mg/L）	≤2 000	≤2 700
碱含量（rag/L）	≤1 500	≤1 500

注：碱含量按 $Na_2O + 0.658K_2O$ 计算值来表示。采用非碱活性集料时，可不检验碱含量。

条文说明

    1   采用普通硅酸盐水泥是因为它含有较多的 C_3A 和 C_3S，凝结时间较快，特别是与速凝剂有良好的相容性。采用特种水泥需通过现场试验确定掺量。

    2   粗集料的粒径，目前国内喷射机械可使用的最大粒径为 25mm，但为了减少回弹和管路堵塞，本条规定不大于 12mm。细集料采用中粗砂及细度模数宜大于 2.5 的规定，不仅是为了有足够的水泥包裹细集料，有利于获得足够的混凝土强度，同时可减少粉尘和硬化后混凝土的收缩裂纹。

    3   加入外加剂是当前喷射混凝土一种不可缺少的手段。如为提高早期强度，可掺早强剂；使喷射混凝土迅速凝固，可加速凝剂；为减少喷射混凝土回弹及粉尘可加增黏剂等。掺加外加剂不能对混凝土原有性能产生不良影响。目前各种外加剂在不断改进，有时要采用多种外加剂的组合，使用前要进行相应试验，是为了找出合理组合及其掺量。

    4   速凝剂是喷射混凝土要使用的外加剂，它的质量和掺量对喷射混凝土的强度、质量和成本都有很重要影响。速凝剂对不同品种的水泥，其作用效果不同，而且速凝剂的凝结时间也会因环境温度的不同而有差别。为此，需要在使用前进行与水泥相容性和速凝效果的试验检验，一般情况下按水泥质量的 2%～4% 进行检验。

    6   pH 值的检验按现行《水质　pH 值的测定　玻璃电极法》（GB/T 6920）的要求进行，并尽可能在现场测定。不溶物的检验按现行《水质　悬浮物的测定　重量法》（GB/T 11901）的要求进行。可溶物的检验按现行《生活饮用水标准检验方法　感官性状和物理指标》（GB/T 5750.4）中溶解性总固体检验法的要求进行。氯化物的检验按现行《水质　氯化物的测定　硝酸银滴定法》（GB/T 11896）的要求进行。硫酸盐的检验按现行《水质　硫酸盐的测定　重量法》（GB/T 11899）的要求进行。碱含量的检验按现行《水泥化学分析方法》（GB/T 176）中关于氧化钾、氧化钠测定的火焰光度计法的要求进行。

9.2.3 喷射混凝土配合比应满足设计强度和喷射工艺的要求。喷射混凝土1d龄期的抗压强度不应低于8MPa。

条文说明

不同批次的喷射混凝土材料都需进行现场配合比试验，进行喷射混凝土配合比试验时，初次试验可参考下列数据：

胶集比：1:3.5～5；

集料含砂率：45%～60%；

水胶比：0.4～0.5。

用于初喷的混凝土，水泥用量可适当加大（水泥:砂:石 = 1:2:1.5～2），以利于混凝土与岩面的黏结和减少回弹。

9.2.4 喷射混凝土施工宜采用湿喷工艺。

条文说明

喷射混凝土工艺主要有下列三种：

干喷，是将喷射混凝土混合料、速凝剂在无水（含水率<5%）的情况下搅拌均匀，用压缩空气使干集料在软管内呈悬浮状态压送到喷枪，再在喷嘴处与高压水混合，以较高速度喷射到岩面上。干喷作业的喷射混凝土水灰比控制比较困难，密实度较差，质量不易保证。但施工机械简单，作业灵活、易于操作。干喷作业时回弹多、粉尘大，对作业环境造成不良影响，并且对喷射手工艺技术要求较高，隧道内不允许采用。

潮喷，将集料预加少量水（含水率5%～7%），浸润成潮湿状，再加水泥、速凝剂拌和均匀，但大量的水仍是在喷头处加入和喷出的，其喷射工艺流程和使用机械与干喷工艺相同。潮喷作业可以降低上料、拌和和喷射时的粉尘，粉尘有所减少，喷射混凝土质量相对较好。

湿喷，将喷射混凝土按集料、水泥和水按比例拌和均匀，用湿式喷射机压送到喷头处，再在喷头上添加速凝剂后喷出，以较高速度喷射到岩面上。湿喷作业，能显著减少粉尘、提高喷射混凝土的密实度，喷射质量容易得到控制，作用效率高，喷射过程中的粉尘和回弹量少，但对喷射机械要求高、湿喷机体积较大。

9.2.5 喷射混凝土机具应具有连续、均匀的工作性能，技术条件应能满足喷射作业需要。

条文说明

本条是对喷射混凝土机具的基本要求，保证喷射作业连续进行。

9.2.6 喷射混凝土混合料应采用机械搅拌，并拌和均匀，搅拌时间不应少于2min。

条文说明

要求采用机械搅拌机搅拌，是为了保证混合料搅拌均匀，杜绝出现拌和不均匀的问题。

9.2.7 喷射混凝土作业应符合下列规定：

1　喷射混凝土应直接喷在围岩面上，与围岩密贴，受喷面不得填塞杂物。

2　喷射混凝土作业应按初喷混凝土和复喷混凝土分别进行，复喷混凝土可分层多次施作。

3　喷射混凝土应分段、分片、分层按由下而上顺序进行，拱部喷射混凝土应对称作业。

4　初喷混凝土厚度宜控制在20~50mm，岩面有较大凹洼时，可结合初喷找平。

5　根据喷射混凝土设计厚度，喷射部位和钢架、钢筋网设置情况，复喷可采用一次作业或分层作业。拱顶每次复喷厚度不宜大于100mm。边墙每次复喷厚度不宜大于150mm。复喷最小厚度不宜小于50mm。

6　后一层喷射混凝土应在前一层喷射混凝土终凝后进行，若终凝后初喷射混凝土表面已蒙上粉尘时，后一层喷射混凝土作业前，受喷面应吹洗干净。

7　未掺入速凝剂的混合料存放时间不宜大于2h。

8　喷射混凝土作业时，喷嘴宜垂直岩面，喷枪头到受喷面的距离宜为0.6~1.5m。喷射机工作压力宜根据混凝土坍落度、喷射距离、喷射机械、喷射部位确定，可先在0.2~0.7MPa之间选择，并根据现场试喷效果调整。

9　喷射混凝土不得挂模喷射。

10　喷射混凝土回弹物不得重新用作喷射混凝土材料。

条文说明

1　隧道开挖爆破后，立即进行喷射混凝土初喷作业，能迅速封闭岩面、有效控制围岩松动变形，保证施工安全、保证喷射混凝土支护效果。立即进行喷射混凝土初喷作业是指开挖爆破、清除危石后，在立钢架和挂钢筋网之前，对新暴露的围岩面进行初喷，一般不超过4h完成，围岩条件较好时一般在6h内完成。

2　喷射混凝土按初喷混凝土和复喷混凝土分别进行，是指初喷混凝土将全部新暴露的围岩表面覆盖完全，并达到终凝后再进行复喷。

3　喷射混凝土分段、分片是为了便于厚度和密实度控制，保证喷射混凝土连续作业，也是考虑到喷射机械的工作能力和作业半径。按由下而上顺序进行，是为了避免上部喷射混凝土回弹物污染下部喷射的岩面、混入喷层内。且下部喷射混凝土层对上部喷射混凝土层起支托作用，可减少或防止喷射混凝土层松脱。

5 每次复喷混凝土厚度要适当，过薄则粗集料不易黏结牢固，增加回弹量；过厚则由于混凝土自重下坠，影响喷射混凝土与岩面的黏结力，不易保证喷射混凝土层密实。

7 由于混合料中含有一定的水分，若停放时间过长，水泥易发生预水化，会造成混凝土后期强度的明显降低。

8 喷嘴垂直岩面时，喷射效果最好；斜向喷射时，易产生分离、增加回弹。喷射距离以冲击速度和附着强度为最佳状态的条件确定。喷射压力是影响喷射混凝土粉尘量和回弹率的重要因素之一，现场实时调整到合适压力。

10 喷射混凝土回弹物，已经发生水化作用，混凝土已凝固，是不可逆的，不得重新用作喷射混凝土材料，只能作废料处理。

9.2.8 喷射混凝土养护应符合下列规定：

1 喷射混凝土与下一循环爆破作业间隔时间应符合本规范第7.4.15条的规定。

2 喷射混凝土终凝2h后，应进行养护，养护时间不应少于7d。

3 隧道内环境日均温度低于5℃时不得洒水养护。

条文说明

1 由于要求喷射混凝土紧跟开挖面及时进行，距离爆破源很近。为了避免下次爆破影响喷射混凝土强度，需间隔一定的时间。低温条件下尤其注意测定终凝时间的实际值，确保喷射混凝土不受爆破振动破坏。

2 喷射混凝土后需要进行初期养护，免受低温、干燥、急剧温度变化等有害影响。养护方式一般采用洒水养护，养护时间是根据喷射混凝土后期强度增长确定，7d以后喷射混凝土的强度增长明显减缓。

9.2.9 冬期施工应符合下列规定：

1 喷射混凝土作业区的气温不宜低于5℃。

2 在结冰的层面上不得进行喷射混凝土作业。

3 喷射混凝土强度未达到6MPa前不得受冻。

4 喷射混凝土拌和条件应符合冬期施工方案的要求。喷射混凝土在洞内拌和时，喷射混凝土材料应提前运进洞内。

条文说明

喷射混凝土与模筑混凝土的冬期施工规定相同，要求混凝土能正常凝结与硬化，避免因冻胀引起的损害。冬期喷射混凝土在洞内拌和时，将混合料提前运进洞内是为了保证混合料温度。

9.2.10 钢纤维喷射混凝土应符合下列规定：

　　1　水泥强度等级不宜低于 42.5。

　　2　钢纤维喷射混凝土粗集料粒径不宜大于 10mm。

　　3　钢纤维喷射混凝土的水泥、砂石料、钢纤维应先干拌，搅拌时间不得少于 1.5min，加水后湿拌时间不应少于 3min。

　　4　钢纤维抗拉强度不得低于 380MPa。

　　5　钢纤维不得有油渍及明显的锈蚀。

条文说明

　　钢纤维喷射混凝土施工与普通喷射混凝土的施工过程基本一样，集料级配要求更高。粗集料粒径过大，容易堵管。对钢纤维的掺量，需要在现场用计量器具计量。

9.2.11 合成纤维喷射混凝土施工除应符合本规范第 9.2.1 条 ～ 第 9.2.10 条的规定外，尚应符合下列规定：

　　1　合成纤维抗拉强度不应低于 380MPa。

　　2　合成纤维长度宜为 200～250mm。

条文说明

　　合成纤维喷射混凝土施工与喷射混凝土的施工过程基本相同。

9.2.12 有钢架的地段，喷射混凝土作业应符合下列规定：

　　1　钢架安装就位后应及时进行复喷射混凝土，由下至上进行，钢架背后与围岩之间的空隙不得填塞杂物，应喷密实。

　　2　喷射混凝土应将钢架包裹、覆盖。

条文说明

　　为确保钢架的支护效果，需要使钢架和喷射混凝土形成一体，钢架需被混凝土包裹。型钢钢架斜向喷射是为了消除钢架背后"死角"，保证钢架背后密实。

9.2.13 喷射混凝土作业前，应清除被钢筋网网住的松动岩块或混凝土块。

条文说明

　　在有钢筋网的地段，有松动岩块或混凝土块被钢筋网网住时，需清除后再喷。

9.2.14 混凝土喷射机械手作业应符合下列规定：

1 检查、操作、保养应符合产品说明书和操作规程规定。
2 喷射区段划分应使机械手大臂移动较少。一次喷射长度不宜大于6m。
3 移动喷射机时，机械手大臂和滑臂应复位。
4 到达工作位置后，应关闭喷射机引擎，并应使用驻车制动器。
5 车辆支腿应充分外伸；伸展支腿时，不得有人处于危险区域。
6 管路堵塞时，应先关闭主机后方能处理。

条文说明

喷射混凝土采用机械手作业，可以减少人工劳动强度、减少粉尘危害、保证喷射质量、推进机械化进程。

9.2.15 每次喷射混凝土作业结束后应及时清除回弹或掉落在拱脚的堆积废料。

9.3 锚杆

9.3.1 采用的锚杆种类应满足设计要求，锚杆杆体规格、性能应符合国家现行技术标准。

条文说明

隧道的锚杆种类有：砂浆锚杆、药卷锚杆、中空注浆锚杆、自进式锚杆、组合中空锚杆、树脂锚杆、楔缝式端头锚固型锚杆等。砂浆锚杆、药卷锚杆、中空注浆锚杆、自进式锚杆、组合中空锚杆、树脂锚杆为全长黏结式锚杆。

9.3.2 在设有系统锚杆的地段，系统锚杆宜在下一循环开挖前完成。锚杆施作时序应符合下列规定：

1 无钢架地段，锚杆在初喷混凝土、挂钢筋网后施作，或在初喷混凝土、挂网钢筋网、复喷后施作。
2 有钢架地段，锚杆在初喷混凝土、挂网钢筋网、立钢拱架、复喷混凝土后施作。

条文说明

系统锚杆在初期支护中的施工顺序如图9-1所示。

9.3.3 锚杆孔钻孔施工应符合下列规定：

1 锚杆孔宜采用锚杆钻孔机或（多臂）钻孔台车钻孔。
2 钻孔前应按设计布置要求，标出钻孔位置，钻孔数量不得少于设计数量。

3　系统锚杆钻孔方向应为设计开挖轮廓法线方向，垂直偏差不宜大于 20°。

4　局部锚杆应与岩层层面或主要结构面成大角度相交。

5　锚杆钻孔直径应大于锚杆杆体直径 15mm。

6　钻孔深度应满足设计要求，与设计锚杆长度允许偏差为 ±50mm。

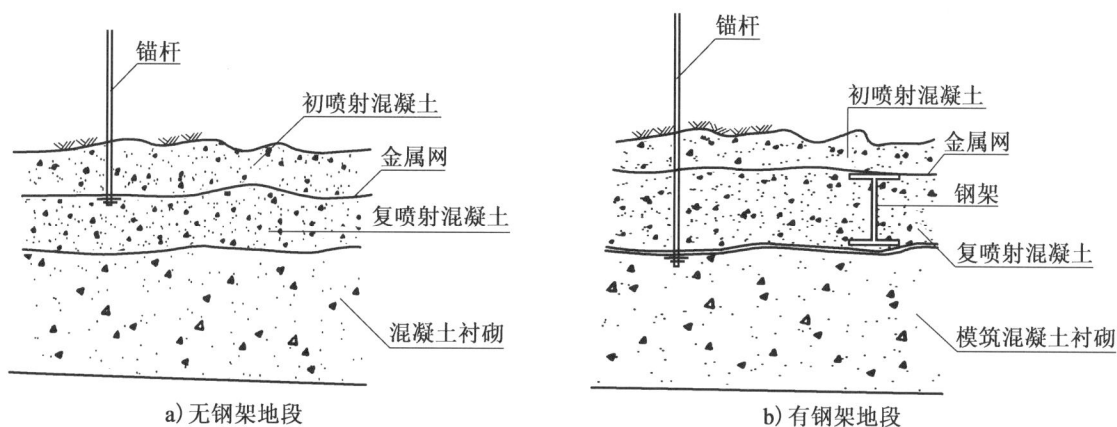

a) 无钢架地段　　　　　　　　　b) 有钢架地段

图 9-1　锚杆施工时序

条文说明

1　隧道锚杆钻孔要求使用专用钻孔设备钻孔，钻孔方向灵活，以实现钻孔方向和深度的要求。采用气腿式凿岩机只能是在侧墙及拱腰部位钻孔时，基本可以做到钻孔方向和深度的要求，而在拱部不能实现径向垂直开挖轮廓线钻孔。

4　局部锚杆钻孔方向尽可能与岩层层面或主要结构面成大角度相交，是为了更好地发挥锚杆作用。

5　锚杆钻孔直径大于锚杆杆体直径 15mm，是为了保证砂浆的基本厚度。

6　锚入深度是指锚杆杆体完全锚入岩体部分，通常是锚杆设计长度减锚杆外露长度，锚杆外露长度≤100mm。如图 9-2 所示。

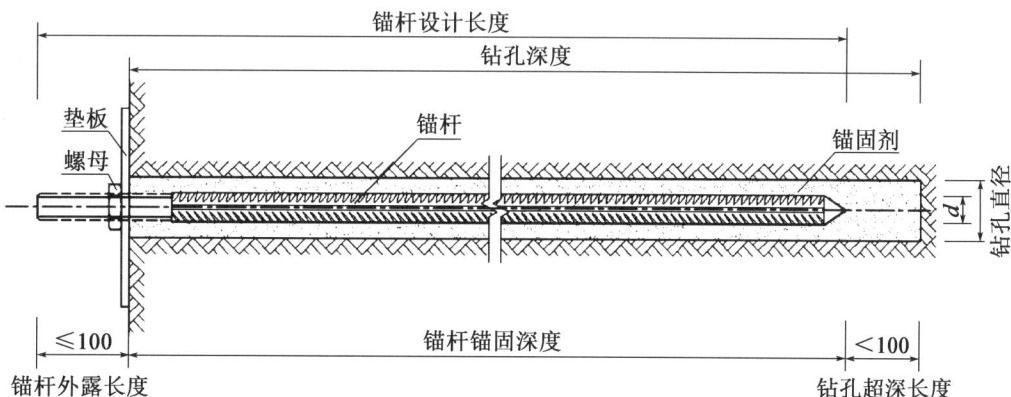

图 9-2　锚杆钻孔深度说明图（尺寸单位：mm）

9.3.4　锚杆安装前应进行下列检查工作，并做好原始记录：

1 锚杆原材料型号、规格以及锚杆各部件质量和技术性能应满足设计要求。

2 锚杆孔位、孔径、孔深及布置形式应满足设计要求。

3 孔内积水、岩粉应吹洗干净。

4 锚杆杆体应调直、除锈、清除油污。

5 锚杆外露端应有螺纹，应逐根检查并与螺母试装配。

条文说明

锚杆施工前，锚杆孔需逐孔检查、锚杆材料需逐根检查。

9.3.5 砂浆锚杆安装施工应符合下列规定：

1 锚杆外露端应加工 120～150mm 的螺纹，锚杆前端应削尖。

2 应配有止浆塞、垫板和螺母等配件。

3 锚杆砂浆应拌和均匀、随拌随用，已初凝的砂浆不得使用。

4 锚杆孔灌浆时，灌浆管应插至距孔底 50～100mm 处，并随砂浆的灌入缓慢匀速拔出。

5 灌浆后应及时插入锚杆杆体，锚杆杆体插到设计深度时，孔口应有砂浆流出。孔口无砂浆流出或杆体插不到设计深度时，应将杆体拔出，清孔，重新安装。

6 应及时安装止浆塞。

7 砂浆终凝后应及时安装垫板、螺母，垫板应紧贴岩面，垫板与岩面不平整接触时，应用砂浆填实。螺母应拧紧。

条文说明

砂浆锚杆构造如图 9-2 所示。

1 所有锚杆都需要在锚杆外露端加工螺纹丝口，是为了戴上螺母将垫板压贴在喷射混凝土层。

5 锚杆杆体插入孔内到设计深度时，锚头丝口外露长度一般为 80～100mm。锚杆不能插到设计深度时，需将锚杆拔出，并清洗钻孔，重新安装。

6 砂浆锚杆是先灌浆后插入锚杆。对向下倾斜、水平或微上倾斜的锚杆，可以保证灌浆饱满；而向上倾斜的拱部锚杆，不及时安装止浆塞，砂浆会泄漏，可能会形成空孔。

7 拧紧螺母是为了将垫板贴紧岩面，垫板与喷射混凝土层可能存在距空隙，需要抹上砂浆，再拧紧。

9.3.6 药包锚杆安装施工应符合下列规定：

1 药包应进行泡水检验。

2 不应使用受潮结块的药包。

3 药包砂浆的初凝时间应不小于3min，终凝时间应不大于30min。

4 药包宜在清水中浸泡，随用随泡。

5 药包宜采用专用工具推入钻孔内，并应防止中途药包纸破裂。

6 锚杆插到设计深度时，孔口应有浆液溢出。孔口无浆液流出或杆体插不到设计深度时，应将杆体拔出，清孔，重新安装。

7 锚杆应安装垫板并拧紧螺母。

条文说明

药包锚杆安装要求与砂浆锚杆基本相同，如图9-2所示。施工中如遇药包浸泡时间不够，锚杆插不到设计深度时，需将锚杆拔出并清洗钻孔，重新送入新的药包，再插锚杆，重复进行。

9.3.7 中空锚杆安装施工应符合下列规定：

1 中空锚杆应有锚头、止浆塞、中空杆体、垫板、螺母等配件。

2 插入中空锚杆后，应安装止浆塞。止浆塞应留有排气孔。

3 应对锚杆中孔吹气或注水疏通。

4 待排气孔出浆后，方可停止注浆。

5 浆体终凝后应安装垫板、拧紧螺母。

条文说明

中空锚杆的锚杆中孔作为注浆孔，注浆过程中锚孔内空气由止浆塞排气孔排出，如图9-3所示。

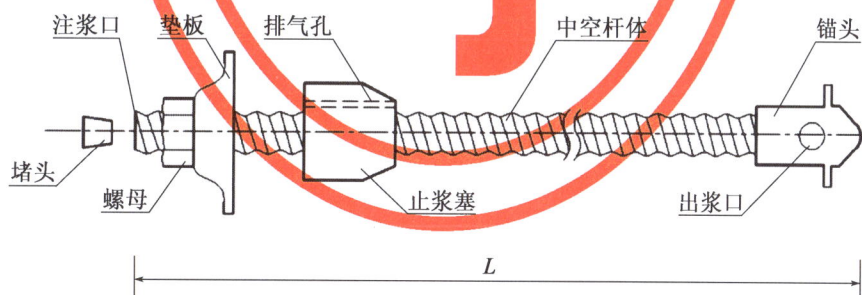

图9-3　中空锚杆说明图

9.3.8 组合中空锚杆安装施工应符合下列规定：

1 组合中空锚杆应有锚头、连接套、止浆塞、排气管、中空杆体、垫板、螺母等配件。

2 锚杆前端应安上锚头，接上连接套、连接中空杆体。

3 应从中空杆体插入排气软管、从连接套穿至锚头，并与钢筋绑扎固定。

4 插入组合中空锚杆后，应塞上止浆塞将锚杆固定。

5 接上注浆接头后，应对排气管吹气或注水疏通。

6 排气软管口出浆后，方可停止注浆。

7 浆体终凝后应安装垫板、拧紧螺母。

条文说明

组合中空锚杆注浆是通过锚杆尾端的中空杆体经连接套的注浆孔向锚杆孔内注浆，由塑料软管排气。为保证注浆饱满，排气软管前端需到达锚孔底部，如图9-4所示。

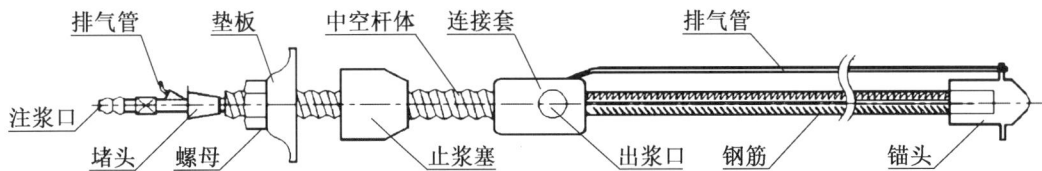

图 9-4 组合中空锚杆说明图

9.3.9 锚杆垫板应与喷射混凝土层接触，垫板与喷射混凝土间的间隙应用 M20 水泥砂浆填实。

条文说明

锚杆设垫板是为了扩大锚杆作用范围，只有紧贴锚固面（喷射混凝土层表面）才能发挥作用。由于垫板与锚固面之间可能不平顺，锚杆与锚固面不一定垂直，垫板可能与锚固面形成局部点接触或倾斜接触，造成喷射混凝土层不能完全紧贴，产生间隙。这时需采用 M20 水泥砂浆填塞，使垫板与喷射混凝土层密贴，保证有效接触。

9.3.10 安装完成后，应截断锚杆杆体外露多余长度，锚杆外露头和垫板应进行防锈处理并满足防水板铺设对基面的要求。

条文说明

截断锚杆杆体外露多余长度，是防水板铺设对基面的要求。锚杆头和垫板防腐处理，可涂防锈漆或补喷。

9.3.11 在锚杆孔有水流出时，锚杆安装可采取下列措施：

1 应将孔内水引出或在附近另行钻孔引排水后，再安装锚杆。

2 可采用早强速凝药包式锚杆或树脂锚杆等。

条文说明

如遇孔内出水，可以另行钻孔排水，再进行注浆和安设。也可以改用其他种类锚杆，如早强速凝药包式锚杆或树脂锚杆等。

早强药包锚杆，锚杆药包主要有硅酸盐与硫酸盐两大系列，分速凝型、早强型、早强速凝型。

树脂锚杆用的树脂卷，安装时，用杆体将树脂卷送入孔底，用搅拌器搅拌树脂时，锚杆杆体缓缓推进，并旋转搅拌。锚杆插入孔底后，在孔口处将锚杆临时固定，15min后可安装托板。树脂卷出厂时有一定的使用期限，过期树脂卷不能使用。

9.3.12 锚杆安设后不得随意敲击，其端部 3 天内不得悬挂重物。

9.3.13 楔缝式端头锚固型锚杆安装应符合下列规定：

1 安装前，应检查杆体长度，楔缝、楔块、螺母尺寸和配合情况。

2 钻孔直径应大于杆体直径 15 ~ 18mm。

3 锚杆与楔块同时送入孔内，楔块不应偏斜或脱落，楔块到达孔底时，用锤敲击锚杆端头，使锚头楔紧，按上垫板，拧紧螺母。螺母拧紧力矩应不小于 100N·m。

4 24h 后应再次紧固，并于覆盖前最终检查紧固。

5 宜在硬岩中作为临时支护使用。作永久支护锚杆使用时，安装前应安装注浆管和排气管，锚杆发挥作用后应注满水泥砂浆。

条文说明

楔缝式锚杆，其锚固作用取决于锚头与岩壁之间是否在楔紧后胀牢。此外，锚杆施工后，经过一昼夜左右需要再次紧固，以后还需要定期检查，否则容易松弛失效。

9.3.14 自进式锚杆的注浆施工应符合本规范第 9.3.7 条的要求。

条文说明

自进式锚杆是将钻杆作为锚杆，钻孔过程即为锚杆插入过程。锚孔成孔后，钻杆不拔出，钻杆中孔作为注浆通道进行灌浆。自进式锚杆是在锚孔成孔困难或有严重塌孔的地层中使用。

9.3.15 用于支护和加固围岩的系统锚杆、局部锚杆不应与钢架焊接。

条文说明

锚杆是深入围岩体的杆状结构，砂浆锚杆是通过锚孔内的砂浆与锚杆黏结在一起发挥锚杆对围岩的约束作用，是独立发挥作用。如与钢架焊接在一起，钢架的变形将带动锚杆"撬动"周边围岩，对锚杆的作用产生破坏；同时也使紧贴围岩的垫板脱离，影响锚杆的锚杆作用。所以，锚杆不与钢架焊接。也可以说与钢架焊接的"锚杆"不能视为支护锚杆。

9.3.16 锁脚锚杆安装施工应符合下列规定：

1　应在钢架安装就位后立即施作。

2　安装位置应在钢架连接钢板以上 100～300mm，采用型钢钢架时设于钢架两侧；采用格栅钢架时设在钢架主筋之间。

3　锁脚锚杆方向应符合设计规定。

4　锁脚锚杆杆体可采用螺纹钢或钢管，采用钢管时管内应注满砂浆。

5　锁脚锚杆外露头与型钢钢架焊接时，可采用 U 形钢筋辅助焊接。

6　上部台阶锁脚锚杆砂浆强度达到设计强度的 70%，方可进行下一台阶开挖。

条文说明

采用钢管时除锚孔需注满砂浆外，管内也要注满砂浆，以提高钢管刚度和抗剪强度。

锚杆外露头与钢架连接焊接采用 U 形钢筋辅助焊接，增强锁脚锚杆与钢架连接效果，如图 9-5 所示。

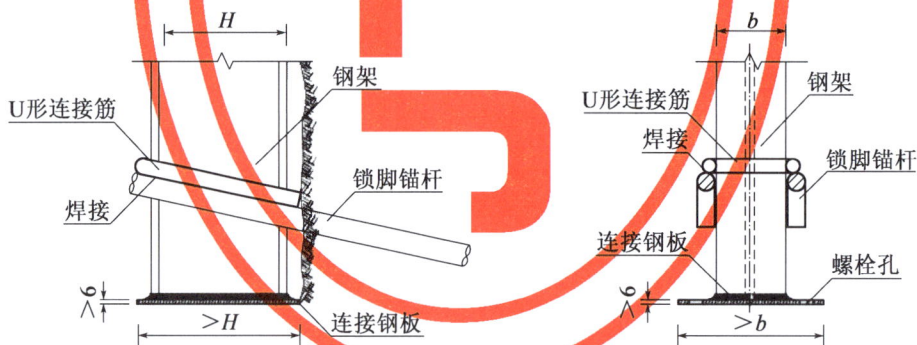

图 9-5　锁脚锚杆安装说明图（尺寸单位：mm）

H-钢架高度；b-钢架宽度

9.3.17 锚杆孔内注浆应密实饱满、浆体强度不应低于 M20。

9.4　钢筋网

9.4.1 钢筋网钢筋规格应满足设计要求，使用前应调直、清除锈蚀和油渍。

条文说明

钢筋网钢筋和其他用途的钢筋一样，要求调直、除锈、去油污。

9.4.2 钢筋网铺设应符合下列规定：

1 应在初喷混凝土后再进行钢筋网铺设。

2 钢筋网应随受喷岩面起伏铺设，与初喷混凝土面的最大间隙不宜大于50mm，不宜将钢筋预焊成片后铺挂。

3 采用双层钢筋网时，两层钢筋网间距应满足设计要求，第二层钢筋网应在第一层钢筋网被喷射混凝土全部覆盖后铺挂。

4 钢筋网钢筋每节长度不宜小于2.0m，钢筋搭接长度不应小于30倍钢筋直径。

5 钢筋网每个交点和搭接段均应绑扎或焊接。

6 钢筋网应与锚杆或其他固定装置联结牢固，在喷射混凝土时不晃动。

条文说明

1 钢筋网与钢筋混凝土中的钢筋一样，需要被混凝土完全包裹，初喷混凝土后再铺挂，才能保证被喷射混凝土包裹、发挥钢筋网的作用。同时，初喷混凝土后再进行钢筋网铺挂作业，有利于施工安全。

2 钢筋网随受喷岩面起伏铺挂，在凹凸严重和局部超挖的围岩面，钢筋预焊成片铺挂时，难以实现与岩面的最大间隙不大于50mm的要求。另一方面，采用钢筋网片时，网片与网片之间的钢筋搭接，一旦错位，这一片钢筋全部错位，钢筋搭接将不能满足搭接要求。所以，通常不将钢筋预焊成片进行铺挂。

3 采用双层钢筋网时，要保持两层钢筋网之间有一定的距离，以更好地发挥两层钢筋网的作用。所以，第二层钢筋网需要在第一层钢筋网被喷射混凝土全部覆盖后进行铺挂。两层钢筋网同时铺挂后再复喷混凝土，会增加喷射混凝土回弹量，也影响喷射混凝土的密实性，施工中不允许这样做。

4 钢筋网钢筋需要一定的搭接长度。

5 钢筋网钢筋每个交叉点和搭接段进行焊接或绑扎，是为了保证发挥钢筋网的"网"的作用和整个支护面钢筋的连接作用。

6 钢筋网固定方法较多，利用钢架固定，或者用铆钉、短锚杆固定，都是为了使钢筋网在喷射混凝土时不晃动。

9.5 钢架

9.5.1 钢架的强度和刚度应满足设计要求。

条文说明

要求钢架具有一定刚度和强度，使其在安设后就能承受一定的围岩压力。

9.5.2 钢架制作应符合下列规定：

1 钢架型号、规格、几何尺寸应满足设计要求，其形状应与开挖断面相适应。

2 钢架支护断面内轮廓尺寸可根据隧道实际开挖轮廓进行加工，加工的内轮廓曲线半径不应小于设计钢架的内轮廓曲线半径。

3 钢架可分节段制作，每节段长度应根据设计尺寸和开挖方法确定，每节段长度不宜大于4m，每节段应编号，注明安装位置。

4 钢架节段两端应焊接连接钢板，连接钢板平面应与钢架轴线垂直。

5 连接钢板规格尺寸应满足设计要求，连接钢板上螺栓孔应不少于4个，应采用冲压或铣切成孔，并应清除毛刺，不得采用氧焊烧孔。

6 不同规格的首榀钢架加工完成后应在平整地面上试拼。当各部尺寸满足设计要求时，方可进行批量生产。

条文说明

1 钢架形状除满足设计要求外，还需与开挖断面相适应。

2 初期支护的钢架越贴近围岩，支护效果越好，当围岩实际开挖轮廓较设计开挖轮廓大时，钢架加工内轮廓尺寸允许根据隧道实际开挖轮廓进行加工，但内轮廓半径不能小于设计。

3 钢架分节段制作，一是为了与开挖断面相适应，二是为了方便施工。

5 连接钢板加工，在工厂车间采用机械加工成孔，并清除毛刺。

9.5.3 型钢钢架加工应符合下列规定：

1 型钢钢架应采用冷弯法制造成形，宜在工厂加工。

2 型钢钢架每节段宜为连续整体，当节段中出现两段型钢对接焊接时，应在焊缝两侧增加钢板骑缝帮焊，并应进行抗弯和抗扭矩试验，每节段对接焊缝数不得大于1。对接焊应在场外完成。

3 型钢钢架与连接钢板焊接应采用双面焊。

条文说明

型钢钢架每节段通常要求为连续整体，但有时所用型钢长度小于节段长度时，为不使钢材造成浪费，可能出现两节较短型钢对接焊接，以接长至节段长度，形成对接接缝。采用这种对接焊连接时，在受弯和受扭矩作用时容易产生脆性破坏。这时，除要求对接缝进行焊接外，还需要在焊缝两侧增加钢板骑缝焊接。要求做抗弯和抗扭矩试验是为了保证焊接的强度和可靠性，满足使用要求。

9.5.4 格栅钢架加工应符合下列规定：

1 格栅钢架应在工厂生产制造。

2 所有钢筋连接结点必须采用双面对称焊接。

3 格栅钢架主筋端头与连接板焊接时，除主筋端头与钢板焊接外，应采用 U 形钢筋帮焊。每块连接钢板的 U 形钢筋数量应不少于 2 个。U 形钢筋直径应不小于主筋直径。U 形钢筋应同时与主筋和连接钢板焊接。U 形钢筋与主筋的焊接长度不应小于 150mm。

条文说明

3 格栅钢架主筋端头与连接钢板焊接要求示意如图 9-6 所示。

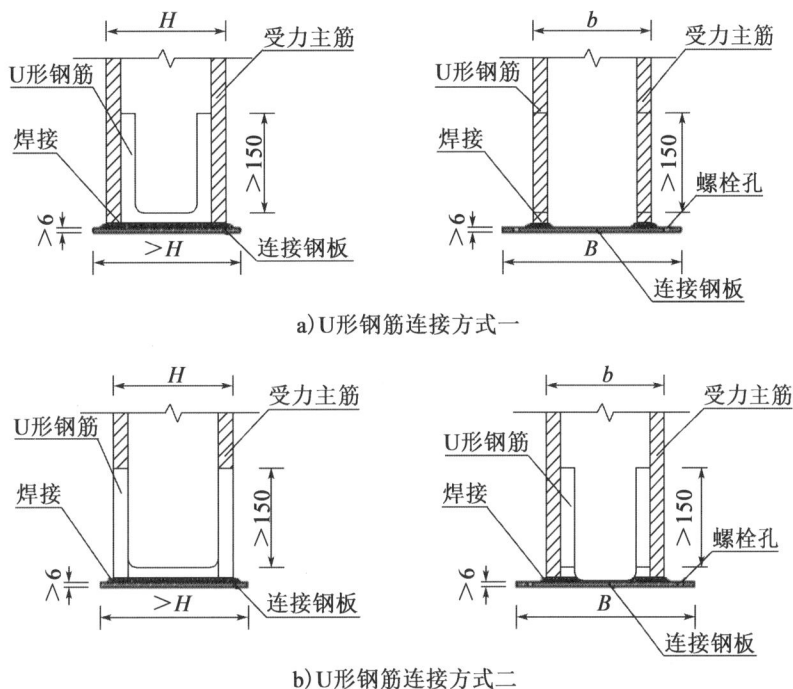

a) U形钢筋连接方式一

b) U形钢筋连接方式二

图 9-6 格栅钢架主筋端头与连接钢板焊接要求示意图（尺寸单位：mm）

H-钢架高度；*b*-钢架宽度；*B*-垫板宽度

9.5.5 钢架安装应符合下列规定：

1 钢架应在初喷混凝土后安装。

2 应清除钢架拱脚虚渣，使之支承在稳固的地基上。锁脚锚杆应及时施作并应符合设计规定。

3 钢架节段与节段之间应通过连接钢板用螺栓连接。

4 相邻两榀钢架之间应采用钢筋或型钢连接。

5 钢架应垂直于隧道中线在竖直方向安装，竖向不倾斜，平面不错位、不扭曲；上、下、左、右允许偏差为 ±50mm，钢架倾斜度允许偏差为 ±2°。

6 钢架应贴近初喷射混凝土面安装，当钢架和围岩初喷射混凝土面之间有间隙时应采用钢楔块或木楔块楔紧，并用喷射混凝土充填密实。有多个楔块时，楔块和楔块的间距不宜大于 2.0m。

7 钢架安装宜采用机械设备配合进行。

条文说明

1 在需要设置钢架的地段，围岩地质较差、自稳能力弱，围岩破碎时容易出现掉块，为保证安全，先初喷一层混凝土，在初喷混凝土保护之下进行安装。先初喷混凝土也是围岩及时支护、保持围岩稳定的要求。

2 清除钢架脚底虚渣是为了防止钢架悬空，锁脚锚杆及时施作是为了防止钢架拱脚沉降。

3 连接钢板有螺栓孔，用螺栓连接准确、快速、可靠，同时也避免使用扭曲变形钢架。

4 单榀钢架独立支护能力有限，相邻两榀钢架之间用连接拉杆连接是为了增加沿隧道纵向的约束，保证钢架沿隧道纵向的刚度和稳定性，发挥相邻多榀钢架的整体支护作用。

5 钢架出现倾斜、错位、扭曲，将增加钢架附加应力、可能导致钢架受力失稳，降低钢架承载能力。

6 钢架和围岩之间有间隙时用楔块楔紧，是为了保证钢架与围岩紧密接触和均衡受力，并尽早发挥作用，如图9-7所示。

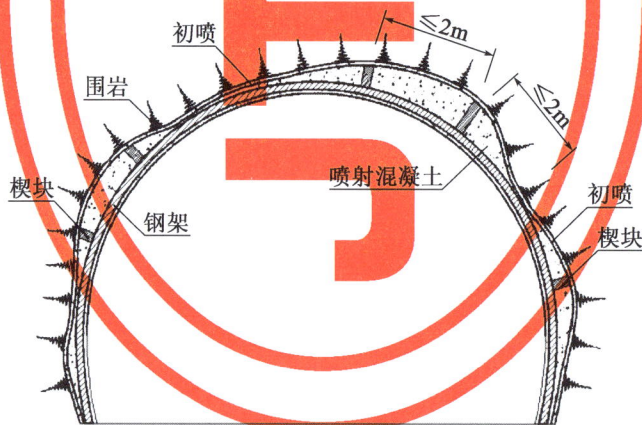

图 9-7　钢架与楔块关系示意图

9.6 模筑混凝土衬砌

9.6.1 边墙基底高程、基坑断面尺寸、基底承载力应符合设计。模板台车及拼装式模板支架应进行设计，应满足混凝土浇筑过程中的强度、刚度和稳定性要求。

9.6.2 拼装式模板应符合下列规定：

1 混凝土浇筑过程中，模板拱架不偏移、不扭曲，模板光滑、不变形，模板接缝平整不漏浆。

2 模板拱架形状应与衬砌断面形状相适应，模板表面各点应不侵入衬砌内轮廓，放样时，可将设计衬砌轮廓线外扩 50~80mm，但不得影响衬砌厚度，并应预留拱架高程沉落量，施工中应随时测量、调整。

3 每一施工循环的前后两端拱架外形尺寸最大误差宜不大于 5mm。

4 单块活动模板长度宜为 1 000mm，最大不应超过 1 500mm，宽度不宜大于 500mm。

5 挡头模板应与衬砌断面相适应，方便止水带安装。

6 挡头模板安装应固定牢固、封堵严密，不得损坏防水板。

7 模板重复使用时，循环使用前应进行检查，出现异常应予以修整。

8 模板、拱架架设位置应准确，高程应满足设计要求。

9 一次浇筑长度宜为 3.0~8.0m。

条文说明

拼装式模板由模板，支撑模板的拱架、斜撑和横撑及拱架纵向连接件等组成。

1 拱架是模板的支撑骨架，其整体刚度不足可能引起模板沉降、移位和变形，影响混凝土质量，通过增加横撑、加强斜撑等措施提高拱架的整体刚度。

2 模板拱架需要有规整的外形，考虑到混凝土受力后可能引起的变形和施工误差，拱架曲线半径需留出一定富余量。拱架高程预留沉落量可与富余量一并考虑，施工中随时测量、调整。

3 这是避免前后两环衬砌间出现错台的要求。

4 单块活动模板长度和宽度均不宜过大，模板长度过大可能造成板块刚度不足，宽度较大不利衬砌的弯曲过渡，可配若干宽度为 300mm 的窄模板。另外，拼装式模板一般是由人工现成拼装，且工作空间小，单块模板过大，不便操作。

5 衬砌施工缝是隧道渗漏水的主要渠道，衬砌施工缝防水通常采用止水带，除要求挡头板安装牢固外，还要求止水带安装方便、定位准确。

7 模板及支架反复使用后可能出现不正常的变形、扭曲、凹凸、接缝张开或临时开孔时，下一次使用前需要予以修补。

8 拱架和模板设置位置要准确，架设时需要按隧道中线和高程就位，反复校核，把施工误差控制在允许范围内。

9.6.3 全断面衬砌模板台车应符合下列规定：

1 模板台车支架、模板应满足混凝土浇筑过程中的强度、刚度和稳定性要求。

2 台车支撑门架结构净空应满足施工车辆和人员安全通行要求。

3 台车支撑门架间距不宜大于 2.0m，且门架位置宜与模板拼缝重合。

4 台车应配置自动行走装置和固定装置。

5 应设置可整体调节升降的液压装置，边墙模板应设置可伸缩的液压调节或螺杆调节的支撑装置，并应满足边墙与边墙脚一次浇筑要求。

6 台车模板应表面光滑、接缝严密，台车钢模板厚度不宜小于10mm。

7 模板应留振捣窗，振捣窗纵向间距不应大于2.5m，与端头模板距离不应大于1.8m，横向间距不应大于2.0m，振捣窗不宜小于450mm×450mm，振捣窗周边模板应加强刚度，窗门应平整、严密、不漏浆。

8 台车挡头模板应采用可重复使用并能同时固定止水带的定型模板，应便于固定。

9 台车挡头模板安装应固定牢固、封堵严密，不得损坏防水板。

10 台车应与洞室中线垂直方向架设，位置准确，高程满足设计要求。

11 台车应根据施工通风风管设计参数预留风管穿越的空间。

12 台车电缆线应穿入PVC管中。

13 采用模板台车浇筑的混凝土，一次浇筑长度宜为6.0~12.0m。

条文说明

4 为便于衬砌模板台车整体移动和准确就位，需要有自动行走装置、固定装置。

5 设置可调节升降液压装置和可伸缩的液压调节或螺杆调节支撑装置，是便于模板准确就位和拆模。

7 振捣窗的设置是为了便于进料、检查和混凝土振捣，振捣窗周边加强刚度是为了保证周边不变形。

8 挡头模板采用定型模板，便于与止水带的固定和挡头模板与模板台车的固定。

9.6.4 隧道主洞拱墙衬砌混凝土浇筑应采用全断面衬砌模板台车，车行横洞、人行横洞、紧急停车带、地下风机房等其他洞室拱墙衬砌混凝土浇筑可采用拼装式模板。

条文说明

全断面模板台车成形的衬砌，表面光滑、规整，整体性好，施工速度快，已在隧道衬砌施工中广泛使用，拱、墙混凝土一次连续浇筑是常用做法。其他洞室，工程量较小，布置分散，断面大小、形式多样，采用拼装模板灵活、方便、经济。

9.6.5 拱、墙混凝土应一次连续浇筑，不得采用先拱后墙浇筑。不得先浇矮边墙。

条文说明

先拱后墙浇筑混凝土工艺，在拱墙交界处混凝土不易浇筑密实，拱圈容易产生不均匀沉降，导致拱圈开裂，边墙开挖会损伤拱圈混凝土和防水层、欠挖处理困难，不予采用。在以往的施工中有先浇筑矮边墙的情况，在电缆沟顶面增加了一条纵向施工缝。由于衬砌边墙脚轮廓线多为曲线，容易出现成形不规整、厚度不足等问题，存在隐患。所以本次修订规定："不得先浇矮边墙"。

9.6.6 模筑混凝土衬砌应按设计要求设置沉降缝和伸缩缝。

条文说明

洞口地段一般埋深较浅，易受自然条件影响，沉降差异较明显，在明洞与暗洞交界处或不设明洞的洞口第一环衬砌与二环衬砌连接位置需要设沉降缝。软硬岩层的地基承载力相差较大时，设置沉降缝有利于减少因结构受力不同不均匀沉降引起的衬砌开裂和其他病害；在严寒地区，由于温度差异，在洞口和易受冻害地段可能产生伸缩变形。

9.6.7 衬砌施工缝应结合沉降缝、伸缩缝调整设置，拱墙衬砌沉降缝、伸缩缝应与仰拱混凝土衬砌沉降缝、伸缩缝竖向对齐。

条文说明

衬砌环向施工缝位置一般是受模板长度控制的，在设有沉降缝、伸缩缝位置，施工缝可能与沉降缝、伸缩缝错位，施工缝需进行调整，使衬砌的施工缝与设计的沉降缝、伸缩缝设在同一位置。在有仰拱地段要求仰拱先施工，仰拱混凝土衬砌变形缝先施作，拱墙衬砌变形缝需要与仰拱混凝土衬砌变形缝竖向对齐，保证变形一致。

9.6.8 拱墙模板就位后、混凝土浇筑前应进行下列工作：
1 检查模板背后混凝土浇筑净空尺寸。
2 清除钢筋上的油污。
3 钢模板涂脱模剂，木模板用水润湿。
4 涂刷模板脱模剂时，不得污染钢筋。
5 混凝土直接接触的喷射混凝土应洒水润湿。
6 检查防水板、排水盲管、衬砌钢筋、预埋件等隐蔽工程，做好记录。
7 清除底部杂物、积水；有仰拱地段，仰拱交接面用高压水冲洗干净、并涂刷界面剂。

条文说明

拱墙模板就位后，检查模板背后净空是否满足衬砌厚度要求，围岩有无欠挖、防水板有无影响衬砌厚度的绷弦和皱褶现象。拱墙衬砌底部容易沉积杂物、灰尘或积水，混凝土浇筑前要清理干净。有仰拱地段，为了保证仰拱与拱前混凝土接触面浇筑密实，冲洗界面并涂涮界面剂。

9.6.9 混凝土配合比应满足设计强度和混凝土浇筑工艺要求。

条文说明

混凝土配合比关系到混凝土的强度，施工工艺的适应性，事先需进行配合比试验。

9.6.10 应测定砂、石含水率，根据测试结果，调整施工配合比材料用量。

条文说明

由于工地材料与试验室配比设计所用材料含水率有差异，所以需现场取样进行试验，调整施工配合比材料用量。

9.6.11 混凝土拌和设备应配有自动称量设备，应按配合比准确称量，每盘混凝土拌和料计量偏差应符合表 9.6.11 的规定。

表 9.6.11 混凝土拌和物计量允许偏差（%）

混凝土组成材料	每 盘 计 量	累 计 计 量
水泥、掺合料	±2	±1
粗、细集料	±3	±2
水、外加剂	±2	±1

9.6.12 混凝土混合料搅拌应符合下列规定：

1 衬砌混凝土应采用强制式混凝土搅拌机搅拌。自全部材料装入搅拌筒至开始出料的搅拌时间不应小于 60s；坍落度小于 100mm，且搅拌机出料量大于 500L 时，搅拌时间不应小于 90s；含有粉煤灰等掺合料时，搅拌时间不应小于 120s。

2 混凝土拌和后应尽快浇筑，已经初凝的剩余混凝土，不得重新搅拌使用。

条文说明

拌和后的混凝土，在温暖干燥条件下一般要求在 1h 内使用完毕，低温湿润条件下一般要求在 2h 内使用完毕，已经达到初凝的剩余混凝土不能使用。

9.6.13 混凝土运送中不应产生离析、洒落及混入杂物。

9.6.14 衬砌混凝土浇筑应采用混凝土输送泵送料入模、均匀布料。混凝土入模温度应控制在 5～32℃。

9.6.15 衬砌混凝土振捣应符合下列规定：

1 宜采用附着式和插入式振捣相结合的方式振捣。

2 采用高频机械振捣时，振捣时间宜为 10～30s。

3 振捣不应使模板、钢筋和预埋件移位。

9.6.16 衬砌混凝土施工应符合下列规定：

1 混凝土出料口距浇筑面的垂直距离不应大于 2.2m。

2 混凝土应从两侧边墙向拱顶、由下向上依次分层对称浇筑，两侧混凝土浇筑面高差不应大于1.0m，同一侧混凝土浇筑面高差不应大于0.5m。

3 混凝土浇筑至振捣窗下0.2m时，应关闭振捣窗。

4 混凝土衬砌应连续浇筑。当出现间歇浇筑时，其间歇浇筑时间不应大于表9.6.16的规定。

表9.6.16 浇筑混凝土允许间歇时间（min）

浇筑气温 T（℃）	材 料	
	普通硅酸盐水泥	矿渣水泥
20~30	90	120
10~20	135	180
5~10	195	—

注：表中规定的时间未考虑外加剂作用及其他特殊施工和混凝土本身温度的影响。

5 当间歇浇筑时间超过本条第4款的规定时，应修整间歇面，使间歇面与二次衬砌曲线法线方向一致，并将界面凿毛，用高压水冲洗干净，涂刷界面剂。界面剂拉伸黏结强度不小于0.5MPa、剪切黏结强度不小于1.5MPa。

6 混凝土混合料应备料充足，衬砌混凝土应浇筑密实，衬砌混凝土结构厚度应满足设计要求。在衬砌混凝土浇筑结束前，应进行检查，结构厚度达到设计要求后，方可收盘。

条文说明

1 随着机械化水平的普及和提高，泵送混凝土工艺已普遍采用。

2 出料口与浇筑面的垂直距离过大，混凝土容易产生离析。

3 混凝土对称浇筑是保证两侧受力均衡、防止拱架变形、移位，便于混凝土均匀振捣。

4 混凝土要求连续浇筑是为了保证混凝土的整体性，在本款规定的间隔时间内浇筑，仍能满足混凝土整体成形要求。

5 当间歇浇筑时间大于表9.6.16的规定时，混凝土会出现明显"冷缝"，需对"冷缝"进行处理。拱形衬砌结构是轴向受力为主，混凝土出现间歇浇筑时，要求间歇面凿成辐射状，是保证"冷缝"有效传力，涂刷界面剂是为满足新旧混凝土黏结要求。

6 在工程实际中发现，隧道拱顶混凝土常出现浇筑不密实和拱顶混凝土混合料不足的现象，对衬砌结构影响很大。因此，要求备料充足，保证衬砌混凝土结构厚度和衬砌背后的密实性。检查方法有：在拱顶预留观测孔（或回浆孔）、挡头板模板设观测孔、拱顶埋设检测钉、利用摄像探头通过观察孔检查等。

9.6.17 冬期施工的混凝土，可掺加引气剂，并按冬期施工有关要求进行施工。

9.6.18 衬砌背后空洞回填应符合下列规定：

1 衬砌背后空洞回填作业应在衬砌混凝土厚度达到设计厚度的条件下进行，并应在下一环衬砌浇筑混凝土前完成。

2 边墙背后空洞深度小于或等于1.0m、拱部背后空洞深度大于0.5m时，应采用与衬砌相同强度等级的混凝土回填密实，并应与衬砌混凝土同时浇筑。

3 边墙背后空洞深度大于1.0m、拱部背后空洞深度大于0.5m时，应按设计要求处理。

4 当采用浆砌片石或片石混凝土回填时，片石不得侵入二次衬砌内。

5 当衬砌混凝土厚度不足时，不得采用注浆回填，应采用其他方式处理。

条文说明

1 对拱背进行注浆回填的目的是为填充因填充衬砌背与围岩或初期支护之间后混凝土收缩、振捣、超挖、局部掉块、塌方形成的间隙或空洞，是为了改善衬砌受力条件，同时满足衬砌对围岩的支撑约束。

2、3 由于开挖控制不好而引起的超挖，需要回填，以保证衬砌的受力条件满足设计要求。对于小于条文规定的空洞需采用相同强度等级的混凝土回填，对于大于条文规定的空洞，如固有的溶洞、塌方、超挖、临时洞室、采空区形成的衬砌背后空洞需按设计要求进行处理。此处的空洞深度是指空洞在垂直于二次衬砌面方向的尺寸。

5 因衬砌厚度不足而产生的空隙，不能通过回填方式弥补。回填料起不到增加衬砌结构厚度的作用，对衬砌结构承载能力没有帮助。其他处理方式有：对结构进行补强、拆除重做等。

9.6.19 隧道通过含有侵蚀性地下水地段时，应测定地下水水质，采用相应的抗侵蚀性混凝土。

条文说明

在地下水有侵蚀性地段，首先需采取地下水引排措施，防止侵蚀性水侵入混凝土；还需采用抗侵蚀性水泥、注意集料和外加剂等的选用。

9.6.20 衬砌采用防水混凝土时，防水混凝土配合比和集料级配应经试验确定，可采用防水水泥或掺加增强密实性的外加剂。

条文说明

抗渗要求较高的衬砌，设计中有明确规定时按设计要求办理。

9.6.21 拱架、支架和模板拆除应符合下列规定：

1 不承受外荷载的拱、墙混凝土强度应达到5.0MPa。

2 承受围岩压力的拱、墙以及封顶和封口的混凝土强度应达到设计要求。

3 围岩和初期支护变形未稳定，或在塌方地段浇筑的衬砌混凝土应达到设计强度的100%。

9.6.22 衬砌拆模后应及时养护，并应符合下列规定：
1 混凝土养护时间不得少于7d。
2 掺加引气剂或引气型减水剂时，混凝土养护时间不得少于14d。
3 隧道内空气湿度不小于90%时，可不进行洒水养护。

9.6.23 施工缝、变形缝应避开预留洞室，预留洞室边缘距施工缝、变形缝的距离不应小于1.5m。

9.7 仰拱衬砌、仰拱回填和垫层

9.7.1 仰拱衬砌施工前应进行下列工作：
1 隧底开挖断面形状、尺寸、基底高程、基底承载力应符合设计规定。
2 应凿除欠挖。
3 应清除隧底虚渣、杂物、淤泥，并抽干积水。
4 隧底超挖可采用强度等级不低于C15的混凝土或C20的喷射混凝土回填，回填后应再次检查断面形状、尺寸。
5 隧底溶洞、采空区或其他空穴应按设计要求进行处理。

条文说明

隧道底部开挖断面形状、尺寸、基底高程满足设计要求是保证仰拱衬砌成形的基本条件，发现欠挖需及时处理，基底承载力需要确认。超挖较大（大于或等于0.1m）时，采用M10浆砌片石、C15混凝土回填；超挖较小（小于0.1m）时，用C20喷射混凝土回填。如地基承载力不足，隧底有溶洞、采空区或其他空穴时，按设计要求进行处理。

9.7.2 仰拱初期支护施工应符合下列规定：
1 仰拱初期支护应随开挖及时施作。
2 仰拱初期支护喷射混凝土不得与仰拱混凝土衬砌一次浇筑。
3 仰拱初期支护钢架应与拱墙钢架对齐，误差不应大于20mm。
4 仰拱钢架节段之间的连接及相邻钢架之间的横向连接方式应与拱墙钢架连接要求相同。

条文说明

仰拱初期支护要求在隧道仰拱开挖后及时施工完成，与拱墙要求相同。

9.7.3 仰拱混凝土衬砌施工应符合下列规定：

1 仰拱混凝土衬砌应先于拱墙混凝土衬砌施工，超前距离应根据围岩级别、施工机械作业环境要求确定，一般不宜大于拱墙衬砌浇筑循环长度的 2 倍。

2 仰拱衬砌混凝土应整幅一次浇筑成形，不得左右半幅分次浇筑，一次浇筑长度不宜大于 5.0m。

3 仰拱混凝土，应使用模板浇筑，模板应留振捣窗，振捣窗纵横向间距不宜大于 2.0m，振捣窗不宜小于 450mm×450mm，振捣窗周边模板应加强刚度，窗门应平整、严密、不漏浆。

4 挡头模板应采用可重复使用并能同时固定止水带的定型模板。

5 仰拱混凝土衬砌与拱墙混凝土衬砌连接面应规整、密实。

6 仰拱混凝土衬砌和拱墙混凝土均为素混凝土时，仰拱与拱墙连接面应插连接钢筋，钢筋级别应不低于 HRB400、钢筋直径不应小于 20mm、长度不应小于 500mm，插入深度和外露长度均不应小于 250mm，连接钢筋沿衬砌内外缘两侧布置，纵向间距不应大于 300mm。当拱墙衬砌为钢筋混凝土、仰拱为素混凝土时，插入钢筋直径和布置间距应与拱墙受力主筋相同，并与拱墙受力主筋焊接。

条文说明

1 仰拱衬砌混凝土要求先于拱墙衬砌混凝土施工，是为了保证拱墙衬砌与仰拱混凝土有效连接，满足拱墙衬砌与仰拱混凝土连接处的承载力和变形控制要求。仰拱超前拱墙二次衬砌的距离要尽可能小，以满足模板台车移动和防水板铺挂台车、栈桥架设所需要的最小场地要求控制。

2 仰拱衬砌混凝土整幅一次浇筑，是为了保证仰拱衬砌受力要求和成形质量。在仰拱施工过程中，为减少对前方施工作业的影响，一般需要采用钢结构的移动栈桥跨越。要求仰拱衬砌混凝土一次浇筑长度不大于 5.0m，一是方便栈桥架设，二是控制仰拱开挖暴露距离。

3 仰拱衬砌混凝土浇筑使用模板是为了在仰拱混凝土振捣密实的同时保证仰拱混凝土成形形状和尺寸。从过去的施工情况看，由于仰拱混凝土浇筑时没有使用模板，仰拱混凝土衬砌不能成形，密实度也达不到要求。

5 仰拱混凝土衬砌与拱墙混凝土衬砌连接面（仰拱连接座）要求规整、密实，是为了保证仰拱混凝土衬砌与拱墙混凝土衬砌的连接质量。

6 设计要求仰拱衬砌与拱墙衬砌形成整体、能有效传递轴向力和弯矩。但由于场地和施工工艺的限制，现实中仰拱与拱墙衬砌是分两步完成的，形成工作缝。本款规定是为了保证仰拱衬砌与拱墙衬砌的有效连接。

9.7.4 仰拱填充施工应符合下列规定：

1 仰拱填充混凝土不得与仰拱衬砌混凝土一次浇筑。

2 仰拱填充混凝土施工前应清除仰拱表面积水、杂物等。

3 仰拱衬砌横向施工缝与填充混凝土横向施工缝宜错开设置，错开距离不宜小于0.5m。

4 在设有变形缝的位置，仰拱衬砌变形缝与填充混凝土变形缝应在同一断面位置。

5 仰拱填充混凝土顶面应平顺，坡度应符合设计规定。

6 仰拱填充采用片石混凝土时，片石距挡头模板的距离应大于50mm，片石间距应大于混凝土粗集料的最大粒径，并应分层掺放。

条文说明

仰拱是衬砌结构的一部分，而仰拱填充是隧道路面基层的构造要求，受力和材料要求不一样，因此仰拱填充混凝土不能与仰拱衬砌混凝土一次浇筑。

9.7.5 仰拱和仰拱填充混凝土应在其强度达到2.5MPa后方可拆模。

9.7.6 无仰拱地段隧道底部垫层混凝土施工应符合下列规定：

1 隧底开挖高程应满足设计要求。

2 清除隧道底部洞渣、杂物、淤泥、积水。

3 隧道底部超挖采用垫层同级混凝土回填时应与垫层混凝土同时浇筑，超挖较大时，可采用浆砌片石回填，承载力和稳定性应满足设计要求，不得采用洞渣回填。

4 垫层顶面应平顺、坡度应符合设计规定。

5 垫层混凝土可半幅浇筑，接缝应平顺。

6 垫层混凝土底部应做好排水处理，隧道底部围岩有地下水冒出时，应设盲沟引排。

条文说明

不设仰拱地段，隧道底部垫层混凝土同时具有找平作用，也称找平层，混凝土浇筑时将隧道底部凹凸填平。隧道底部超挖，由于不方便使用碾压设备，不允许采用洞渣回填。有地下水冒出位置，需设盲沟引排。

9.7.7 仰拱填充和垫层混凝土强度达到设计强度的100%后方可允许运渣车辆通行。

9.7.8 仰拱、仰拱填充和垫层混凝土浇筑宜采用插入式振捣器振捣密实。

9.8 衬砌钢筋

9.8.1 钢筋应符合下列规定：

1 钢筋表面的油渍、水泥浆和浮皮铁锈等均应清除干净。

2 钢筋在加工弯制前应调直。

3 当利用冷拉方法矫直钢筋时，钢筋的矫直伸长率：热轧光圆钢筋（HPB 级）不得超过2%，热轧带肋钢筋（HRB 级）不得超过1%。

4 加工后的钢筋表面不应有削弱钢筋截面的伤痕。

5 钢筋应集中加工后运至现场安装。

9.8.2 钢筋弯钩、弯折、弯曲应采用冷加工。

9.8.3 衬砌钢筋连接应符合下列规定：

1 环向受力筋与纵向分布筋每个节点应进行绑扎或焊接。

2 环向受力筋的搭接应采用焊接或机械连接。

3 相邻环向受力筋搭接位置应错开，错开距离应不小于1 000mm。

4 同一受力钢筋的两个搭接距离应不小于1 500mm。

5 箍筋连接点应在环向受力筋与纵向分布筋的交叉连接处，并应进行绑扎或焊接。

6 内外层受力钢筋之间的限位钢筋应与环向受力筋进行焊接。

7 仰拱衬砌钢筋或预埋连接钢筋应与拱墙环向受力筋焊接或机械连接。

条文说明

2 环向受力筋焊接搭接长度及焊缝要求见表9-1。环向受力筋的机械连接和套筒挤压连接需要按现行《钢筋机械连接技术规程》（JGJ 107）的规定执行。

表9-1 焊接接头

序号	名　称	接头形式	标注方法	适用范围	
				钢筋级别	直径（mm）
1	单面焊接的钢筋接头			HPB300 HRB400 HRB500	10～20 10～40 10～40
2	双面焊接的钢筋接头			HPB300 HRB400 HRB500	10～20 10～40 10～40
3	用帮条单面焊接的钢筋接头			HPB300 HRB400 HRB500	10～20 10～40 10～40

表 9-1（续）

序号	名　　称	接 头 形 式	标 注 方 法	适 用 范 围	
				钢筋级别	直径（mm）
4	用帮条双面焊接的钢筋接头			HPB300	10～20
				HRB400	10～40
				HRB500	10～40
5	接触对焊（闪光焊）的钢筋接头			HPB300	8～20
				HRB400	6～40
				HRB500	6～40
6	坡口平焊的钢筋接头			HPB300	18～20
				HRB400	18～40
				HRB500	18～40
7	坡口立焊的钢筋接头			HPB300	18～20
				HRB400	18～40
8	用角钢或扁钢做连接板焊接的钢筋接头			HPB300	8～20
				HRB400	8～40
				HRB500	8～25

表 9-1（续）

序号	名　　　称	接 头 形 式	标 注 方 法	适 用 范 围	
				钢筋级别	直径（mm）
9	钢筋与钢板接触对焊接头			HPB300	8～20
				HRB400	6～25
				HRB500	6～25

注：1. 无法进行表中序号 2、4 的电弧焊时，才允许采用表中序号 1、3 的电弧焊形式。

2. 采用帮条焊时，帮条截面积为受力钢筋截面积的 1.2 倍（HPB300 钢筋）或 1.5 倍（HRB400、HRB500 钢筋）。

3. 钢筋与钢板的焊接优先采用接触对焊。

4. 不同钢号的钢筋进行焊接时，其强度为其中最小的钢筋强度，焊条可选用一般常用的焊条。一般重要结构最好不采用此种焊接接头。

5. 表中序号 1、2、3、4 电弧焊时的焊缝长度不应小于帮条或搭接长度，焊缝高度 h 及焊缝宽度 b 应符合说明图 9-8 的规定。

6. d 为圆钢筋的直径或螺纹钢筋的计算直径。

7. 表中括号中数值仅用于 HPB300 钢筋。

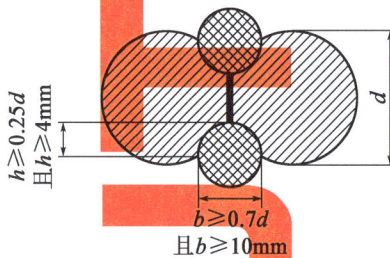

图 9-8　焊缝要求

6 限制内外两层钢筋并在一起的限位筋示意如图 9-9 所示。

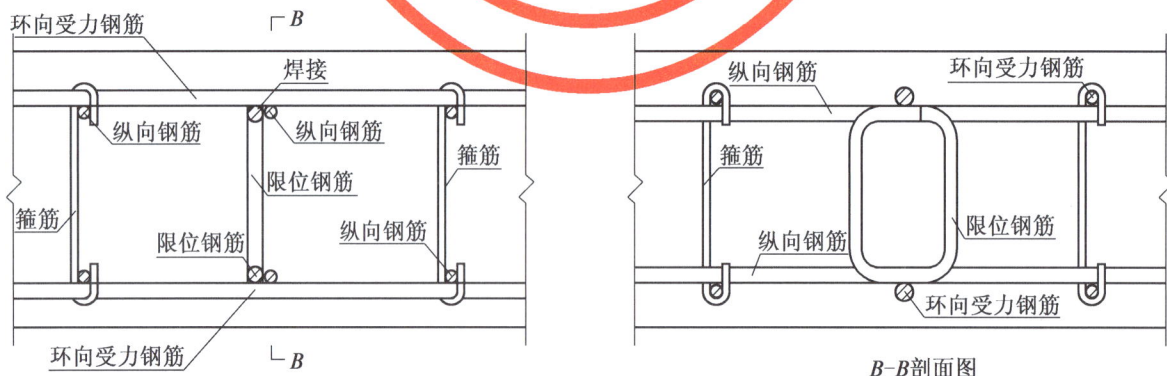

图 9-9　限位筋示意图

9.8.4 钢筋长度、间距、位置、保护层厚度应满足设计要求。

9.8.5 受力筋与模板之间、受力筋与防水层之间应安装满足设计厚度要求的混凝土垫块。垫块应按梅花形布置，垫块纵向、环向间距不宜大于1.5m。

9.8.6 同一根环向受力筋应置于同一竖直面，并垂直于隧道轴线。

9.8.7 环向受力筋应与纵向筋垂直。

9.8.8 衬砌箍筋必须是整根钢筋，不允许连接。

条文说明

由于隧道衬砌的特殊构造形式，展平后为板形，为便于施工，箍筋一般为两端带弯钩的单根未封闭的钢筋，如图9-10所示，所以衬砌箍筋应是整根钢筋，不允许连接。

图 9-10 箍筋

9.8.9 衬砌钢筋安装过程中应采取定位措施。

条文说明

隧道断面较大、钢筋安装过程常出现沿隧道纵向左右偏移、钢筋紧贴防水层、紧靠模板，导致钢筋保护层不够；有的受力主筋置于衬砌截面中部、靠近截面中性轴；有的出现内外两层钢筋并在一起，导致钢筋不能有效发挥作用，所以需采用必要的定位措施。

9.8.10 采用模板台车浇筑混凝土的衬砌段，应在钢筋全部安装绑扎完成后，再将模板台车移动就位。

9.9 明洞衬砌

9.9.1 明洞衬砌应尽早施作，明洞衬砌施工应仰拱先行、拱墙整体浇筑。

条文说明

明洞衬砌尽早施作有利于洞口边仰坡的稳定、有利于施工安全。

9.9.2 不设仰拱的明洞衬砌边墙基础嵌入岩层深度应满足设计要求，有仰拱的明洞拱墙衬砌应与仰拱衬砌形成有效封闭环结构。明洞基底承载力应符合设计规定，当基底承载力不足时应按设计要求进行处理。

9.9.3 明洞衬砌内模板应采用衬砌模板台车，应制作外模、支架，并应安装牢固、定位准确，模板接缝应紧密、不漏浆。

条文说明

明洞衬砌需要设置外模和固定支架，外模安装要牢固、不走模，保证结构厚度。

9.9.4 明洞衬砌钢筋应在模板台车就位后安装，受力主筋与模板之间应安装满足设计厚度要求的混凝土垫块，垫块纵向、环向间距不宜大于 1.5m。

9.9.5 明洞衬砌混凝土浇筑时，拱圈混凝土混合料坍落度宜控制在 120mm 以下。

9.9.6 混凝土入模温度应控制在 5~32℃ 范围内。

9.9.7 应在明洞混凝土强度达到 2.5MPa 后拆除外模，明洞混凝土强度达到 75% 后拆除内模。

9.9.8 明洞开挖、防水、回填等应符合本规范第 6 章的相关规定。

9.10 质量控制标准

9.10.1 喷射混凝土施工质量检查及控制标准应符合表 9.10.1 的规定。

表 9.10.1 喷射混凝土施工质量控制标准

序号	检 查 项 目	施工控制值	检 验 频 率	检 验 方 法
1	喷射混凝土强度	在合格标准内	按本规范附录 B.3 检查	—
2	喷射混凝土厚度	初喷厚度：20~50mm；最小厚度≥20mm	初喷混凝土厚度每作业循环检查一次，每次不少于 3 个点	钻孔法
		成品厚度：平均厚度≥设计厚度；60%的检查点厚度≥设计厚度；最小厚度≥0.6 倍设计厚度，且≥50mm	成品厚度每 10m 抽查 2 个断面，每个断面从拱顶中线起每 3m 检查 1 点	钻孔法、全站仪、激光断面仪
			双车道隧道拱部、边墙共 3 条测线，三车道、四车道隧道拱部、边墙不少于 5 条测线，连续检测，厚度判定测点，沿每条测线每 3m 取一个点	地质雷达

表 9.10.1（续）

序号	检查项目	施工控制值	检验频率	检验方法
3	空洞检测	无空洞，无杂物	每5m检查一个断面，每个断面检查不少于3点	钻孔法
			双车道隧道拱部、边墙共3条测线，三车道、四车道隧道拱部、边墙不少于5条测线	地质雷达
4	喷射混凝土支护净空	不小于设计	每10m抽查3个断面	全站仪、激光断面仪

9.10.2 锚杆施工质量检查及控制标准应符合表 9.10.2 的规定。

表 9.10.2　锚杆施工质量控制标准

序号	检查项目	施工控制值	检验频率	检验方法
1	锚杆数量（根）	满足设计要求	全部	现场逐根清点
2	锚杆拔力（kN）	28d拔力平均值≥设计值，最小拔力≥0.9倍设计值	按锚杆数1%做拔力试验，且不小于3根	拔力试验
3	锚杆孔位（mm）	±150	随机抽查不少于锚杆数的10%	尺量
4	钻孔深度（mm）	±50	随机抽查不少于锚杆数的10%	尺量
5	孔径（mm）	锚杆钻孔直径应大于锚杆杆体直径+15	随机抽查不少于锚杆数的10%	尺量
6	锚杆长度（m）	±100	随机抽查不少于锚杆数的10%	尺量、物探法
7	锚固剂强度	满足设计要求	每进货批次	按产品标准检验
8	锚杆杆体外观	钢筋无锈蚀、杆体无凹痕、无弯曲	随机抽查不少于锚杆数的10%	目测
9	锚杆砂浆饱满度	饱满、密实、无空洞	随机抽查不少于锚杆数的10%	物探法
10	锚头	锚杆外露长度≤100mm 垫板与岩面密贴，无间隙	随机抽查不少于锚杆数的50%	目测、尺量

注：锚杆外露长度包括垫板和螺母部分。

9.10.3 钢筋网施工质量检查及控制标准应符合表 9.10.3 的规定。

表 9.10.3　钢筋网施工质量控制标准

序号	检查项目	施工控制值	检验频率	检验方法
1	钢筋网格尺寸（mm）	±10	每次铺挂分别在拱顶、边墙、仰拱抽查 2 个网格，分部施工每分部不小于 2 个点	尺量
2	钢筋网与受喷面的距离（mm）	≤50	每次铺挂分别在拱顶、边墙、仰拱抽查 2 个网格，分部施工每分部不小于 2 个点	尺量
3	搭接长度（mm）	≥30d（d 为钢筋直径），且不小于一个网格长边尺寸	每次铺挂分别在拱顶、边墙、仰拱抽查 2 个网格，分部施工每分部不小于 2 个点	尺量
4	钢筋保护层厚（mm）	≥20	纵向每 5m 分别在拱顶、边墙、仰拱检查 3 点	尺量、钻孔法
5	铺挂面积	满足设计要求	实测铺设面积，全部检查	尺量
6	钢筋网钢筋数量（根）	满足设计要求	全部	逐根清点、地质雷达
7	钢筋网钢筋外观	钢筋无锈蚀，杆体无凹痕、无弯曲	随机抽查，不少于钢筋数的 10%	目测

9.10.4　钢架施工质量检查及控制标准应符合表 9.10.4-1、表 9.10.4-2 的规定。

表 9.10.4-1　钢架支护施工质量控制标准

序号	检查项目		施工控制值	检验频率	检验方法
1	安装间距（mm）		±50	逐榀检查	尺量
			平均值 ±50	隧道拱部、边墙共 3 条测线	地质雷达
2	钢架数量		不少于设计值	全部	逐榀清点、地质雷达
3	保护层厚度（mm）		临空侧保护层≥20	每 10m 抽查 3 处	凿孔检查
4	倾斜度（°）		±2	逐榀检查	铅锤法
5	钢架轴线连接偏位（mm）		±3	逐榀检查	尺量
6	连接钢板		钢板平面无翘曲、连接螺栓个数≥4	全部	逐个目测
7	安装偏差（mm）	横向	向洞内偏差不大于 10	逐榀检查	经纬仪、全站仪
		竖向	≥设计高程		
		钢架平面翘曲	≤50		

表 9.10.4-1（续）

序号	检 查 项 目		施工控制值	检 验 频 率	检 验 方 法
8	钢架连接件	数量（个）	不少于设计值	全部	逐个清点
		间距（mm）	±50	每榀 3 处	尺量

注：1. 钢架临空一侧为隧道内空侧，是远离围岩的一侧。

    2. 钢架连接偏位，指钢架节段连接轴线偏位。

    3. 钢架平面翘曲，指钢架竖直面的两侧拱脚、拱腰、拱顶之间的偏差。

表 9.10.4-2　格栅钢架施工质量控制标准

序号	检 查 项 目	施工控制值	检 验 频 率	检 验 方 法
1	钢筋直径	满足设计要求	全部钢筋	目测、尺量
2	钢筋焊接	双面	逐点检测	目测、尺量
3	钢筋与钢板焊接	连接辅筋不少 2 根	逐榀检查	目测

注：格栅钢架支护拼装质量检测同表 9.10.4-1。

9.10.5 模板施工质量检查及控制标准应符合表 9.10.5 的规定。

表 9.10.5　模板安装质量控制标准

序号	检 查 项 目	允许偏差（mm）	检 验 频 率	检 验 方 法
1	平面位置及高程	±15	全部	尺量
2	起拱线高程	±10	全部	水准仪测量
3	拱顶高程	+10，0	全部	水准仪测量
4	模板平整度	5	每 5 延米两侧边墙及拱部选 3 处，每处测 3 点	2m 靠尺和塞尺

9.10.6 混凝土衬砌施工质量检查及控制标准应符合表 9.10.6 的规定。

表 9.10.6　混凝土衬砌施工质量控制标准

序号	检 查 项 目		规定值或允许偏差	检 验 频 率	检 验 方 法
1	混凝土强度		在合格标准内	按本规范附录 B.1 检查	试件检测
2	坍落度（mm）	<100	±20	按本规范附录 B.1 每组试件一次	坍落度筒
		≥100	±30	按本规范附录 B.1 每组试件一次	坍落度筒
3	衬砌厚度		90% 的检查点厚度≥设计厚度；最小厚度≥0.5 倍设计厚度	立模后，每模端头沿模板弧线不大于 2m 间距检查一个点，台车每振捣窗检查一个点，两侧拱脚必须检测	尺量
				混凝土浇筑后，双车道分别在隧道拱部、边墙设不少于 3 条测线，三车道、四车道隧道在拱部、边墙设不少于 5 条测线，连续测试。厚度判定测点沿测线间距不大于 2m	地质雷达

表9.10.6（续）

序号	检查项目	规定值或允许偏差	检验频率	检验方法
4	衬砌背部密实状况	衬砌背后无杂物、无空洞	拱顶、两拱腰、边墙脚	目测、地质雷达探测
5	墙面平整度（mm）	拱、墙部位≤5	每模边墙、拱腰、拱顶不少于5处	2m靠尺，顺隧道轴线方向靠紧衬砌表面
6	施工缝表面错台（mm）	施工缝、变形缝±20	每条施工缝边墙、拱腰、拱顶不少于5处	靠尺、直尺
7	隧道净高（mm）	不小于设计	每模检查2个断面	水准仪
8	总宽度	≥设计值	每模检查2个断面，每个断面最大跨度位置和拱脚位置	卷尺、经纬仪、全站仪
9	中线偏差（mm）	≤20	每模检查2个断面	

注：衬砌背部密实情况，指模筑混凝土衬砌与初期支护之间的密实情况。

9.10.7 仰拱混凝土衬砌施工质量检查及控制标准应符合表9.10.7的规定。

表9.10.7 仰拱施工质量控制标准

序号	检查项目		规定值或允许偏差	检验频率	检验方法
1	混凝土强度（MPa）		在合格标准内	按本规范附录B.1检查	—
2	坍落度（mm）	<100	±20	按本规范附录B.1每组试件一次	坍落度筒
		≥100	±30	按本规范附录B.1每组试件一次	坍落度筒
3	仰拱厚度（mm）		不小于设计值	立模后，每模端头作为一个检查断面沿模板弧线检测每一浇筑段不少于2个断面，每个断面不少于5点，模板每振捣窗检查一个点	尺量
4	仰拱底面高程（mm）		±15	每一浇筑段不少于2个断面，每断面检查不少于5点	混凝土浇筑前，水准仪

9.10.8 底板、仰拱回填混凝土衬砌施工质量检查及控制标准应符合表9.10.8的规定。

表9.10.8 底板、仰拱回填施工质量控制标准

序号	检查项目		规定值或允许偏差	检验频率	检验方法
1	混凝土强度		在合格标准内	按本规范附录B.1检查	—
2	坍落度（mm）	<100	±20	按本规范附录B.1每组试件一次	坍落度筒
		≥100	±30	按本规范附录B.1每组试件一次	坍落度筒
3	底板厚度		不小于设计值	每一浇筑段不少于2个断面，每个断面不少于5点	混凝土浇筑前，尺量
4	顶面（底板）高程（mm）		±10	每一浇筑段不少于2个断面，每个断面不少于5点	混凝土浇筑前，水准仪

9.10.9 衬砌钢筋施工质量检查及控制标准应符合表9.10.9的规定。

表9.10.9 衬砌钢筋施工质量控制标准

序号	检查项目			规定值或允许偏差	检验频率	检验方法
1	主筋纵向间距（mm）			±10	分别在两侧边墙、拱腰、拱顶位置逐根检测	混凝土浇筑前，尺量
2	主筋数量			符合设计	全部	混凝土浇筑前，逐根清点
3	两层主筋间距（mm）			±5	不小于3m一个检查断面，且每模衬砌不少于2个断面，每检查断面分别在拱脚边墙、拱腰和拱顶7处以上	混凝土浇筑前，尺量
4	箍筋数量			符合设计	全部	混凝土浇筑前，逐根清点
5	箍筋间距（mm）			±20	分别在两侧拱脚、边墙、拱腰、拱顶位置逐根检测	尺量
6	限（定）位钢筋数量			符合设计	全部	混凝土浇筑前，逐根清点
7	限（定）位钢筋间距（mm）			±100	分别在两侧拱脚、边墙、拱腰、拱顶位置逐根检测	尺量
8	纵筋间距			符合设计	全部	混凝土浇筑前，逐根清点
9	绑扎搭接长度	受拉	HPB级钢	30d	每搭接处	混凝土浇筑前，尺量
			HRB级钢	35d		
		受压	HPB级钢	20d		
			HRB级钢	25d		
10	钢筋焊接、连接			符合规范	每处	混凝土浇筑前，目测、尺量
11	钢筋保护层厚度（mm）	混凝土垫块厚度		不小于设计值	不小于3m一个检查断面，且每模衬砌不少于2个断面，每检查断面分别在拱脚边墙、拱腰和拱顶7处以上	混凝土浇筑前，目测、尺量
		钢筋与模板间隙、钢筋与防水层间隙				
		混凝土保护层		+10，−5	每模衬砌不少于2个断面，每个断面不少于5点	混凝土浇筑后，钻孔法或钢筋保护层测定仪
12	钢筋直径d			符合设计	抽查5%	混凝土浇筑前，目测、尺量

9.10.10 明洞衬砌施工质量检查及控制标准应符合表9.10.10的规定。

表 9.10.10   明洞砌衬施工质量控制标准

序号	检查项目	规定值或允许偏差	检验频率	检验方法
1	混凝土强度	在合格标准内	按本规范附录 B.1 检查	试件检测
2	衬砌厚度	≥设计值	立模后，每模端头沿模板弧线不大于2m间距检查一个点，振捣窗检查一个点	尺量
3	基底高程	符合设计	每10m两侧边墙基底各不少于3个点	水准仪
4	墙面平整度（mm）	内侧：拱、墙部位≤5	每模边墙、拱腰、拱顶不少于5处	2m靠尺顺隧道轴线方向靠紧衬砌表面，直尺
		外侧：拱、墙部位≤10		
5	施工缝表面错台（mm）	施工缝、变形缝处20	每条施工缝边墙、拱腰、拱顶不少于5处	靠尺、直尺
6	隧道净高	不小于设计值	每模检查2个断面	水准仪
7	总宽度	≥设计值	每模检查2个断面，每个断面最大跨度位置和拱脚位置	卷尺、经纬仪、全站仪
8	中线偏差（mm）	≤20	每模检查2个断面	

10 小净距隧道及连拱隧道

10.1 小净距隧道

10.1.1 小净距隧道施工应结合中夹岩厚度、围岩条件、地下水水量及分布情况、埋深、有无偏压等制订专项施工方案。小净距隧道专项施工方案应包括下列内容：

1 左右洞的开挖先后次序。
2 先行洞和后行洞开挖方法。
3 先行洞和后行洞爆破设计和爆破振动控制。
4 先行洞和后行洞开挖错开距离。
5 先行洞仰拱、衬砌与后行洞开挖错开距离。
6 中夹岩保护和加固。
7 其他内容。

条文说明

在选择小净距隧道的开挖方法时，要重点考虑减小对中夹岩的扰动、保持中夹岩的稳定、缩短中夹岩处于不利状态的时间，必要时需对中夹岩进行加固。选取适宜的开挖方法和开挖顺序，使中夹岩变形较小，并且支护能够及时施作有效控制中夹岩的变形。总之，需要遵循"少扰动、快加固、勤量测、早封闭"的原则。

10.1.2 软弱围岩开挖宜采用机械开挖；机械开挖不能实施时，可采用微振动爆破。

10.1.3 应严格控制爆破振动，符合现行《爆破安全规程》（GB 6722）的规定。

10.1.4 先行洞和后行洞的开挖均应严格控制爆破振动对中夹岩的危害。应严格控制单段最大爆破药量。可适当增加相邻爆破分段起爆间隔时间。掏槽孔宜远离中夹岩布置。

条文说明

常用的爆破方法是光面微差爆破。选用尽量小的最大段装药量，采用低威力、低爆速炸药，用小直径药卷不耦合装药，可以减小爆破振动。减小进尺也可减小最大单响装药量，从而减小爆破振动。研究表明，当每段起爆时间间隔大于 100ms 时，各段爆破产生的地震波无明显叠加。

10.1.5 小净距隧道应尽早封闭初期支护、尽早浇筑仰拱。

条文说明

软弱围岩小净距隧道的最主要隐患是中夹岩变形过大而失稳。及时施作初期支护、及时封闭成环，是控制围岩变形的有效手段，对控制中夹岩变形尤为重要。

10.1.6 中夹岩加固注浆，应严格控制注浆参数并进行注浆效果检查。

10.1.7 小净距隧道监控量测应符合下列规定：
1 应根据围岩地质条件、受力变形特性和施工方法，制订监控量测方案。
2 后行洞开挖时，宜对先行洞相应断面前后 1 倍隧道单洞开挖宽度范围内进行重点监控量测。
3 应加强对中夹岩的监控量测。

10.1.8 小净距隧道施工除应符合本章的规定外，尚应符合本规范其他章节的规定。

10.2 连拱隧道

10.2.1 连拱隧道开挖时应考虑其埋深浅、跨度大、地质条件复杂、受偏压和雨季地表水影响大的特点，制订专项施工方案。

条文说明

无论是直中墙还是曲中墙的连拱隧道，目前的开挖方法主要分为两大类：一类是以按两个独立单洞考虑的开挖法；另一类则是先挖导洞再修建中墙的开挖法，目前国内绝大多数连拱隧道的设计与施工都是按先挖导洞再修建中墙考虑的连拱结构。在具体的工程应用中，开挖的实际步骤有多有少、开挖的先后顺序不一，开挖方法可分成："中导洞-双侧壁三导洞开挖法""中导洞-正洞台阶开挖法""先左洞后右洞开挖法"等类型。

10.2.2 开挖过程中应及时做好洞内排水设施，洞内临时排水沟距边沿距离应大于 500mm。

10.2.3 主洞爆破设计和实施时，应注意保护中墙。不得以中导洞作为爆破临空面。

条文说明

中墙浇筑后的开挖爆破，需要注意下列问题。一是选用尽量小的最大单响装药量，采用低威力、低爆速炸药，减小爆破振动对中墙的影响。二是已经开挖的中导洞对主洞开挖爆破来说是一个临空面，而这个临空面正对着中墙，如果爆破方案的最小抵抗线方向指向该临空面，则飞石会对中墙造成极大伤害，这一点在爆破设计时需要避免。另外，对中墙采取必要的保护措施，如沙袋、竹排、废旧轮胎、橡胶等，能够降低飞石对中墙的破坏程度。

10.2.4 中墙混凝土施工应符合下列规定：

1 基础底面应清扫干净，无水、无石渣。地基承载力应符合设计规定。
2 墙身内预埋件、排水管等应固定牢固、位置准确，并加强保护。
3 宜采用定型钢模板。

10.2.5 中墙顶部与中导洞顶部应回填密实、紧密接触。

10.2.6 中墙混凝土施工后，中墙基坑应及时回填密实。

条文说明

计算表明，连拱隧道主洞开挖过程中，后开挖主洞与中墙之间不回填时，中墙的变形远大于回填时的情况。给出此条规定是为了抑制中墙的变形。

10.2.7 开挖先行主洞前，中墙保护和加固应按设计要求实施。

10.2.8 连拱隧道监控量测应符合下列规定：

1 应根据围岩地质条件、受力变形特性和施工方法，制订监控量测方案。
2 应对先行洞掌子面至后行洞二次衬砌范围内进行重点监控量测。
3 应加强对中墙顶部和底部水平位移的监控量测。

10.2.9 连拱隧道施工除应符合本章的规定外，尚应符合本规范其他章节的规定。

11　防水和排水

11.1　一般规定

11.1.1　隧道防排水措施应遵循"防、排、截、堵相结合，因地制宜，综合治理"的原则，应对地表水、地下水妥善处理，形成完整的防排水系统，应使防水可靠、排水畅通。

条文说明

本条强调防、排、截、堵相结合的重要性和措施的多样化，以达到防水可靠、排水畅通、经济合理的目的。

"防"：要求隧道衬砌结构、防水层具有防水能力，防止地下水透过防水层、衬砌结构渗入隧道内。

"排"：隧道需要有畅通的排水设施，将衬砌背后、路面结构层下的积水排入洞内路侧边沟和中心水沟。排出衬砌背后积水，能减少或消除衬砌背后的水压力，衬砌结构背后水排得越好，衬砌渗漏水的概率就越少；排出路面结构层下的积水，能防止路面冒水、翻浆、路面结构破坏。

"截"：对可能渗漏到隧道的地表水、采空区积水和溶洞水，通过设置截（排）水沟、导流洞引排。地表水一般采取回填积水坑洼地、封闭地面渗漏点、铺砌地表沟渠，设置截水沟引排，以减少地表水下渗；对采空区积水和溶洞水，采取引流措施。

"堵"：针对隧道围岩裂隙水、断层水、溶洞水等含水地层，采用向围岩体内注浆、设堵水墙等封堵方法，将地下水堵在围岩体内，防止或减少地下水流失。

地表水与地下水经常存在一定联系，因此，隧道防排水设计需要对地表水、地下水进行妥善处理，结合隧道衬砌结构设计，采取可靠的防水、排水措施，使洞内外形成一个完整、通畅的排水系统。

11.1.2　二次衬砌施工前，应严格按设计做好衬砌背后的防排水设施，防水层不得有影响衬砌厚度的皱褶、绷弦现象，二次衬砌背后纵向盲管，不得侵占二次衬砌结构空间。

条文说明

隧道防排水系统施工时，需保证二次衬砌设计厚度所需要的空间。衬砌背后防水层绷得过紧，会产生绷弦现象；防水层过松可能产生皱褶现象，这些现象都可能侵占二次衬砌结构空间，造成衬砌厚度不够。纵向盲沟沿隧道轴线方向布置侵占二次衬砌空间后，会极大地损害衬砌结构的承载能力，因此要求不得侵入二次衬砌结构空间。

11.1.3 二次衬砌抗渗等级应符合设计规定。

条文说明

二次衬砌为隧道防水体系的最后防水屏障，要求二次衬砌具有一定的自防水能力，混凝土抗渗等级不小于设计规定。

11.1.4 防排水材料应满足国家、行业标准和设计要求，有出厂合格证明，并按相关规范进行检验。不得使用有毒、污染环境的材料。

条文说明

排水盲管、土工布、防水板、止水带等所用材料，在长期使用中如有有毒物质释放，则不予采用；注浆堵水材料如果有毒或对环境有污染，则不予采用。进入现场的这些材料需进行抽检。

11.1.5 隧道排水不得污染环境。环境敏感区、可能对饮用水源造成影响的隧道，应制订专项施工排水方案。

条文说明

隧道施工排水会对周围一定范围造成水体、土体污染等不利影响。施工废水、生活污水处理后排放的相关法律法规及标准有现行《中华人民共和国水法》《中华人民共和国水污染防治法》《中华人民共和国环境保护法》《污水综合排放标准》（GB 8978）、《地表水环境质量标准》（GB 3838）、《海水水质标准》（GB 3097）等。

11.1.6 隧道排水不得造成农田水利设施、既有排水设施的损害。

11.1.7 隧道施工期间排水设施宜与永久排水相结合，不得造成排水设施堵塞。

条文说明

隧道施工期间的排水设施要及时清理、疏通，保证施工和运营期间排水畅通。

11.1.8 施工中应对洞内的出水部位、水量大小、涌水情况、变化规律、补给来源、排泄去向等做好观测和记录。

11.1.9 隧道施工期间应配备足够的抽水设备和排水器材。

条文说明

隧道开挖掌子面、边墙基坑、仰拱基坑位置较低，容易聚集水，影响施工作业安全和施工质量，要配备足够的抽排水设备和器材，及时抽排。

11.2 施工期间排水

11.2.1 隧道洞口、辅助坑道洞口、斜（竖）井洞口进洞开挖前应做好排水系统，完善排水设施，并应符合下列规定：

1 边坡、仰坡坡顶的截水沟出水口应接入周边排水沟渠。
2 洞外路堑向隧道内为下坡时，路堑边沟应做成反坡，不应将洞外水排入洞内。
3 洞顶排水沟应与洞门结构同时完成。

条文说明

1 截水沟是修建在洞口开挖线5m以外的水沟，拦截仰坡以上的坡面汇水，是为防止边坡、仰坡遭受雨水汇集水流的冲刷危害。
2 路堑边沟做成反坡是为防止地表水灌入隧道内。
3 洞顶排水沟是修建在洞门墙背后、洞口衬砌拱背以上的排水沟，与洞门结构同时完成。

11.2.2 隧道开挖前应对影响隧道施工和运营的地表水进行处理。

条文说明

地表水处理是保证隧道施工和运营安全的重要环节，特别是隧道覆盖层薄和渗透性强的地层需在进洞前先处理。主要包括下列几个方面：

（1）洞口附近和浅埋段洞顶积水需要疏干，地表需要铺平，以便于排水。
（2）对隧道施工和运营造成影响的地表井、泉、池沼、水田等，需要采取措施防止渗水侵入隧道。
（3）地表已有排水沟槽需要进行铺砌或改移。
（4）隧道地表沟谷（槽）、坑洼、钻孔、探坑等，需要采取疏导、勾补、铺砌、填平、抹面、封孔等措施。
（5）特殊的黄土陷穴、漏斗、溶隙、废弃的坑洞等需要根据情况进行处理。

（6）在洞顶设高压水池时，水池需要有防渗措施和溢水疏导设施。

11.2.3 隧道内施工废水、围岩渗水不应形成漫流和积水，应汇流集中引排。排水沟断面应满足排水需要。通过暴露的膨胀围岩、土质围岩和松软围岩地段宜采用管槽排水，或对排水沟进行浆砌、硬化。

条文说明

隧道内施工，无论顺坡排水或反坡排水都要求隧底无漫流，包括全断面开挖工作面的隧底、台阶法开挖的台阶面和已衬砌隧底硬化的地段无水漫流。膨胀围岩、土质围岩和松软围岩的地段，水的侵蚀会造成岩土层物理性质进一步恶化，降低地基承载力。在隧道底部硬化封闭前，采用管槽或铺砌排水沟排水是为了减少水侵蚀的危害。

11.2.4 隧道内边墙基坑、仰拱基坑积水应及时抽排。

条文说明

边墙基坑、仰拱基坑位置较低，洞内废水容易聚集，会侵蚀和软化基坑底部围岩，需及时抽排。

11.2.5 隧道施工为顺坡排水时，宜尽早修筑永久排水沟并保持畅通。

条文说明

永久排水沟宜尽早修建，洞内废水可通过永久排水沟排出洞外，无须再设临时排水通道或敷设临时排水管路。

11.2.6 隧道施工为反坡排水时，应采用水泵抽水，并应符合下列规定：

1 应根据排水距离、坡度、水量和施工组织，编制反坡排水方案，选择排水设备、设置集水坑位置和容积、布置抽水管路。

2 集水坑位置不得造成围岩失稳和衬砌结构承载能力降低，不应影响隧道内运输。

3 井下工作水泵的排水能力应不小于1.2倍正常涌水量，并应配备备用水泵；井下备用水泵排水能力应不小于工作水泵排水能力的70%。

4 高冒水风险隧道反坡施工时，应准备一定的抢险物资、设备，宜设置两个独立的供电系统和排水管路。

5 应做好停电时的应急排水预案和人员、设备的安全保障措施。

条文说明

反坡排水主要有两种排水方式：①对纵坡坡度较大、独头掘进较长的隧道，根据抽水设备扬程，采用多级集水坑接力式抽水；②对坡度较缓的隧道，采用长距离管道配合集水坑收集一次集中抽排；③对地下水发育和富水隧道的反坡排水，设置两个独立的供电系统和排水管路是为在机械故障、停电等意外情况下保证抽排水能正常进行。高冒水风险隧道，指岩溶发育地区、承压水地层、富水地层、地表水体下的隧道。

11.2.7 围岩有股水出露时，宜直接引排。

条文说明

围岩有大面积渗流和股水出露，会对衬砌施工造成不良影响，这时，需采取引排隔离措施。反坡排水可引排至集水坑，顺坡排水引排至硬化后的排水沟，自流排出。这里所说的"汇流引排"，是对围岩出露水的汇流引排，不是围岩体内地下水的引排。

11.2.8 隧道浅埋地段地下水位较高，且影响隧道施工时，可采用井点降水措施，井点降水施工应符合下列规定：

1 应根据降水要求，配备降水设备，编制降水施工方案。
2 降水井应布置在隧道两侧，降水井井底高程应在隧底高程以下 3~5m。
3 工作水泵的排水能力应不小于预测抽水量的 1.2 倍。
4 应设水位观测井，监测水位高程，掌握水位变化情况，调整降水参数。
5 隧道施工期间围岩地下水位应保持在开挖线以下 0.5m。
6 降水期间应监测周边地表沉降大小和沉降范围，并应制定控制措施。
7 降水施工完成后，降水井应按设计要求进行回填。

条文说明

井点降水是隧道开挖前在隧道两侧布置降水井点，利用抽水设备抽水，排出隧道开挖范围内的地下水，使隧道在无水状态下进行开挖。适用于地下水位高、透水性好的地层。在浅埋富水地层的隧道施工中对降低围岩地下水位已有很多成功案例，效果较好。

11.2.9 隧道通过暗河、采空区、承压水带等富水地层时，应判明地下水体位置、规模、流向、补给条件等，并应制订防排水方案和防止涌水、突水、突泥的安全措施。

条文说明

隧道穿越暗河、采空区、承压水地带，要根据工程地质和水文地质资料和超前物探和钻探结果进行详细分析，判明地下水体位置、规模、流向、补给条件等。

11.2.10 隧道开挖前方地下水必须排放时，可采用超前钻孔排水或开挖泄水洞排水等方式排放，并制定防止涌水、突水、突泥的安全措施。对岩溶地区应注意保留或恢复原有排水通道。

11.2.11 钻泄水孔排泄前方地下水时，应符合下列规定：

1　应根据工程地质与水文地质条件，以及地下水流的方向等因素确定钻孔位置、方向、数目和每次钻进深度。

2　超前钻孔深度不宜小于10m，且应超出距开挖面3～6倍开挖循环进尺的距离。

3　钻孔时孔口应有保护装置，钻孔结束后，对水压较高的出水孔应安装闸阀。

4　隧道反坡开挖时，应配备足够的抽水设备。

5　非作业人员应撤出钻孔作业区。

条文说明

超前钻孔排水一般用于开挖面前方有高压地下水或有充分补给源的涌水，且排放地下水不会影响围岩稳定及隧道周边环境的地段，是防止承压水突然涌出的措施。

1　钻孔排水前需对工程地质和水文地质进行详细调查，分析地下水成因机理，判明地下水流方向，估计可能发生的涌水量，然后确定钻孔位置、方向、数目和每次钻进深度。

2　钻孔深度不小于10m，是为了保证开挖前方足够的岩盘（岩体）保护厚度，一般为10～30m。

3　钻孔时孔口设保护装置是防止高压水将管冲出，孔口安装闸阀是为控制排水量。

4　备足抽水设备，以防淹没隧道。必要时施工人员撤出危险区。

11.2.12 斜井、竖井施工排水应符合下列规定：

1　井下工作水泵的排水能力应不小于1.2倍正常涌水量，并应配备备用水泵；井下备用水泵排水能力应不小于工作水泵排水能力的70%。

2　水下隧道或通过承压水层等高冒水风险隧道宜设置两个独立的供电系统和排水管路。

3　排水泵站应高于临时水仓，并有人值守。

4　临时水仓应定期清理。

11.2.13 寒冷地区隧道施工排水，应将受冻区段的沟、管等埋设在冻结线以下或采取防冻保温措施，可结合永久性防冻保温排水工程进行施工排水。

条文说明

寒冷地区施工排水沟受冻区段采取保温措施是为保证排水畅通，利用永久性防冻保温排水设施进行施工排水，是为了减少排水设施的工程量，降低造价。被利用的永久性防冻保温排水设施在施工完成后，需要进行疏通、清洗，保证运营期间永久性防冻保温排水设施的正常使用。

11.3 防排水结构施工

11.3.1 路侧边沟施工应符合下列规定：

1 边沟沟槽开挖及预留沟槽宽度和深度应满足边沟断面尺寸和施工安装的要求。

2 边沟盖板应采用预制方式生产，其强度应符合设计规定，预制件应无毛刺，尺寸、平整度、光滑度应满足外观要求。

3 断面尺寸、沟底高程和排水纵坡应符合设计规定。

4 边沟沟壁和沟底采用预制边沟时，开挖沟槽底应采用 M20 砂浆或 C15 混凝土铺底找平，安放平稳、接缝紧密，沟壁外侧应回填密实。

5 盖板安放应连续、顺直、平稳，盖板顶面高程应符合设计规定。

6 盖板安放前应清除沟内杂物、泥沙。

11.3.2 中心水沟施工应按设计要求设置，并应符合下列规定：

1 开挖沟槽宽度和深度应满足中心水沟断面尺寸和施工安装的要求。

2 无仰拱地段中心水沟开挖宜采用切割开挖。

3 圆形中心水沟预制圆管安放应施作底座，底座应采用混凝土浇筑，应密实、平顺，不得堵塞管壁泄水孔，底座混凝土强度应不小于 C20。

4 圆形中心水沟预制圆管应安放平稳、顺直、接缝紧密。

5 圆形中心水沟预留泄水孔部分应采用虑水砂、砾石回填，砂、砾石粒径应满足渗水要求。

6 矩形中心水沟盖板应采用预制。

7 矩形中心水沟沟壁和沟底采用预制时，开挖沟槽底应采用 M20 砂浆或 C15 混凝土铺底找平，安放平稳、接缝紧密，沟壁外侧应回填密实。

8 矩形中心水沟盖板安放前应清除沟内杂物、泥沙，沟底应无积水。

9 中心水沟盖板顶面、虑水砂砾石层顶面在浇筑上部混凝土时应铺设隔离层。

10 中心水沟施工期间作为施工排水通道时，进水口应设格栅遮挡，施工完成后应进行冲洗、疏通。

11.3.3 沉沙池与检查井施工应符合下列规定：

1 沉沙池与检查井设置间距不应大于设计规定，并应与施工缝、变形缝错开，错开位置不宜小于 2m。

2 检查井井壁混凝土应一次整体现浇，井壁外侧超挖部分应采用同级混凝土回填。

3 检查井口圈和盖板应采用预制，盖板应安放平稳。

4 检查井盖板安装前，应清除沟内、沉沙池内杂物和泥沙。

11.3.4 环向、纵向、横向排水（盲）管施工应符合设计和下列规定：

1 排水（盲）管的材质、强度、透水性应符合相关规范的规定，尺寸规格应满足设计要求，盲管不得有凹瘪、扭曲。

2 环向排水盲管、竖向排水盲管应紧贴初期支护表面敷设，布置间距应满足设计要求，应在有集中渗水位置敷设，在地下水较大地段应适当加密。

3 纵向排水盲管敷设的纵向坡度应与隧道纵坡一致，不得起伏不平，不得侵占衬砌结构空间。

4 环向排水盲管、竖向排水盲管与纵向排水盲管应采用三通连接，并应连接牢固。

5 横向泄水管应采用硬质不透水管，横向泄水管与纵向排水盲管应采用三通连接，并应连接牢固，衬砌混凝土浇筑时应露出横向泄水管管头。

6 横向导水管应与泄水管管头连接牢固。

7 横向导水管宜采用切槽方式铺设，浇筑路面混凝土时，槽顶面应采取隔离措施。

8 横向导水管排水坡度不应小于设计值。

9 环向排水盲管、竖向排水盲管、纵向排水盲管及透水的横向导水管的管体应用土工布包裹。

条文说明

1 隧道衬砌背后的环向、竖向、纵向排水（盲）管，横向泄水（盲）管、横向导水（盲）管通常采用定型产品，产品材质、强度、透水性应符合相关标准规范的规定和设计要求。排水盲管设置图如图 11-1 所示。横向管分为两段，穿过衬砌结构的一段称为横向泄水管；埋在路面结构以下的一段称为横向导水管。

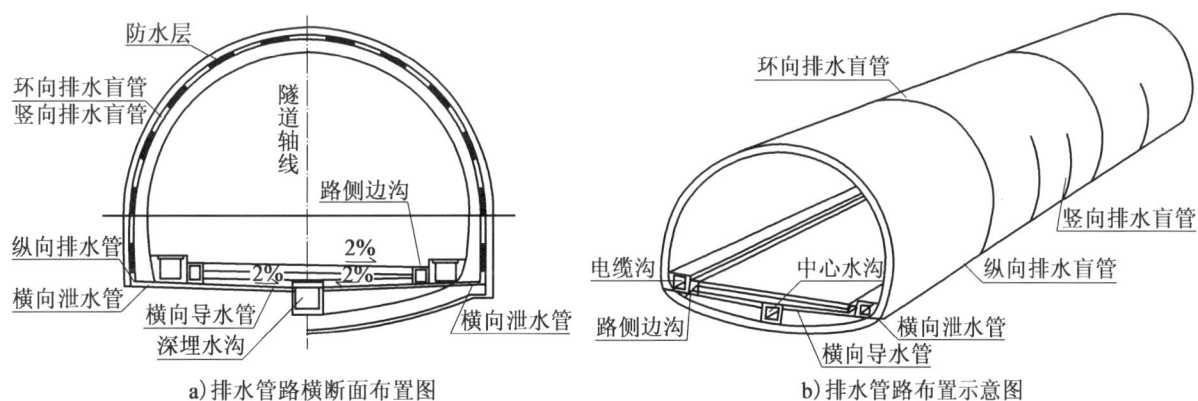

a) 排水管路横断面布置图　　　b) 排水管路布置示意图

图 11-1　排水盲管设置图

2 在地下水较大的地段环向盲沟加密，是为增加衬砌背后的排水能力，满足排水需要。

3 纵向排水管侵占二次衬砌空间，会减少结构截面尺寸，削弱结构承载能力，所以要求不得侵占二次衬砌空间。当出现侵占二次衬砌空间时，需在铺设纵向排水管位置凿除初期支护或按设计要求特殊处理。

4 采用三通连接是保证盲管连接牢固、不错位，使排水盲沟相互连通。

5 横向泄水管是在边墙衬砌混凝土浇筑时预埋，采用硬质不透水管（通常采用硬质钢管或塑料管）是防止混凝土浇筑时将管损坏、防止混凝土浆液进入管内；露出泄水管管头是保证混凝土浇筑时，泄水管不移位，方便与横向导水管对接。为了露出管头，通常需在混凝土模板穿孔。

6 横向导水管的作用是将横向泄水管流出的地下水导入中心水沟，是在路面施作之前铺设。在有仰拱地段，预埋在仰拱填充内时，一般采用不透水的硬质管；在仰拱填充采用切槽安放导水管时或在无仰拱地段安放在路面结构层以下时，一般采用透水管。常用的透水管有：弹簧排水管、打孔波纹管等。

7 在仰拱填充混凝土浇筑或在路面混凝土垫层浇筑后铺设横向导水管时，采用切槽安放导水管，能较好地控制安放质量。

11.3.5 隧道衬砌防水层（土工布、防水板）材料规格和性能指标应符合设计规定和相关规范规定。

条文说明

防水层（包括土工布和防水板）也称防水卷材，国内生产品种较多，指标要求参见相关规定。

11.3.6 防水层铺设应符合下列规定：

1 防水层铺设应超前二次衬砌施工 1~2 个循环距离衬砌段。

2 初期支护表面应平顺。应无钢筋和锚杆头外露、尖硬物凸出、错台和急速凹凸现象。基面平整度宜满足式（11.3.6）要求。

$$D/L \leqslant 1/6 \tag{11.3.6}$$

式中：L——初期支护表面相邻两凸面间的距离；

D——初期支护表面相邻两凸面之间凹进去的深度。

3 防水层宜利用专用台车铺设。

4 防水层应环向整幅铺设，拱部和边墙应无纵向搭接。

5 无纺布与防水板应分别铺挂，无纺布铺挂完成后再挂防水板。

6 无纺布应采用射钉加热熔垫固定，防水板应采用无钉铺挂，铺挂固定点间距：拱部宜为 0.5~0.7m，侧墙宜为 0.7~1.0m，在凹处应适当增加固定点。

7 防水板铺挂时应适当松弛，松弛系数根据超挖情况确定，一般情况取 1.1~1.2。

条文说明

2 铺挂防水层的基面要求平顺，外露钢筋需割除、锚杆头可采用喷射混凝土覆盖，也可采用定型硬塑料保护罩保护，主要目的是防止衬砌混凝土浇筑过程中戳穿防水层。

平整度不满足规定时要用喷射混凝土找平。

3 防水层铺挂台车装有与衬砌内轮廓一致的拱形刚架和环形扶梯，并设有不同高度的作业平台，便于操作，通常铺挂台车还配有防水材料卷盘。

4 防水板和无纺布要求整幅铺挂，即整个环向连续铺挂、拱墙部位不设纵向接缝，根据初期支护表面环向长度下料，并留有富余量，配成卷放在台车的卷盘上。

6 无纺布一般采用射钉配合热熔垫固定，防水板是通过热熔焊黏结在热溶垫上进行固定。

防水板要求采用无钉铺挂，是为避免在防水板上打孔、穿钉，保证防水板无机械损伤。

无钉铺挂有两种做法：①无钉热合铺设法，是先将能与防水板热溶黏合的垫衬用机械方法固定在喷射混凝土基面上，同时将无纺布固定（图 11-2），然后采用电热压焊器把防水板粘贴在热溶固定垫上，将防水板固定（图 11-3），这是目前通常采用的方法。②绳索吊挂法，是与无纺布一起用绳索吊挂方式固定，先在喷射混凝土表面打吊挂钉，将绳索吊在钉上进行固定，目前基本上已被淘汰。

7 防水板铺挂时要松弛度适当，铺挂过紧会产生弦绷现象，甚至扯破防水板；铺挂过松则会产生皱褶现象。出现绷弦和皱褶现象都会侵占二次衬砌空间，导致二次衬砌厚度不足。发现过紧或过松，都需重新铺挂。

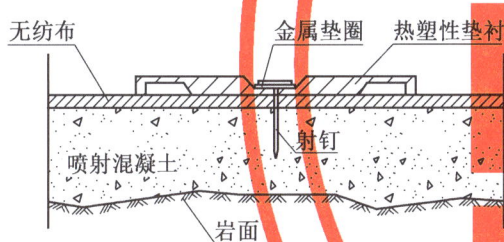

图 11-2 土工布固定示意图　　图 11-3 防水板无钉铺设示意图

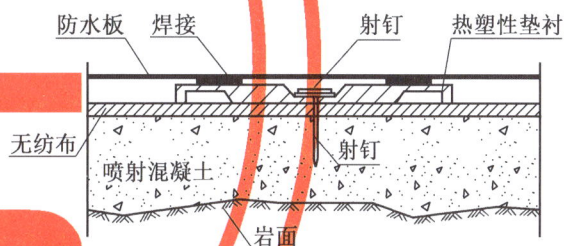

11.3.7 防水板焊接应符合下列规定：

1 防水板的搭接宽度不应小于 100mm，应采用自动爬焊机双缝焊接，双缝焊每条焊缝宽度不应小于 10mm；无法采用自动爬焊机焊接的个别局部搭接位置，可采用手持焊枪焊接，焊缝宽度不应小于 20mm。

2 焊接时，焊缝接头应平整、不应有皱褶和空隙，焊接面应擦拭干净。

3 防水板焊接前应进行焊接试验，确定适宜的焊接温度和速度，不得出现烧焦和溶穿现象。

4 双焊缝焊接质量应采用充气法检查，充气压力在 0.25MPa 保持 15min 后，压力下降应小于 10%。

条文说明

1 防水板采用环向整幅铺挂，每环之间的搭接采用双焊缝，包括现场每铺挂段的环向焊接及与先期铺设的仰拱防水板搭接的纵向水平焊缝。个别局部搭接包括补漏焊、破损补焊、横洞连接焊、设备洞连接焊、T形搭接焊等。采用自动爬焊机焊接自动形成双缝焊，局部搭接焊缝可采用手持焊枪焊接。

3 焊接温度和爬焊机行走速度是焊接工艺的重要参数。开始焊接前，在小块防水板上试焊，以掌握爬焊机焊接温度和焊接行走速度。焊接温度高时，行走速度快；焊接温度低时，行走速度慢。试验成功后再进行现场作业，以保证焊缝质量。

4 双焊缝焊充气检查，是将焊缝两端封闭，在两条焊缝之间穿空心针，通过空心针充气加压，检测两条焊缝之间的封闭情况，如图11-4所示。若压力下降在10%以内，说明焊缝合格；如压力下降过快，说明焊缝不严。检查采取随机抽样方式。对局部补焊用手撕是检查焊缝焊接牢固程度的方法，如手能撕开，则需重焊。检查还包括目测肉眼检查，防水板有无焊穿、假焊和漏焊，焊缝表面是否平整光滑、有无皱褶，用尺量焊缝宽度是否满足设计要求等。

图11-4 防水板焊缝检查示意图

11.3.8 防水板铺设好后，应注意防水板的保护，并应符合下列规定：

1 任何材料、工具应远离已铺好防水板的地段堆放。

2 挡头模板与防水板接触位置应采用软质物衬垫进行封堵。

3 不得将已铺好防水板的位置作为挡头模板支撑杆件的支撑点。

4 钢筋铺设、绑扎及模板安装不得戳穿、损伤防水板。

5 钢筋焊接作业时，防水板应采用阻燃材料进行隔离遮挡。

6 钢筋不得直接接触防水板，接触位置应采用混凝土垫块隔离。

7 浇筑混凝土时应避免混凝土直接冲击防水板，必要时可在混凝土输送泵出口处设置挡板。

8 捣固时，应避免振捣器与防水板直接接触。

9 台车就位前，应对防水板进行检查，发现破损部位，应做好标记，并及时修补。

条文说明

在实际施工过程中，防水板被损坏情况时有发生，本次修订时增加了本条规定。

11.3.9 中埋式止水带施工应符合下列规定：

1 应埋设在衬砌结构设计厚度中央，平面应与衬砌表面平行、与衬砌端头模板正交，止水带中间空心圆环应顺施工缝、变形缝方向并与缝重合安装。

2 先浇一侧混凝土应采用定型挡头模板固定止水带，挡头模板应支撑牢固。

3 后浇一侧混凝土浇筑前应清除止水带上混凝土残渣，止水带有倒转、扭曲时应采取措施扶正。

4 混凝土浇筑时止水带不应移位、折曲、倒转。

5 在衬砌转角位置的止水带应采用连续圆弧过渡，橡胶止水带的转角半径不应小于200mm，钢边止水带不应小于300mm。

6 止水带周边混凝土振捣应能使止水带与混凝土紧密结合，不留气泡和空隙，并应防止振捣造成止水带偏位或破损。

条文说明

2 定型挡头模板是固定止水带的专用模板，目前在施工中逐步推广使用。它是在止水带先浇一侧混凝土挡头模板上将止水带固定，较过去采用钢筋固定方式更可靠。

11.3.10 背贴式止水带施工应符合下列规定：

1 应在已铺挂的防水板上准确标出施工缝位置。

2 在混凝土浇筑前，背贴式止水带应沿施工缝位置铺设，止水带中线应与施工缝重合，止水带两边应与防水板焊接，位置偏差应不大于10mm。

3 挡头模板应将止水带顶紧、密贴，混凝土浇筑时不应漏浆。

4 后浇一侧混凝土浇筑前应清除止水带残留混凝土。

条文说明

背贴式止水带施工关键工序是止水带与防水板的焊接位置和焊接密实，所以要求在防水板上准确画出施工缝位置。止水带中线与施工缝重合，才能起到止水、防水作用。

11.3.11 不得在止水带上穿钉、打孔，应防止止水带撕裂、刺破。

11.3.12 环向止水带的长度宜根据施工要求事先向生产厂家定制，避免接头。纵向止水带确需接头时，宜根据止水带材质和止水构造采用产品规定的方法连接。

条文说明

止水带接头一般采用产品规定的方法连接，接止水带常用的接头形式如图11-5所示。橡胶止水带接头可用热压机硫化连接胶合；塑料止水带的接头采用塑料焊接机进行焊接。止水带的搭接长度一般不小于100mm，冷粘或焊接的缝宽一般不小于50mm。

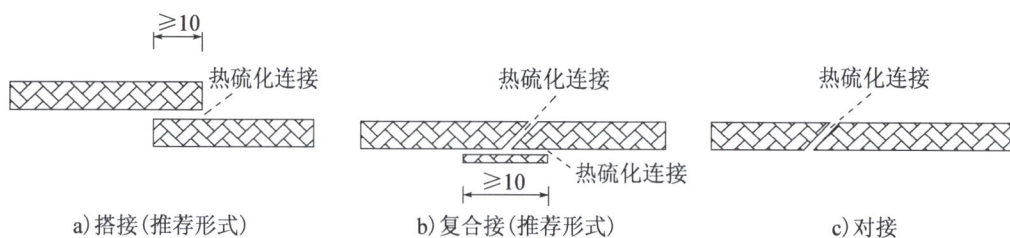

图 11-5 止水带常用接头形式（尺寸单位：cm）

11.3.13 止水带规格和性能指标应符合设计和相关规范的规定。

11.4 质量控制标准

11.4.1 隧道防排水工程质量应符合下列规定：

1 高速公路、一级公路、二级公路隧道拱部、边墙、设备箱洞不渗水，路面无湿渍，有冻害地段的隧道衬砌背后不积水、排水沟不冻结，车行横通道、人行横通道等服务通道拱部不滴水，边墙不淌水。

2 三级公路、四级公路隧道拱部不滴水，边墙不淌水，设备箱洞不渗水，路面不积水、不淌水，有冻害地段的隧道衬砌背后不积水、排水沟不冻结。

11.4.2 洞顶排水沟、截水沟施工质量检查及控制标准应符合表 11.4.2 的规定。

表 11.4.2 洞顶排水沟、截水沟质量标准

序号	项 目	施工控制值	检 验 频 率	检 验 方 法
1	排水沟纵坡（‰）	±0.5、不积水	每100m 随机检查5 处	坡度尺、水准仪
2	断面净空尺寸（mm）	+100，−50	每100m 随机检查5 处	钻孔、尺量
3	沟壁厚度（mm）	−10		

11.4.3 洞内边沟、洞外路堑边沟施工质量检查及控制标准应符合表 11.4.3 的规定。

表 11.4.3 洞内边沟、洞外路堑边沟断面尺寸质量标准

序号	项 目	施工控制值	检 验 频 率	检 验 方 法
1	断面净空尺寸（mm）	±10	每10m 随机检查1 处	尺量
2	沟壁厚度（mm）	不小于设计值		
3	沟底厚度（mm）			
4	沟顶高程（mm）	0，−10	每20m 测高程	水准仪
5	沟底高程（mm）	±20		

11.4.4 混凝土抗渗性能试验试件应在浇筑现场制作，在标准条件下养护。混凝土的防水质量应符合表11.4.4的规定。

表11.4.4 混凝土防水质量标准

序号	项 目	施工控制值	检 验 频 率	检 验 方 法
1	抗渗等级	符合设计	每200m衬砌做一组（6个）	试件试验

11.4.5 泄水洞施工质量检查及控制标准应符合表11.4.5的规定。

表11.4.5 泄水洞质量标准

序号	项 目	施工控制值	检 验 频 率	检 验 方 法
1	断面净空尺寸（mm）	+100，-50	每10m检测1次	尺量、断面仪
2	洞底高程（mm）	±50	每10m检测1次	全站仪、水准仪、经纬仪
3	轴线偏位（mm）	±100		
4	排水沟纵坡（%）	±0.5、不积水	每10m随机检查1处	水准仪、全站仪、经纬仪

注：泄水洞衬砌结构尺寸检验方法与频率可按主洞执行。

11.4.6 检查井施工质量检查及控制标准应符合表11.4.6的规定。

表11.4.6 检查井质量标准

序号	项 目	规定值或允许偏差（mm）	检 验 频 率	检 验 方 法
1	轴线偏位	±50	每个检查	全站仪、水准仪、经纬仪
2	断面尺寸	±20	每个检查	尺量
3	井底高程	±15	每个检查	水准仪
4	井盖与相邻路面高差	0，+4	每个检查	水准仪、水平尺、靠尺

11.4.7 防水层铺挂施工质量检查及控制标准应符合表11.4.7的规定。

表11.4.7 防水层铺挂质量标准

序号	检 查 项 目		规定值或允许偏差		检 验 频 率	检 验 方 法
1	搭接宽度（mm）		≥100		每条环向搭接缝检查不少于5处，纵向搭接缝每2m检测1处	尺量
2	缝宽（mm）	焊接	焊缝宽≥10		每条环向搭接缝抽查不少于5处，纵向搭接缝每5m检测1处	尺量
		粘接	粘缝宽≥50			
3	固定点间距（mm）	拱部	按设计或0.5~0.7m	±50	每10m拱部、边墙各检查5处	尺量
		侧墙	按设计或0.7~1.0m			

表 11.4.7（续）

序号	检 查 项 目	规定值或允许偏差	检 验 频 率	检 验 方 法
4	焊缝充气检查	压力达到 0.25MPa 时停止充气，保持 15min，压力下降在 10% 以内	每 2 处搭接抽检 1 处	充气检查
5	铺挂松紧度	防水层任一点能接触岩面	每 10m 拱部、边墙各检查 5 处	两固定点之间同时两点触摸

11.4.8 止水带、中埋式止水带施工质量检查及控制标准应符合表 11.4.8 的规定。

表 11.4.8 止水带安装质量标准

序号	检 查 项 目	施工控制值	检 验 频 率	检 验 方 法
1	纵向偏离（mm）	±50	每环 5 处	尺量
2	偏离衬砌轴线（mm）	≤30	每环 5 处	尺量
3	固定点间距	满足设计要求	每处止水带检查 5 点	尺量

注：1. 纵向偏离，指止水带中线沿隧道纵向偏离施工缝。

2. 偏离衬砌轴线，指偏离衬砌厚度的中线。

3. 背贴式止水带仅检查其中"纵向偏离"，不检查其他两项。

12 风、水、电供应

12.1 一般规定

12.1.1 施工组织设计应包括风、水、电供应。

12.2 供风

12.2.1 空气压缩机站应设在洞口附近,当有多个洞口需集中供风时,可选在适中位置,但应靠近用风量较大的洞口。空气压缩机站应有防水、降温和防雷击设施。压力表和安全阀应定期维护保养且每年至少校验一次。长隧道及特长隧道可将空气压缩机布设在洞内适当位置。

条文说明

空气压缩机站设在洞口附近,主要是为了减少洞外管路长度,以免风压损失过多。

为充分发挥设备潜力,需要综合考虑电动、内燃空气压缩机的优缺点,合理配备使用。

12.2.2 空气压缩机应能满足同时工作的各种风动机具最大耗风量和风压的要求。配置时应考虑空气压缩机的工作效率和分风及管路造成的风量、风压损失。

条文说明

各种常用的风动机具有凿岩机、风钻台车、装渣机、喷射混凝土机具、锻钎机、压浆机等。要保证这些机具的正常工作,需有足够的压缩空气供应,即要有足够的风量和风压供应给各个风动机具。

压缩空气由空气压缩机供给。空气压缩机有内燃及电动等类型,通常设在洞口。空气压缩机的生产能力 Q 需要考虑由储气筒到风动机具设备沿途的损失、各机具的耗风量、风动机具的同时工作系数以及备用系数,即:

$$Q = (1 + K_备)(\sum_q \cdot K + q_漏) k_m \qquad (12-1)$$

式中:K——同时工作系数,按表12-1的规定确定;

k_m——空气压缩机所处海拔高度对空气压缩机生产能力的影响系数,按表12-2的规定确定；

$K_备$——空气压缩机的备用系数，一般采用75%~90%；

$\sum_q$——风动机具所需风量；

$q_漏$——管路及附件的漏耗损失（m³/min），其值见式（12-2）。

$$q_漏 = \alpha \sum L \tag{12-2}$$

式中：α——每公里漏风量，平均为1.5~2.0m³/min；

L——管路总长（km）。

表12-1 同时工作系数 K

机具实型	凿岩机		装渣机		锻钎机	
同时工作	1~10	11~30	1~2	3~4	1~2	3~4
K	1.00~0.85	0.85~0.75	1.00~0.75	0.70~0.50	1.00~0.75	0.65~0.50

表12-2 海拔高度影响系数 k_m

海拔高度（m）	0	305	610	914	1 219	1 524	1 829	2 134	2 438	2 743	3 048	3 658	4 572
k_m	1.00	1.03	1.07	1.10	1.14	1.17	1.20	1.23	1.26	1.29	1.32	1.37	1.43

由于风动机具均要求有一定的风量与风压，因此除考虑足够的风量供应外，还要求保证开挖面需要有足够的风压。为此，需要采取措施尽量减少管路输送中风压或风量的损失。

12.2.3 隧道掌子面使用风压应不小于0.5MPa，高压风管的直径应根据最大送风量、风管长度、闸阀等计算确定。

条文说明

本条规定是针对国产的各种轻型风动凿岩机，一般使用风压为0.4~0.6MPa。

12.2.4 高压风管路的安装使用，应符合下列规定：

1　洞内高压风管不宜与电缆电线敷设在同一侧。

2　在空气压缩机站总输出管上应设总闸阀；主管上每隔300~500m应分装闸阀。高压风管长度大于1 000m时，应在管路最低处设置油水分离器，定时放出管中的积油和水。

3　高压风管在安装前应进行检查，有裂纹、创伤、凹陷等现象时不得使用，管内不应保留有残余物和其他脏物。

4　管路应敷设牢固、平顺，接头严密，不漏风。

5　高压风管不应妨碍运输、影响边沟施工。

6　洞外地段，当高压风管长度超过100m和温度变化较大时，宜安装伸缩器；靠近空气压缩机 150m 以内，风管的法兰盘接头宜用石棉衬垫。

7　高压风管前端至开挖面宜保持 30m 距离，并用高压软管连接分风器，通向上导坑开挖面使用的软管长度不宜大于 50m。分风器与凿岩机间连接的胶皮管长度，不宜大于 15m。应加强对风管的保护，避免爆破飞石对风管的损坏。

8　高压风管使用中应有专人负责检查、养护。

条文说明

高压风管的安装使用，是根据多年施工经验总结制定的。

1　要求在电线电缆的另一侧布置是出于安全考虑。

2　装设总、分闸阀的规定，是为了便于控制和维修管理。

7　软管的阻力较大，为了减少压力损失，故对管路前端至开挖面接装软管的长度提出长度限制。自钢管至分风器，一般用 ϕ50mm 的高压软管连接；自分风器至凿岩机，风管用 ϕ25mm 软管连接。

12.2.5　移动式空压机使用应符合下列规定：

1　移动空压机宜设置在隧道紧急停车带、设备洞、横通道等对隧道施工干扰小的地方，设置隔离和警示标牌。

2　移动式空气压缩机平放停妥后，应采取制动和机身稳定措施。

3　输气管应避免急弯。

4　开启送气总阀前，应通知用气地点的工作人员。

5　使用过程中，移动位置前，应切断电源。停止工作时，应先关闭负荷，再停车。

12.3　供水

12.3.1　隧道工作面供水压力不应小于 0.3MPa。水管的直径应根据最大的供水量、管路长度、弯头、闸阀等条件计算确定。

条文说明

本条规定是针对国产的各种轻型风动凿岩机，一般使用水压为 0.2~0.5MPa。

12.3.2　供水方案的选择及设备的配置应符合下列规定：

1　水源的水量应满足工程和生活用水的需要。有高山自然水源时应蓄水利用，水池高度应能保证洞内最高用水点的水压。

2　水池的容量应有一定的储备量，满足洞内外集中用水的需要。

3　采用机械站供水时，应有备用的抽水机。

4　工程和生活用水使用前应经过水质鉴定。

条文说明

1 水源的水量要能满足工程和生活用水的需要，采用高山自然水源设蓄水池，主要优点是利用高差，保证洞内最高用水点的水压。

用水量需要根据工程情况、机械用水量、施工进度、施工人员数量、气候等确定，表12-3是一些施工设备或工序的参考耗水量，初步估算时可以参考，但要注意增加一定的储备。

表12-3　参考施工耗水量表

用　　途	单　位	耗　水　量	说　　明
凿岩机用水	t/（时·台）	0.20	—
喷雾洒水用水	t/（分·台）	0.03	按每次放炮后喷雾30min
衬砌用水	t/时	1.50	包括混凝土拌和、养生和冲洗等用水
空气压缩机用水	t/（台·天）	5.00	其中大部分可考虑循环使用
浴池用水	t/次	15.00	—
生活用水	t/（人·天）	0.02	—

2 水池容积根据用水量确定，通常为 $50 \sim 150 m^3$。

凡不含有害矿物质、无污染、无臭味的天然水均可作施工用水，但仍需要做好水质化验工作。对拌制混凝土用水，本规范第9章给出了规定。

《生活饮用水卫生标准》（GB 5749—2006）给出了生活用水要求。符合国家卫生标准的生活用水，也可作为工程用水。

12.3.3 供水管路的安装使用，应符合下列规定：

1 洞内供水管不宜与电缆电线敷设在同一侧。

2 在水池总输出管上应设总闸阀；主管上每隔 $300 \sim 500m$ 应分装闸阀。

3 供水管在安装前应进行检查，有裂纹、创伤、凹陷等现象时不得使用，管内不应保留有残余物和其他脏物。

4 管路应敷设牢固、平顺，接头严密，不漏水。

5 洞内供水管不应妨碍运输、影响边沟施工。

6 供水管使用中应有专人负责检查、养护。

7 洞内水管前端至开挖面宜保持30m，并用高压软管连接分水器。洞内软管的长度不宜大于50m；分水器与凿岩机间连接的胶皮管长度，不宜大于15m。应采取措施避免爆破飞石损坏水管。

8 管路使用中应有专人负责检查、养护。冬期应注意管道保温。

条文说明

供水管的安装使用，是根据多年施工经验总结制定的。

1 本款规定主要是出于安全考虑。

2 装设总、分闸阀的规定，是为了便于控制和维修管理。

7 关于软管的长度限制，是由于高压软管的阻力大，压力容易损失的原因。

12.4 供电与照明

12.4.1 隧道施工低压供电，应采用 220/380V 三相五线制电力系统，并且必须符合下列规定：

1 宜采用总配电箱、分配电箱、末级配电箱三级配电系统。

2 应采用二级漏电保护系统。

3 应采用电源中性点直接接地。

4 应采用 TN-S 接零保护系统。TN-S 接零保护系统供配电不能满足设备安全使用要求时，设备的供配电应符合产品标准和产品使用手册的规定。TN-S 接零保护系统必须符合下列规定：

1）电气设备的外壳与保护接地线 PE 连接。

2）保护接地线材质与相线、工作零线 N 相同时，其最小截面积符合表 12.4.1 的规定。

3）保护接地线 PE 严禁装设开关和熔断器，严禁断线，严禁通过工作电流。

表 12.4.1 保护接地线 PE 截面积与相线截面积关系

相线芯线截面积 S（mm^2）	保护接地线 PE 最小截面积（mm^2）
$S \leq 16$	5
$16 < S \leq 35$	16
$S > 35$	$S/2$

条文说明

采用电源中性点直接接地和 TN-S 接零保护系统的 220/380V 三相五线制示意如图 12-1 所示。

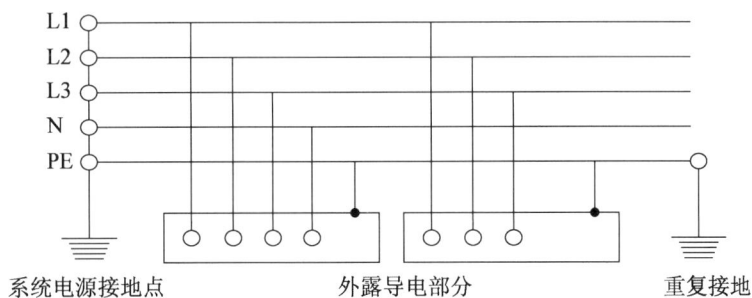

图 12-1 采用电源中性点直接接地和 TN-S 接零保护系统的 220/380V 三相五线制示意图

12.4.2 非瓦斯隧道照明电压应符合下列规定：

1 固定式照明电压应不大于 220V，线路末端的电压降不应大于 10%。

2　手持式或移动式照明电压应不大于36V。

12.4.3　瓦斯隧道各级配电电压和各种机电设备额定电压等级应符合下列规定：

1　高压应不大于10 000V，低压应不大于1 140V。

2　照明、信号、电话和手持式电气设备的供电额定电压，微瓦斯、低瓦斯工区应不大于220V，高瓦斯工区、煤（岩）与瓦斯突出工区应不大于127V。

3　远距离控制线路的额定电压应不大于36V。

4　掌子面设备电压超过3 300V时，应采取专门的安全措施。

12.4.4　线路末端电压降满足要求时，变压器应设置在洞外，再低压进洞。洞外变电站宜设在靠近负荷集中地点的电源来线一侧。当变电站电源线需跨越施工地区时，其与施工道路安全距离应符合表12.4.4的规定。变压器容量应按电气设备总用电量确定。洞外变电站应设置防雷击和防风装置。

表12.4.4　架空电力线路与施工道路的最小垂直距离（m）

架空电力线路电压等级 G		
$G \leqslant 10kV$	$10kV < G \leqslant 220kV$	$220kV < G \leqslant 500kV$
7.0	8.0	14.0

条文说明

洞外变电站是指安装在隧道洞外的输电线路与隧道施工配电线路之间的降压变电站，设在洞口附近可以减少低压线路进洞前的电压损失，设在电源来线一侧可以免去高压线跨越施工地区增大施工作业的危险性。

12.4.5　当单台电动设备容量超过变压器容量1/3时，宜适当增加启动附加容量。

条文说明

电动机的起动电流，一般为其额定电流的5～7倍。当单台电动设备容量超过变压器容量1/3时，可能影响到电网中其他电动机的正常运转。同时，巨大的起动电流会引起很大的线路电压降。为保证供电质量，故需要适当考虑增加起动附加容量。

12.4.6　洞内供电线路布置和安装应符合下列规定：

1　成洞地段固定的电线路，应采用绝缘良好的胶皮线架设。施工地段的临时电线路应采用橡套电缆，竖井、斜井宜使用铠装电缆。

2　涌水隧道斜井、竖井电动排水设备的电气装置应采用双电源供电，有可靠的切换装置和防水措施。

3　动力干线上的每一分支线，必须装设开关及保险装置。不应在动力线路上加挂照明设施。

4 不得与人行道布置在同一侧。照明和动力电线路安装在同一侧时，应分层架设。电线悬挂高度应满足：400V 以下不应小于 2.5m，6～10kV 不应小于 3.5m。瓦斯地段的电缆应沿侧壁铺设，不得悬空架设。

5 36V 低压变压器应设在安全、干燥处，机壳接地，输电线路长度不应大于 100m。

6 分配电箱与末级配电箱的距离不宜超过 30m。动力末级配电箱与照明末级配电箱应分别设置。配电箱中心与地面的垂直距离宜为 1.4～1.6m。落地安装的配电箱底部距离地面应不小于 0.2m。配电箱的进出线不应承受外力。

7 开关应设置在配电箱内。各级配电箱分支回路应设置具有短路、过负荷、接地故障保护功能的电器。总配电箱和分配电箱，进线应设置断路器；断路器无隔离功能时，应设置隔离开关；总断路器的额定值应与分路断路器的额定值相匹配。末级配电箱，进线应设置总断路器；各种开关电器的额定值应与其控制用电设备的额定值相适用。

条文说明

洞内供电线路布置和安装的各款要求，是根据有关电力工程、电气设备安装的规定，并结合隧道施工的具体情况综合制定的。

根据隧道施工特点，电力线路的架设分两次进行：施工地段，随工作面向前推进，先用橡套电缆设临时线路；在成洞地段改用胶皮绝缘线架设固定线路。架设的方式是：高压在上，低压在下；干线在上，支线在下；动力线在上，照明线在下。

12.4.7 洞内变电站设置应符合下列规定：

1 洞内变电站之间的距离宜不超过 1 000m。

2 宜设置在干燥的紧急停车带或不使用的横洞内。

3 变压器与周围洞壁的最小距离不应小于 300mm。

4 应采用井下高压配电装置或相同电压等级的油开关柜，不应使用跌落式熔断器；应有防尘措施。

5 应按规定设置防护栏（防护网）、灯光警告标志等安全防护措施。

6 高压分线部位应设明显的危险警告标志。

条文说明

本规范第 12.4.2 条规定线路末端的电压降不大于10%，在中、短隧道较易办到。在长大隧道中，由于输电线路长，如按导线的经济电流密度选择合理的最大断面后，仍不满足规定的电压降时，会在成洞地段采用 6～10kV 铠装高压电缆送电，并在洞内适当地点设置 6～10kV/0.4kV 变电站供电。

12.4.8 低压配电装置宜采用成套组合电器，也可采用带有空气断路器的低压配电器或临时装设自动空气开关。

12.4.9 对各种电气设备和输电线路应有专人定期进行检查维修、调整等工作。

12.4.10 隧道施工作业地段应有充足的照明。隧道施工作业地段采用普通光源照明时，其照度应符合表 12.4.10 的规定，并应符合下列规定：

1 在主要交通道路、洞内抽水机站或竖井等重要处所，应有安全照明。

2 漏水地段照明应采用防水灯头和灯罩。瓦斯地段的照明器材料应采用防爆型。

3 隧道施工不应采用白炽灯照明。可采用 LED 灯等节能光源照明。

4 不安全因素较大地段宜加大光照度。

表 12.4.10　隧道施工照明标准（lx）

施工作业地段	照度标准（平均照度不小于）
开挖作业面	50
混凝土、钢筋作业面、交叉运输区段	50
运输通道	15
特殊作业地段	50
成洞地段	10
竖井内	15

13　施工通风与职业健康

13.1　通风防尘

13.1.1　应根据隧道长度、断面大小、施工方法、设备条件等综合确定通风方式，并应符合下列规定：

1　独头掘进长度超过150m时，应采用机械通风。

2　独头掘进长度超过1.5km，宜进行通风设计。

3　主风流不顺畅、主风流改向、风速不符合规定等情况下，宜设置局部或诱导通风系统。

4　巷道式通风宜优先利用辅助坑道。

5　常用通风方式可见本规范附录D。

13.1.2　隧道施工通风应能提供洞内各项作业所需要的最小风量。每人应供应新鲜空气3m³/min，采用内燃机械作业时，供风量不宜小于4.5m³/（min·kW）。全断面开挖时风速不应小于0.15m/s，导洞内不应小于0.25m/s，但均不应大于6m/s。

条文说明

关于隧道施工通风量计算，目前国内外尚无公认的统一公式。

我国铁路隧道施工实践证明，若按每人每分钟供应3m³新鲜空气，可保证工人身体健康。

洞内供风量的计算，除保证施工人员身体健康需要的新鲜空气外，尚需满足施工方面的其他要求。因此，需要从下列情况综合考虑：

（1）按洞内同时工作最多人数需要的新鲜空气计算风量。

（2）在规定时间内，把同时爆破且使用最多炸药量所产生的有害气体稀释到允许浓度以下，由此方法计算风量。

（3）根据不同的施工方法，按坑道内规定的最小风速计算风量。

（4）当隧道采用内燃机械施工时，还需要按内燃设备总功能（kW）需要的空气计算风量。

按本条方法计算后，以其中最大者作为选择通风设备的依据。

13.1.3 通风参数选择应符合下列规定：

1 通风机的功率、风管的直径应根据供风风量、洞内风速、隧道独头掘进长度、运输方式、断面大小、通风方式等计算确定。

2 供风风量应按实际需要风量的 1.5 倍计算。

3 通风管应与风机配套，同一管路的直径宜一致。

4 独头掘进长度较长时，宜选用大直径风管。

5 通风管较长，需要提高风压时，可采用多台通风机串联。

6 巷道式通风无大功率通风机时，可采用数台通风机并联。

7 串联与并联的通风机应采用同一型号。

13.1.4 通风机的安装与使用应符合下列规定：

1 主风机安装应满足通风设计要求。

2 压入式通风主风机应设在洞外。

3 洞内辅助风机应安装在新鲜风流中。

4 通风机应装有保险装置，当发生故障时能自动停机。

5 主风机应保持经常运转，如需间歇时，因停止供风而受影响的工作面应停止工作。

13.1.5 通风管的安装应符合下列规定：

1 送风管宜采用软管。靠近风机的软风管应采用加强型。

2 送风式的进风口宜在洞口 30m 以外。

3 送排风并用式通风的进风口与出风口宜错开 20m 左右。洞外排风管出口宜做成烟囱式，并高于压入式风机进风口。

4 通风管靠近开挖面的距离应根据开挖面大小确定，送风式通风管的送风口距开挖面不宜大于 15m，排风式风管吸风口不宜大于 5m。靠近开挖面的风管应可移动，爆破前从掌子面处移走。

5 采用混合通风方式时，当一组风机向前移动，另一组风机的管路应相应接长，并始终保持两组管道相邻端交错 20~30m。局部通风时，排风式风管的出风口应引入主风流循环的回风流中。

6 通风管的安装应平顺，接头应严密，每 100m 平均漏风率不应大于 2%，弯管半径应不小于风管直径的 3 倍。

7 通风管应设置专人定期维护、修理，如有破损，应及时修补或更换。

条文说明

2 为了避免隧道排出的污浊空气被风机压入隧道形成循环风，影响通风效果，本款给出了"送风式的进风管口宜在洞口 30m 以外"的规定。考虑到许多山岭重丘区隧道洞口陡峻，没有条件按此项规定实施，本款规定程度用词使用"宜"，表示没有条件时，可以有突破，但需要采取措施避免污风循环。

6 风管的漏风率是影响管道通风的主要因素之一，需要做到防止漏风，减少通风阻力，防止主流风回风、短路等，这与隧道施工管理水平有很大关系。

13.1.6 隧道施工应采用综合防尘措施并应符合下列规定：

1 隧道施工应采取通风、洒水等防尘措施，并按规定时间测定粉尘和有害气体的浓度。

2 钻孔作业应采用湿式凿岩，当水源缺乏、容易冻结或岩性不适于湿式凿岩时，可采用带有捕尘设备的干式凿岩，采用防尘措施后应达到规定的粉尘浓度。

3 凿岩机钻孔时应先送水后送风。

4 放炮后应喷雾、洒水，出渣前应用水淋湿石渣和附近的岩壁。

5 施工人员应佩戴防尘口罩。

13.1.7 特长隧道通风应符合下列规定：

1 风管接头宜少不宜多，风管长度可选择 50 ~ 100m。

2 宜优先采用大直径风管。

3 必要时可设置接力风机。

4 宜适当加密风管吊装间距，吊装间距宜不大于 5m。

5 可考虑永临结合。

6 应加强风管的保护，及时修补。

13.2 职业健康

13.2.1 洞内施工环境检查应符合下列规定：

1 应测试通风的风量、风速、风压，检查通风设备的供风能力和动力消耗。

2 应检测粉尘和有毒物质的浓度，测定方法应符合现行《工作场所空气中有害物质监测的采样规范》（GBZ 159）、《工作场所空气中粉尘测定》（GBZ/T 192）和《工作场所空气有毒物质测定》（GBZ/T 300）的规定。

条文说明

有害物质包括有毒物质和粉尘。

《工作场所空气有毒物质测定》（GBZ/T 300）分为 160 个部分，下列部分与本规范相关，第 37 部分：一氧化碳和二氧化碳，第 40 部分：一氧化氮、二氧化氮和硝酸，第 41 部分：氨、氯化铵和氨基磺酸铵，第 49 部分：二氧化硫、三氧化硫和硫酸，第 50 部分：硫化氢，第 102 部分：丙烯醛和巴豆醛。

13.2.2 工作场所空气中的粉尘浓度应符合表 13.2.2 的规定。

表 13.2.2　工作场所空气中粉尘容许浓度（mg/m³）

名　称		PC-TWA		临界不良健康效应
		总粉尘	呼吸性粉尘	
白云石粉尘		8	4	尘肺病
沉淀 SiO_2（白炭黑）		5	—	上呼吸道及皮肤刺激
大理石粉尘（碳酸钙）		8	4	眼、皮肤刺激；尘肺病
电焊烟尘		4	—	电焊工尘肺
沸石粉尘		5	—	尘肺病，肺癌
硅灰石粉尘		5	—	—
硅藻土粉尘（游离 SiO_2 含量 <10%）		6	—	尘肺病
滑石粉尘（游离 SiO_2 含量 <10%）		3	1	滑石尘肺
煤尘（游离 SiO_2 含量 <10%）		4	2.5	煤工尘肺
膨润土粉尘		6	—	鼻、喉、肺、眼刺激；支气管哮喘
石膏粉尘		8	4	上呼吸道、眼和皮肤刺激；肺炎等
石灰石粉尘		8	4	眼、皮肤刺激；尘肺
石墨粉尘		4	2	石墨尘肺
水泥粉尘（游离 SiO_2 含量 <10%）		4	1.5	水泥尘肺
炭黑粉尘		4	—	炭黑尘肺
矽尘	10% ≤游离 SiO_2 含量≤50%	1	0.7	矽肺
	50% <游离 SiO_2 含量≤80%	0.7	0.3	
	游离 SiO_2 含量 >80%	0.5	0.2	
稀土粉尘（游离 SiO_2 含量 <10%）		2.5	—	稀土尘肺；皮肤刺激
萤石混合性粉尘		1	0.7	矽肺
云母粉尘		2	1.5	云母尘肺
珍珠岩粉尘		8	4	眼、皮肤、上呼吸道刺激
蛭石粉尘		3	—	眼、上呼吸道刺激
重晶石粉尘		5	—	眼刺激；尘肺
其他粉尘		8	—	—

注：1. 表中的其他粉尘指游离 SiO_2 低于10%，不含石棉和有毒物质，而尚未制定容许浓度的粉尘。

2. 表中列出的各种粉尘，凡游离 SiO_2 高于10%者，均按矽尘容许浓度对待。

3. PC-TWA：时间加权平均容许浓度，以时间为权数规定的 8h 工作日、40h 工作周的平均容许接触浓度。

4. 总粉尘：可进入整个呼吸道（鼻、咽和喉、胸腔支气管、细支气管和肺泡）的粉尘，简称"总尘"。技术上是指用总粉尘采样器按标准方法在呼吸带测得的所有粉尘。

5. 呼吸性粉尘：按呼吸性粉尘标准测定方法所采集的可进入肺泡的粉尘粒子，其空气动力学直径均在 $7.07\mu m$ 以下，空气动力学直径 $5\mu m$ 粉尘粒子的采样效率为50%，简称"呼尘"。

13.2.3 工作场所空气中的有毒物质浓度应符合表 13.2.3 的规定。

表 13.2.3 工作场所空气中有毒物质容许浓度（mg/m³）

名　称			MAC	PC-TWA	PC-STEL
一氧化碳	非高原		—	20	30
	高原	海拔 2 000 ~ 3 000m	20	—	—
		海拔 > 3 000m	15	—	—
二氧化碳			—	9 000	18 000
氮氧化物（一氧化氮和二氧化氮）			—	5	10
氨			—	20	30
二氧化硫			—	5	10
硫化氢			10		
丙烯醛			0.3		

注：1. MAC：最高容许浓度，指在一个工作日内任何时间都不应超过的浓度。
　　2. PC-STEL：短时间接触容许浓度，在遵守 PC – TWA 前提下容许短时间（15min）接触的浓度。

13.2.4 空气中的氧气含量应大于 19.5%；不符合规定时，不应直接用纯氧换气，可通过加大通风量等措施提高空气中的氧气含量。

13.2.5 高海拔隧道施工应符合下列规定：

1　可根据高程、人员数量、制供氧条件等因素采取弥散式、分布式、单体便携式等方式供氧。

2　高程超过 1 500m 时，应了解高原反应及应急救援相关知识，准备应急供氧设施。

3　高程超过 2 400m 时，应提醒高原反应注意事项。宜为 5% ~ 10% 的人员准备供氧设施。供氧设施可采用分布式或单体便携式。

4　高程超过 3 500m 时，安排工作应考虑高原反应适用性。宜为 10% ~ 30% 的人员准备供氧设施。供氧设施可采用弥散式。

5　高程超过 4 600m 时，应控制工作时间和强度，为包括临时到场人员在内的所有人员准备足量的供氧设施和氧气。可对办公室、宿舍、二次衬砌工作面、开挖工作面进行弥散式供氧。

6　弥散式供氧应具有氧气浓度控制、监测、显示、报警、中止等功能；氧气出口应远离明火并设置禁止烟火标志。不同海拔高度弥散式供氧氧浓度可按表 13.2.5 控制。

7　供氧室二氧化碳浓度应符合表 13.2.3 的规定。

8　氧气站建设和使用应符合现行《氧气站设计规范》（GB 50030）的规定。

表 13. 2. 5　弥散式供氧氧浓度控制表

海拔（m）	氧浓度设定值（%）	氧浓度上限（%）	氧浓度下限（%）
3 000	25. 0	25. 7	24. 3
3 500	25. 5	26. 3	24. 7
4 000	25. 9	26. 8	25. 0
4 500	26. 4	27. 5	25. 3
5 000	26. 8	28. 1	25. 5
5 500	28. 0	28. 7	27. 3

条文说明

　　单体便携式供氧设备一般包括氧气吸入器、氧气导管或面罩、氧气袋或氧气瓶或制氧机等。分布式供氧是指：氧气经供氧管路输往特定区域，在某些位置设置终端供氧接口，氧气吸入器插入后，再与鼻塞/鼻导管或面罩连接的供氧方式。弥散式供氧是指：氧气经供氧管路输往特定区域，经过氧气分布器以弥散的方式和空气混合提高氧气浓度的供氧方式。

13. 2. 6　含有毒气体地层隧道施工应符合下列规定：

　　1　应编制专项施工方案。

　　2　应建立有效的有毒有害气体监测、控制和监督制度。

　　3　应采取有毒有害气体局部积聚防治措施。

　　4　应尽早施作喷射混凝土和二次衬砌。

　　5　应通过穿戴防毒害衣具、减少工作时间、减少与有毒有害气体的接触等措施控制有毒有害气体对人身的伤害。

　　6　应严格控制无关人员进入隧道施工现场。

　　7　洞内施工人员应定期体检。

13. 2. 7　隧道施工中，人员接触噪声 40h 等效声级应不大于 85dB（A）。洞口位于居民区时，噪声声级限值应不大于 70dB（A）。

条文说明

　　dB（A）是噪声的计量单位，其中 db 表示分贝，A 表示 A 声级，指用 A 计权网络测得的声压级。等效声级是等效连续 A 声级的简称，指在规定测量时间 T 内 A 声级的能量平均值，单位 dB（A）。

13. 2. 8　隧道内气温不宜高于 28℃。隧道内气温高于 28℃时，宜采取通风、洒水、加冰等措施降低温度。

13.2.9 放射性地层隧道施工时应符合下列规定：

1 应建立有效的防辐射监测、控制和监督制度。

2 严禁无关人员进入隧道施工现场。

3 应遵守现行《电离辐射防护与辐射源安全基本标准》（GB 18871）的规定。

4 应加强通风、减少放射性污染物的吸入。

5 应尽早施工喷射混凝土。

6 应采取措施控制放射性照射剂量。措施可包括减少工作时间、减少与放射性污染物的接触、穿戴防辐射衣具等。

7 下班时应洗澡，并更换工作服。工作服不得带出工作区域，换下后应用洗衣机清洗。

8 不得在隧道内抽烟、吃饭、喝水。

9 洞内施工人员应定期体检。

10 放射性污染物排放和废弃应经审批并严格控制。

11 隧道施工完成后，应对施工人员进行体检。施工机械应经过去污处理。

14　辅助坑道

14.1　一般规定

14.1.1　隧道施工需要设置辅助坑道时，在施工前应进行现场核对优化，核对的内容应包括辅助坑道的类型、平面位置、断面尺寸、坡度、高程、支护类型和技术参数等。现场地形与设计不符时，应根据地形调整辅助坑道的洞口位置。

14.1.2　斜井和竖井施工，应根据风险评估采取水害火灾防治措施。有轨运输、绞车提升应编制专项施工方案。

14.1.3　辅助坑道洞口的截、排水工程和场地周围防护设施应在辅助坑道施工前完成。坑道洞门应尽早建成。

条文说明

辅助坑道的施工与正洞导坑的施工基本相同，对于洞口工程的整治处理十分重要，稍有不慎，将有可能发生事故。

坑道口是施工的重要通道，坑道口的洞门作用相当于隧道洞门。条文规定在施工前做好坑道口的截、排水工程和防护设施，其目的在于防止地表水流入坑道，防止坑道口的坍塌、落石，保证施工安全。

14.1.4　应加强辅助坑道中地质不良地段、井底调车场、错车道、作业洞室、辅助坑道与正洞连接处的风险控制。辅助坑道与正洞交角应符合设计规定，设计无规定时，辅助导坑中线与正洞中线交角可取 40°~60°。正洞与辅助坑道交叉处钢架的锁脚锚杆打设方向应朝向两洞夹角平分线方向。

条文说明

在辅助坑道的岔洞及与正洞连接处，因断面及形状变化较大、结构受力条件复杂等，故需要加强控制，以保证安全。对交角的要求是考虑方便行车，无行车要求的人行横通道一般为正交。对锁脚锚杆方向的要求是为了保证锁脚锚杆锚入围岩的保护层厚度。

14.1.5 辅助坑道废弃应符合设计规定。

条文说明

　　辅助坑道有的会在运营期用作通风通道，或用于其他用途，有的运营期不利用辅助坑道作其他用途。辅助坑道不再利用时的处理，是针对那种只在坑、井口及与正洞连接处用混凝土封闭或进行衬砌外，其余地段不作处理或用弃渣回填的做法。随着时间的增长，辅助坑道在不作处理或用弃渣回填的地段上，由于地下水的作用或弃渣回填不紧密而使洞室丧失稳定，造成坍塌。这不仅影响到隧道周围岩体应力发生变化，而且由于坑道坍塌后，水流不畅，容易造成隧道衬砌开裂、渗水或漏水等病害，进而影响到正洞围岩的稳定。

　　《隧道施工技术细则》（JTG/T F60—2009）第13.1.3条规定："设计无规定时，辅助坑道废弃应按下列方法处理：1 横洞、平行导坑、斜井的洞口宜用浆砌片石封闭，无衬砌时封闭长度宜为3~5m，有衬砌时封闭长度不宜小于2m；竖井的井口宜用钢筋混凝土盖板封闭。2 横洞、平行导坑的横通道、竖井或斜井的连接通道，在靠近隧道15~20m范围内应进行永久支护或衬砌；与隧道正洞连接处宜用浆砌片石封闭，其长度不宜小于2m；竖井位于隧道顶部时，回填高度不应小于10m。3 横洞、平行导坑已进行衬砌或喷锚支护的地段以及无初期支护但围岩稳定的地段可不作处理，其余地段宜根据地质情况分段作必要的支护。4 横洞和平行导坑封闭前应结合排水需要，先做暗沟，并应设置检查通道，竖井、斜井有水时，应将水引入隧道内排水沟。5 辅助坑道封闭时应设置安全检查设施。"在设计核对时，可供参考。

14.1.6 隧道施工有平行导坑或横洞时，应充分利用辅助坑道排水，降低正洞水位，使正洞水流通过辅助坑道引出洞外。必要时应设置永久排水沟，使坑道封闭后能保持水流畅通。

14.1.7 斜井、竖井施工，应随开挖面挖集水坑，并及时将集水坑的水排出。竖井井壁渗水影响施工时，可用压浆堵水，固结地层后再进行开挖。

条文说明

　　斜井、竖井施工，根据水量大小通常采用水泵或吊桶排出掌子面积水。

14.2 斜井

14.2.1 斜井开挖钻孔方向应与斜井倾角一致。

14.2.2 斜井开挖每一循环进尺应检测其高程并控制井身坡度；每隔20~30m应复

核中线、高程。

条文说明

斜井的方向与斜度，在开挖中需要勤测量，以保证斜井位置正确，这在长斜井施工中尤需注意。

14.2.3 斜井施工应严格按设计要求及时支护。倾角大于30°且地质条件较差的斜井衬砌，其墙基的末端应做成台阶形式。斜井防水板和二次衬砌台车应采取地锚、丝杠等锚固防滑措施。

条文说明

当斜井倾角大于30°且地质条件差时，其墙基的末端做成台阶形式是为了防止衬砌滑动，如用喷锚衬砌则无此必要。

14.2.4 钢架应结合现场实际开挖断面加工，并应符合设计规定。钢架安装角度应严格按设计规定执行。应加强对斜井与正洞交界处钢架安装角度和距离的控制。

14.2.5 斜井的井口地段、不良地质或渗水地段、井底调车场、作业洞室，施工时应减小单段最大爆破药量、及时支护。

14.2.6 斜井挑顶施工应符合下列规定：
1 斜井与正洞交叉段挑顶施工时应根据地质条件选择合理的开挖方案。
2 软弱围岩地段应进行预加固处理。
3 采用钻爆法掘进时应以减小单段最大爆破药量为原则，降低对围岩的扰动。
4 可适当增大围岩预留变形量。
5 应增加监控量测的点位和监测频次。

14.2.7 采用有轨运输时，应进行轨道、转载场、渣仓、水电系统、通风等设计。人行道应设扶手。

14.2.8 轨道铺设的标准和要求除应按本规范第8章的相关规定执行外，尚应符合下列规定：
1 每根钢轨应安装两组防爬设备，每对钢轨应有三根轨距拉杆。
2 两条钢轨顶面的高差不得超过5mm，铺设双轨时，两股道上运行车辆之间的空隙不得小于500mm。
3 没有人行道时，运输轨道与两侧管道、电力线之间的安全距离不得小于

200mm；有人行道时应另行确定。

　　4　托索轮及安全闸等轨道辅助设备应与轨道一并铺设。

　　5　宜采用轨道防滑底梁等措施防止轨道滑动。

条文说明

　　由于井内运输轨道容易向下滑移，造成斗车掉道，因此，安设防爬设备的轨距拉杆，可以将钢轨或轨枕固定，以防轨道滑移。

　　斜井在未设人行道的一侧，根据支护条件和管线路安装的位置，与运输轨道之间需要留有安全距离，以保证运输的安全。采用皮带运输机时，虽然可以不设轨道，但要考虑检修操作的方便，故不能小于400mm。

　　设置轨道防滑底梁是为了更好地固定枕木，从而牢靠固定轨道，防止轨道滑动。防滑底梁设置示意如图14-1所示。

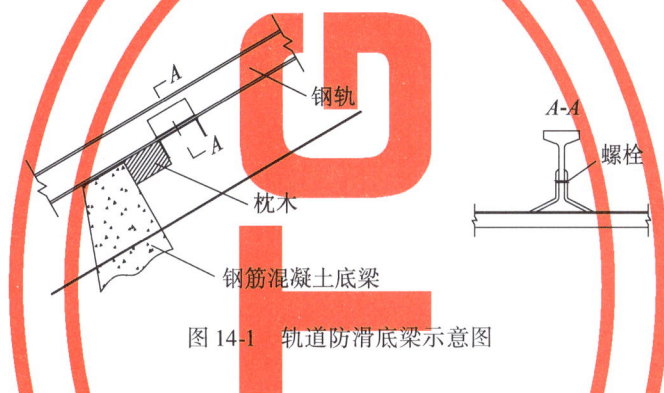

图14-1　轨道防滑底梁示意图

14.2.9　斜井有轨运输应符合下列规定：

　　1　运输车辆升降的最大速度宜不超过9m/s，不得大于设计规定值。

　　2　提升绞车应有深度指示器及自动示警，并设有防过卷装置。

　　3　斜井的提升、连接装置和钢丝绳、绳卡应符合安全使用的要求，并应定期检查、上油保养。

　　4　提升绞车与井口、井底均应有联络信号装置，并有专人负责。每次提升、下放、暂停应有明确的信号规定。

　　5　井口轨道中心必须设置安全挡车器，有专人管理并经常处于关闭状态，放车时方准打开。

　　6　应每隔100m设置1处防溜车装置。在挡车器下方约5～10m及接近井底前10m处应各设一道防溜车装置。

　　7　井底与通道连接处，应设置安全索。车辆行驶时，井内严禁人员通行与作业。

　　8　运输斗车之间、斗车和钢丝绳之间应有可靠的连接装置，并加装保险绳。在斗车上、钢丝绳或车钩上要有防脱钩设备。

　　9　运输长的材料时，应有装卸及进出斜井的安全措施。

　　10　严禁人员乘斗车上下，当斜井垂直深度超过50m时，应有运送人员的专用设施。

11 斜井内应有足够的照明设施。

12 斜井口、井下及提升绞车应有联络信号装置。每次提升、下放与停留应有明确的信号规定。

13 应每班检查轨道鱼尾板、螺丝、弹簧垫、垫板、拉杆、防爬器等，调整轨道高低、水平、轨距，保证轨道平顺。

14 应每班检查矿车插销磨损和固定情况，及时更换插销并固定良好，防止因插销断裂或者跳出造成跑车事故。

条文说明

为保证斜井内运输安全的需要，本条规定只是强调应做到的几个方面。在实施中尚需要制定安全操作和维修细则，可以参考现行《煤矿安全规程》的有关规定。

14.2.10 无轨运输除应符合现行《公路工程施工安全技术规范》（JTG F90）和本规范第 8 章的相关规定外，尚应符合下列规定：

1 运输道路应硬化并采取防滑、防水措施。

2 单车道斜井错车道间距宜小于 300m，其长度应满足安全行车要求。

3 机械车辆下坡运行时应使用低速挡，严禁脱挡滑行。

14.3 竖井

14.3.1 井口周围应设置安全栅栏、安全门和防雨设施。安全栅栏高度不应小于 1 200mm。

14.3.2 井口的锁口圈应在井身开始掘进前完成，并配备井盖。除升降人员或物料时，不得打开井盖。

条文说明

竖井锁口圈是防止井口坍塌、落石，保证施工安全的重要结构，故需要在井身开挖前做好。井口配备井盖是为了防止人员和物体的坠井。

14.3.3 竖井井架应安装避雷装置。

14.3.4 当正洞掘进已超前竖井位置，可先行开挖小口径导井后利用主洞出渣。

条文说明

竖井施工方法有全断面开挖法和导井开挖法两种。全断面开挖法通常是自上向下开挖，条件许可时也有自下向上开挖。导井开挖法是在竖井中先行开凿一个小口径先导孔，再扩挖竖井的施工方式，导井法开挖方式有正井（自上向下开挖导井）、反井（自下向上开挖导井）或正反井结合法。反井施工包括吊罐法、爬罐法、深孔分段爆破法、反井钻机法。导井与主洞贯通后，自上向下开挖竖井可利用导井由正洞出渣。导井不易塌孔或者塌孔对施工影响不大时，采用导井法施工可提高效率、降低成本。

14.3.5 采用反井钻机施工时，必须符合下列规定：

1 扩孔作业时不得出渣，严禁人员在下方停留、通行、观察。

2 出渣时，反井钻机必须停止扩孔作业。

3 更换破岩滚刀时，应采取保护措施。

4 不得干钻扩孔。

5 应及时清理导井内的石渣，防止堵孔。

6 不得站在导井下的石渣上作业。

7 应制订堵孔处理预案。

8 导井扩孔完毕，应在上、下孔口外围设置栅栏。

14.3.6 竖井内应加强通风和排水。

14.3.7 竖井开挖钻爆作业除应符合本规范第 7 章的有关规定外，尚应符合下列规定：

1 钻孔前应先清除开挖面的石渣并排除积水。

2 每次爆破后应检测断面。

3 每掘进 5~10m 应核对中线，及时纠正偏斜。

4 开挖宜采用直孔掏槽，当岩层倾斜较大且裂隙明显时，可用楔形或其他形式掏槽。有地下水时可采用立式梯台超前掏槽法。

5 炮孔钻完后，应将孔口临时堵塞。

6 爆破的石渣块度宜满足装渣要求。

7 通过软弱破碎地层时，每班应派专人观测地面沉降和井壁变化情况，发现危险预兆，应立即停止作业，撤出人员，进行处理。应及时施工初期和永久支护。

8 竖井壁座宜与竖井井身同步开挖，并及时施作支护和壁座钢筋混凝土。壁座预埋连接钢筋宜采取套筒连接方式。

条文说明

2 竖井内安装的提升设备和管线路等设施的相互位置以及与井壁间的空隙间距，均有一定要求，竖井开挖断面欠挖会影响各种设施的布置。

5 为防止土沙等流入，需要将钻好的炮孔口临时堵塞。

14.3.8 竖井支护应及时施作。井口段、马头门及地质较差的井身地段宜采用钢筋混凝土衬砌，衬砌分节宜自下而上进行，并按需要设置壁座安设锚杆。

14.3.9 向正洞输送混凝土时，应采取安全技术措施。

14.3.10 竖井运输应符合下列规定：

1 通向井口的轨道应设阻车器。

2 井口、井底、绞车房和工作吊盘间均应有联络信号，并有专人负责。必要时应装设直通电话。

3 提升机械不得超负荷运行，并应有深度指标器和防止过卷、过速等保护装置以及限速器和松绳信号等。

4 工作吊盘的载重量不应超过吊盘的设计载重能力。

5 罐笼提升应设置可靠的防坠器。

6 提升钢丝绳与吊桶的连接，必须采用具有可靠保险和回转卸力装置的专用钩头，不得自动脱钩。钩头主要受力部件每年应进行 1 次无损探伤检测。

7 提升用的钢丝绳和各种悬挂使用的钩、链、环、螺栓等连接装置，应具有规定的安全系数，使用前应进行拉力试验，合格后方可使用。使用中应定期检查、修理和更换。悬挂吊盘、模板、抓岩机的钢丝绳，检验检测周期不得超过 1 年。悬挂水管、风管、输料管、安全梯和电缆的钢丝绳，检验检测周期不得超过 2 年。

8 不得超员、超载。不得人物混运。严禁用自动翻转式、底卸式吊桶升降人员。

9 提升机、罐笼、绞车应符合现行《矿井提升机和矿用提升绞车 安全要求》（GB 20181）和现行《罐笼安全技术要求》（GB 16542）的有关规定，并制定操作规程。

条文说明

1 阻车器是指装在轨道侧旁或罐笼内，使矿车停车的装置。

14.3.11 竖井装渣宜采用抓岩机。当竖井深度小于 40m 时，出渣可采用三脚架或龙门架作井架，但出渣时应采取钢丝绳稳定、过卷、过放等安全保证措施。使用抓岩机时，应符合下列规定：

1 抓岩机应与吊盘可靠连接，并设置专用保险绳。

2 抓岩机连接件及钢丝绳，在使用期间应由专人每班检查 1 次。

3 装渣完毕应将抓斗收拢并锁挂于机身。

14.3.12 竖井通信信号及控制系统应符合相关规定。

14.3.13 在竖井内运送爆炸物品，必须符合下列规定：

1 雷管和炸药必须分开运送；严禁将起爆药卷与炸药装在同一爆炸物品容器内运

往井底工作面。

　2　必须事先通知绞车司机和井上、下把钩工。

　3　运送雷管时，罐笼内只准放置 1 层爆炸物品箱，不应滑动。

　4　运送炸药时，爆炸物品箱堆放高度不得超过罐笼高度的 2/3。

　5　采用将装有炸药或者雷管的车辆直接推入罐笼内的方式运送时，雷管应装在专用的、带盖的、有木质隔板的车厢内，车厢内部应铺有胶皮或者麻袋等软质垫层，并只准放置 1 层爆炸物品箱。炸药箱可以装在矿车内，但堆放高度不得超过矿车上缘。运输炸药、雷管的矿车或者车厢应有专门的警示标识。

　6　使用吊桶运送爆炸物品时，应使用专用箱。

　7　装有爆炸物品的罐笼或者吊桶内，除爆破工或者护送人员外，不得有其他人员。

　8　运送雷管时，罐笼升降速度不得超过 2m/s。运送其他类爆炸物品时，罐笼升降速度不得超过 4m/s。运送任何爆炸物品，吊桶升降速度均不得超过 1m/s。

　9　绞车司机在启动和停止绞车时，应控制罐笼、吊桶震动。

　10　在交接班、人员上下井时间内，严禁运送爆炸物品。

　11　严禁将爆炸物品存放在井口房、井底车场。

14.3.14　竖井永久支护可在竖井开挖完成后自下而上分节施工。

14.4　横洞与平行导坑

14.4.1　横洞和平行导坑的开挖，应根据围岩级别、断面大小合理选用开挖方法，当其与正洞的距离小于 10m 时，爆破振动应符合现行《爆破安全规程》（GB 6722）的相关规定。

14.4.2　平行导坑与正洞间横通道的位置和间距应符合设计规定，可根据车行、人行横通道位置、施工需要、正洞工程进度及地质情况等进行调整。

条文说明

　设计规定的横通道间距一般不会小于 120m。根据车行、人行横通道位置调整临时横通道位置可以节省成本。

　为了增辟工作面、通风、排水、地质预报等的需要，平行导坑的掘进都需要超前正洞。超前的距离越长越好。通常需要超前两个横通道。如不需要利用平行导坑增辟工作面，为了通风、排水、超前地质预报的需要，超前也不宜小于一个横通道的间距。

　正向横通道的方向是由平行导坑斜向正洞的掘进方向。当运输量大时，可每隔 5～6 个横通道设置一个反向横通道，便于增加运输回路，有利于车辆调度。

14.4.3　横洞和平行导坑均应设置完整通畅的排水系统。

15 辅助工程措施

15.1 一般规定

15.1.1 在隧道浅埋段、严重偏压地段、围岩自稳性差的地段以及大面积淋水或涌水地段、塌方地段等特殊地层地段施工时，应根据现场实际情况，按地层稳定和安全施工要求，采取适用的辅助工程措施。

条文说明

隧道通过浅埋、严重偏压、岩溶、流泥地段；砂土层、砂卵（砾）石层、回填土、软弱破碎带、断层带等自稳性差的地段以及大面积淋水或涌水地段时，采用锚杆、喷射混凝土、钢架等常规支护难以稳定围岩，容易出现开挖掌子面垮塌、围岩失稳、地表沉陷，甚至隧道冒顶、坍塌、突水、突泥等恶劣现象。这不仅使围岩条件更加恶化，给施工带来极大困难，而且影响施工安全，延误工期，影响工程质量和隧道使用年限。此时需要采用一定的辅助工程措施，以加固围岩、稳定掌子面，提高围岩的自承能力，提高施工的安全性和隧道的长期稳定。

15.1.2 应根据拟采用的辅助工程措施，做好相应的工序设计，配备所需的设备、器材，预备所需材料，采取安全防护措施，培训施工技术人员。

15.1.3 辅助工程措施施工时，应注意观察围岩及支护工作状态，并做好详细的施工记录。

15.2 围岩加固措施

15.2.1 在隧道施工容易造成地表下沉、围岩失稳和坍塌、围岩大变形的地段，可采用地面砂浆锚杆、地表注浆、地面旋喷桩、围岩超前注浆、围岩径向注浆、超前水平旋喷桩、长锚杆、锚索等进行围岩加固。当某一种围岩加固措施难以保证围岩稳定、施工安全时，可同时采用多种加固措施联合使用。

条文说明

围岩加固有两种途径,一是从地面对围岩进行加固,二是在洞内对围岩进行加固。地面加固措施包括:地面砂浆锚杆、地表注浆、地面旋喷桩等。洞内加固措施包括:围岩超前注浆、围岩径向注浆、超前水平旋喷桩、长锚杆、锚索等进行围岩加固。在围岩自稳性特别差的地段,有时需要采用多种围岩加固措施。

15.2.2 地面砂浆锚杆施工应符合下列规定:

1 锚杆宜垂直地表设置,根据地形及岩层层面具体情况也可倾斜设置。

2 锚杆布置和锚杆长度应根据隧道覆盖层厚度、地层岩性分布、地层产状等确定。

3 锚杆孔内应灌满砂浆。

4 锚杆外露头宜加垫板锚固,垫板尺寸应不小于 $100mm \times 100mm \times 10mm$。

5 地表设连系梁时,锚杆外露头应与连系梁焊接。

6 锚固砂浆强度达到设计强度的70%后方可进行隧道开挖。

条文说明

地面砂浆锚杆是在隧道周边地表向下打设锚杆,实现对隧道围岩进行加固的方法,适用于浅埋隧道的Ⅴ级围岩地段。通过砂浆、围岩和锚杆的联合作用,改善围岩力学性能,提高地层的整体稳定性。在锚杆顶端设置连系梁,将地面与砂浆锚杆连接成一体,是为进一步提高地面砂浆锚杆控制地层沉降变形的能力。为了保证加固效果,锚固砂浆在达到设计强度的70%后,才能进行下方隧道的开挖。

15.2.3 地表注浆加固施工应符合下列规定:

1 注浆管宜竖向设置。

2 注浆管深度应根据需加固地层范围、隧道埋深确定,但不宜超过隧道底部开挖线以下1m。

3 注浆管平面布置应满足设计要求。

4 注浆管应采用钢花管,钢管直径不宜小于70mm,在需加固地层范围的钢管管壁应留有出浆孔,孔直径宜为 $8 \sim 12mm$,间距宜为 $300 \sim 500mm$。

5 注浆管施工前应在现场进行试验,找出合理注浆压力、单孔注浆量和注浆配比等参数后再进行施工。

6 相邻孔不得同时施工,应在一孔注浆浆液终凝后,再进行相邻孔开孔。

7 注浆施工应满足环保要求。

8 注浆强度达到设计强度的70%后方可进行隧道开挖。

条文说明

地表注浆加固和地面砂浆锚杆加固一样,也是一种浅埋隧道围岩加固方法。通过地面注浆封闭地下水的渗入通道，提高岩体的黏结力，改善围岩力学性能和整体稳定性。

15.2.4 超前注浆加固施工应符合下列规定：

1 注浆段的长度应根据前方地质条件确定，需加固的地层范围较长时应采用多循环方式进行，每循环注浆长度宜为5~20m。

2 注浆管应采用钢花管，管直径不宜小于70mm，管壁应留有出浆孔，孔直径宜为8~12mm，间距宜为300~500mm。在孔口1~1.5m范围不应留出浆孔。

3 注浆强度应满足设计要求，注浆压力、浆液的胶凝时间应根据现场试验确定。

4 注浆孔的布置角度、深度及注浆孔间距应根据每一循环加固范围、循环长度和浆液扩散半径确定，并应满足设计要求。

5 注浆作业面与注浆加固段之间应有足够的地层安全防护厚度，当围岩不能承受注浆压力时，应设止浆墙。

6 注浆孔孔口应设止浆塞，止浆塞应能承受注浆终压的要求。

7 注浆前应检查注浆设备，并试运转正常。

8 注浆施工过程中，无关人员应撤离现场。

9 注浆施工过程中，应记录孔位、孔径、孔深、浆液配比、注浆压力、注浆量、跑浆、串浆、终止注浆等参数。

10 注浆后应对注浆效果进行检查，不满足设计要求时，应进行补孔注浆。

11 注浆强度达到设计强度的70%后方可进行隧道开挖。

条文说明

超前注浆加固，适用于V级和VI级围岩地段、断层破碎带地段、塌方地段以及其他不良地质地段，是在洞内对前方未开挖段地层进行加固的措施。

注浆技术的成败取决于多种因素，如注浆孔口及注浆管封堵、浆液调制、配合比、胶凝时间、止浆墙、注浆孔的布置与注浆压力等，这些都需要在现场根据实际情况来确定。因此，在进行超前围岩预注浆加固前，需要搜集有关注浆地段的岩性、涌水量、涌水压力、水温、涌水的化学性质等资料，用以初步拟定注浆参数。为了获得理想的注浆效果，并考虑到由于注浆而引起对周围环境的变化，在现场还需做单孔或群孔的注浆试验。超前注浆加固，尤其是深孔注浆加固地层费工、费料、工期长、技术难度高、投资大。整个过程难度大，故往往只是在特殊地段使用。

注浆结束后对注浆效果的检验方法通常有下列几种：

（1）分析法，分析注浆记录，查看每个孔的注浆压力、注浆量是否达到设计要求；注浆过程中漏浆、跑浆是否严重，根据浆液注入量估算浆液扩散半径，分析是否与设计相符。

（2）检查孔法，用地质钻机按设计孔位和角度钻检查孔，提取岩芯进行鉴定。

（3）物探无损检测法，用地质雷达、声波探测仪等物探仪器对注浆前后岩体声速、波速、振幅及衰减系数等进行无损探测来判断注浆效果。

15.2.5 旋喷桩加固施工应符合下列规定：

1 旋喷桩加固可选用地面竖直旋喷桩加固和水平旋喷桩加固。

2 水平旋喷施工前，应先采用喷射混凝土封闭掌子面。

3 钻孔桩位偏差不应大于50mm。

4 用于旋喷桩的浆液搅拌时间不得小于3min。一次搅拌的浆液应在120min以内用完，且应在初凝前用完。

5 旋喷作业应从孔底至孔口进行喷射注浆，提升和拔出的速度可取0.1~0.2m/min。注浆管分段提升和拔出的搭接长度不得小于100mm。

6 采用三重管注浆过程中，应隔孔施工，先送压缩空气，后送浆；停机时先关高压水和压缩空气，再停止送浆。

7 旋喷施作完毕后，桩体强度和完整性满足设计要求后，方可进行隧道开挖。

8 旋喷桩施工时应做好记录。

条文说明

超前旋喷加固既可以减小隧道坍塌概率，又可减小因隧道开挖而引起的地表沉降，加固后的土体抗压强度可达1.0~1.5MPa，适用于V级和VI级软弱围岩（如淤泥、流沙等），土层含水率大、地下水位高（隧道位于地下水位以下）的地层，对隧道上方道路、管线、周边建筑等有很好的保护作用。在隧道埋深浅、地表具有施工条件的地段，可选用竖直旋喷对掌子面前方的围岩进行预加固；在隧道埋深大或地表无施工条件的地段，可在洞内进行水平旋喷桩施作，实现对围岩预加固。

水平旋喷桩比常规的超前管棚注浆具有更强的适应能力，止水、加固地层、控制沉降方面具有较明显的优势。

旋喷桩单桩的施工流程为：封闭掌子面→测放桩位→安装工作平台→钻机就位→浆液制备→钻进、送浆、搅拌→退钻、送浆、重复搅拌→封口成桩。

施工中记录内容包括：实际孔位、孔深；钻孔内的地下障碍物、洞穴、涌水、漏水及地层情况；喷射压力、喷射量、旋喷提升速度、返浆情况等。

15.2.6 洞内径向注浆加固施工应符合下列规定：

1 径向注浆加固施工应在初期支护完成，且喷射混凝土强度达到设计强度的100%后，在防水板铺挂之前实施。

2 施工时应以5~10m纵向距离为一个段落进行，注浆孔间距0.8~2.0m，按梅花形布置，孔深应控制在5.0m以内，注浆管应为钢管，管直径不应小于42mm。

3 注浆施工顺序应按由低到高、由边墙至拱顶的顺序进行。

4 注浆孔钻完一孔后应立即对该孔注浆，并应在一孔注浆浆液终凝后，再进行相邻孔开孔。

5 注浆材料和注浆参数应根据现场施工效果及时调整。

6 注浆完毕后，应进行注浆效果检验；注浆效果不满足设计要求时，应重新布孔注浆。

条文说明

洞内径向注浆加固围岩适用于围岩松散，自稳能力较差的地段。

15.3 稳定掌子面及超前支护措施

15.3.1 在隧道掌子面自稳性差、掌子面开挖可能坍塌、拱顶掉块时，可采用封闭开挖面、超前锚杆支护、超前小导管支护、超前管棚支护、超前水平旋喷加固等措施。

条文说明

稳定掌子面措施、超前支护措施较多，根据现场围岩条件、施工条件合理选用，灵活组合。这些辅助工程措施还包括：超前锚杆、超前自进式锚杆、钢轨超前顶进、双层超前小导管等。

15.3.2 隧道开挖掌子面出现垮塌、溜坍、掉块涌水、突泥、流沙等危及施工安全生产的迹象时，应在保证作业人员安全的条件下及时封闭掌子面。封闭掌子面应符合下列规定：

1 在软弱围岩、破碎围岩地段、掌子面容易出现掉块时，可采用喷射混凝土封闭围岩，喷射混凝土厚度不宜小于80mm，且封闭期间喷射混凝土不应起层、剥落，必要时可设钢筋网。

2 在掌子面出现较大涌水、涌泥时，可采用混凝土封堵墙封堵，封堵墙厚度应根据封堵范围大小、涌出压力、涌泥规模、需封堵时间确定，封堵墙厚度应不小于500mm，并应采用早强混凝土，必要时可设钢筋网。

3 当掌子面出现流沙、涌泥、湿陷性黄土及掌子面溜坍时，可采用洞渣加沙袋反压封堵。

条文说明

封闭开挖掌子面是临时应急措施，为防止险情进一步扩大。

15.3.3 超前锚杆施工应符合下列规定：
1 超前锚杆各项参数应满足设计要求。
2 超前锚杆尾端应支撑于钢架上，并应焊接牢固。
3 超前锚杆砂浆应饱满。

4 超前锚杆与被支撑围岩间出现间隙时，应采用喷射混凝土填满。

5 超前锚杆施工完成 8h 后方可进行开挖。

6 开挖时超前锚杆间仍有掉块时，应立即补打，加密间距，并应在下一环超前锚杆施工时适当加密。

条文说明

超前锚杆支护是沿隧道开挖轮廓线向外以一定的角度（5°~12°）并排打入一系列锚杆，超前锚杆尾端与钢架焊接，共同组成棚架，实现对围岩的支撑。这种措施，施工简单，适用于砂土地层、堆积地层、断层破碎带、水平薄层状地层、浅埋和塌方地段等。

隧道开挖后锚杆杆体临空一侧可能外露，但背离临空一侧需要与围岩紧密接触，才能起到支托围岩的作用，当出现间隙时，需用喷射混凝土填实。开挖后相邻锚杆之间仍有掉块时，说明锚杆间距过大，需补打锚杆，增加支护密度，下一环超前锚杆的横向间距需要加密。

15.3.4 超前小导管施工应符合下列规定：

1 小导管各项参数应满足设计要求。

2 超前小导管尾端应支撑于钢架上，并应焊接牢固。管口应设置止浆阀。

3 超前小导管与围岩间出现间隙时，应采用喷射混凝土填满。

4 超前小导管管内应注满砂浆。

5 超前小导管施工完成 8h 后方可进行开挖。

6 开挖时导管间仍有掉块时，应立即补打导管，并应在下一环小导管施工时适当加密。

条文说明

超前小导管的作用和布置方式与超前锚杆完全一样。只是超前小导管较超前锚杆适应更多的地层，对砂土地层、堆积地层、断层破碎带和塌方地段更容易施作成形，支护范围更大。小导管采用钢管，每根钢管管壁带有小孔，通过钢管以一定的压力向围岩体内注浆。它既能起到对未开挖段围岩的预支护作用，又能起到对围岩的预加固作用。超前小导管尾端与初期支护钢架焊接，共同组成棚架支护，也称"小管棚"。

15.3.5 超前管棚支护应符合下列规定：

1 管棚的各项参数应符合设计规定。

2 管棚开孔前宜先施作导向墙，其纵向长度应不小于 2m、厚度应不小于 0.8m，并应有足够的强度和刚度，导向墙基础应置于稳定地基上。

3 导向墙内的导向管内空直径应不小于管棚钻孔的钻头直径，布置间距和方向应满足设计要求。

4 管棚钻孔不应侵入开挖范围，钻孔机械应具有纠偏功能。

5 管棚钢管宜分节连接顶入钻孔，节段长度不宜小于2m，相邻钢管的接头错开距离应大于1m，各节段间应采用丝扣连接或套管焊接连接，连接长度不应小于50mm。

6 管棚钢管就位后，应插入钢筋笼，并应及时进行注浆施工，每根钢管应一次连续注满砂浆，注浆参数应根据现场试验确定，砂浆强度等级不应低于M20。

7 管棚钻孔应跳孔实施，先实施的管棚注浆凝固后，方可进行其相邻管棚的钻孔施工。

8 围岩破碎、钻进难以成孔时，可采用跟管钻孔工艺施工。

9 当洞内采用超前管棚时，管棚工作室参数应根据机具设备尺寸和设计管棚外倾角等因素设置。

条文说明

超前管棚支护是沿隧道开挖轮廓线向外以0.5°~2°的外倾角度并排打入一系列钢管，管棚直径为89~110mm，与初期支护钢架结合形成棚架。超前管棚一次支护距离长、支护能力强，适用于砂土地层、堆积地层、断层破碎带、水平薄层状地层、浅埋和塌方地段、充填岩溶等。在隧道洞口开挖施工中，已大量采用管棚超前支护，对减少洞口仰坡开挖、保持边仰坡稳定和洞口施工安全，起到了很好的效果。

管棚超前支护施工流程为：浇筑导向墙（包括安设导向管）→钻孔→打设管棚钢管→插入钢筋笼→管棚钢管内注浆。

15.4 涌水处理措施

15.4.1 隧道涌水处理应符合"预防为主、疏堵结合、注重保护环境"的原则。

15.4.2 隧道涌水处理应根据现场情况，采取超前围岩预注浆堵水、开挖后径向注浆堵水、超前钻孔排水、坑道排水等措施。

条文说明

在选择处治方案时，要考虑到隧道周围的环境条件，根据现场情况选择处治方案。

15.4.3 注浆堵水材料性能应符合设计规定。注浆堵水应按永久堵水效果考虑，应具有快速凝固、早强和耐久等性能。初凝时间应满足施工需要。

15.4.4 采用注浆堵水时，注浆前宜进行压稀浆试验，测定注浆压力、地层吸浆能力、浆液扩散半径、浆液凝固时间。

条文说明

压稀浆试验是为了获取注浆参数。稀浆的水胶比较大，便于调整试验参数。

15.4.5 隧道开挖后，周边围岩出现涌水、股状水、大面积渗水时，应根据围岩条件、地下水类型、地下水性质、补给条件、允许排放量、环保要求，以及对施工的影响程度等，采用全断面径向注浆、局部径向注浆和径向点注浆等堵水措施。集中出水点应埋设导管原位引出。

条文说明

径向注浆是隧道开挖后对周边围岩的注浆，将地下水堵在围岩体以内，控制地下水流失，同时也可以起到加固围岩的作用。

全断面径向注浆一般是指对整个拱墙开挖断面整环注浆，有时也包括对仰拱的一次性注浆。

局部注浆一般是指对开挖断面某一区域进行注浆（如只对隧道一侧或只对拱顶部位或只对仰拱进行注浆），也包括局部点注浆。补注浆是对已实施注浆的围岩段仍有较严重的涌（淋）水的进一步注浆。点注浆一般是指对集中出水点、股状水进行注浆。

由于封闭了围岩，出水点可能被覆盖，埋设导管是为了准确确定出水点位置，便于注浆孔布置和确定注浆顺序。

15.4.6 隧道周边局部渗漏水时，可采用局部径向注浆；周边大面积渗漏水时，可采用全断面径向注浆。

15.4.7 径向注浆应符合下列规定：

1 径向注浆应在初期支护完成后且混凝土强度达到设计强度的100%后进行。

2 注浆范围宜控制在开挖轮廓线以外3~6m。

3 径向注浆孔深应满足设计要求，最小深度不应小于3m，注浆管直径不宜小于40mm。

4 注浆钻孔宜垂直开挖岩面。

5 注浆可分段、分片进行，注浆顺序应从水少区域向水多区域方向进行，宜从上往下进行，可多孔同时注浆。

6 注浆终压力宜为0.5~1.5MPa。

7 仰拱径向注浆应根据拱墙注浆效果、隧底排水条件确定，需进行仰拱径向注浆时，应最后进行。

条文说明

1 初期支护可以起到止浆墙作用，所以在混凝土强度达到设计强度的100%后进行。

  2 径向注浆堵水是把地下水堵在围岩体以内，围岩需要承受堵水后的静水压力，需要一定的围岩保护厚度，3m是基本要求。

  5 从少水处向多水处注浆，是将散状渗漏水变为集中出水，可以减少重复钻注的工作量，并取得较好注浆效果。

  6 控制注浆压力，是防止注浆过程对围岩稳定和初期支护产生不利影响。

15.4.8 径向单孔注浆满足下列规定之一，可结束注浆。

  1 注浆压力达到设计终压并稳定10min，且进浆速度小于初始速度的25%。

  2 注浆量大于设计注浆量的80%。

  3 总体注浆效果达到设计预期。

15.4.9 隧道周边有集中出水点时，可采用径向点注浆，并应符合下列规定：

  1 在出水点上游斜向钻孔与水源连通，截断水源，并使斜向孔出水，斜向孔深度为2~5m。

  2 封堵出水点。

  3 通过斜向孔注浆堵水，注浆终压宜为1~2MPa。

  4 堵水效果达不到预期时，可多打斜向孔。

条文说明

  对集中出水的点注浆，一般围岩条件较好，范围小，注浆压力较一般径向注浆大。

15.4.10 径向注浆结束后，应观察注浆效果，或采取钻孔取芯法对注浆效果进行检查，当围岩出水量减少到预期控制出水量时，可结束注浆。当采取钻孔取芯法对注浆效果进行检查时应符合下列规定：

  1 测定检查孔出水量。

  2 检查孔的数量不宜少于注浆孔总数的5%，且不宜少于3个。

  3 注浆检查孔应封填密实。

15.4.11 注浆过程中应进行监测，当发生围岩或支护结构变形超过允许值、地表隆起或注浆浆液窜出地表等异常情况时，可采取下列措施。

  1 停止注浆，分析原因。

  2 降低注浆压力，采用间歇注浆。

  3 改变注浆材料，调整工艺和参数。

  4 调整注浆方案，改变注浆材料。

  5 加强支护措施。

条文说明

注浆过程中，围岩或支护结构发生较大变形、掉块、地表隆起、浆液从地表或其他地方窜出时，需立刻停止注浆，分析原因，采取相应措施。

15.4.12 当隧道开挖前方发现水体，可能出现涌水时，可采用超前围岩注浆堵水、超前探孔排水、坑道排水等封堵地下水、降压排水措施。

15.4.13 在需采取超前注浆堵水的地段，应根据前方围岩地质条件、水文地质条件、施工条件等，选择采用超前全断面帷幕注浆、超前周边注浆和超前局部注浆。

条文说明

在地下水丰富地段，排水后可能对周边工农业用水、生活用水影响较大时，或排水可能挟带泥沙引起开挖面失稳、地面沉陷时，或出水量和出水压力影响施工安全时，需采取超前注浆堵水措施。

15.4.14 超前注浆堵水施工应符合下列规定：

1　超前注浆范围、孔口布置、孔底分布、孔底间距、钢管直径等应满足设计要求。

2　注浆钻孔深度应不小于设计深度，且应与地下水体连通。

3　注浆压力、浆液的胶凝时间应根据现场试验确定。

4　注浆作业面与注浆堵水段之间应有足够的地层安全防护厚度，当围岩稳定性较差时，应设止浆墙。

5　止浆墙应为现浇混凝土墙、厚度不应小于0.8m。

6　注浆管管口应连接闸阀，孔口应设止浆塞，止浆塞应能承受注浆终压的要求。

7　注浆前应检查注浆设备，并试运转正常。

8　注浆施工过程中，无关人员应撤离现场，孔口前端不得站人。

9　注浆施工过程中，应对孔位、孔径、孔深、浆液配比、注浆压力、注浆量、跑浆、串浆、终止注浆参数等进行记录。

10　注浆后应对注浆效果进行检查，检测孔应不少于3个，未达到设计预期应补孔注浆。

11　注浆强度达到设计强度的70%后，且检查孔出水量和压力满足设计时，方可进行隧道开挖。

条文说明

超前注浆堵水包括：超前帷幕注浆堵水、超前周边注浆堵水，超前局部注浆堵水。超前帷幕注浆堵水的横向范围，一般是隧道开挖前方开挖半径的2~3倍的全部区域；超前周边注浆堵水的横向范围，一般是隧道开挖前方开挖轮廓线至开挖半径的2~3倍的区域；超前局部注浆堵水一般只针对开挖前方渗水管道的局部区域。

15.4.15 注浆施工不应造成环境污染，必要时应采取措施。

条文说明

注浆浆液可能对环境造成污染。需对溢出浆液和废水进行妥善处理。

15.5 隧底加固措施

15.5.1 隧道底部采用预制桩、钢管桩、旋喷桩等进行加固时，应符合相关现行规范要求。

条文说明

隧道底部加固措施采用其他行业对地基加固的方法时，要遵循其他行业的相关规范要求。

15.5.2 隧道底部采用小导管注浆加固时，小导管应垂直于基底开挖设计轮廓线，小导管管壁应留出浆孔，管内应注满砂浆，钢管外露端应与仰拱钢架焊接牢固。

15.6 质量控制标准

15.6.1 超前锚杆施工质量检查及控制标准应符合表15.6.1的规定。

表15.6.1 超前锚杆施工质量检查及控制标准

序号	检查项目	规定值或允许偏差	检验频率	检验方法
1	超前锚杆长度	不小于设计值	逐根检查	尺量
2	锚杆数量	不小于设计值	逐环检查	目测
3	锚杆环向间距（mm）	±50	每环检查不少于5根	尺量
4	孔深（mm）	±50	每环检查不少于5根	尺量
5	锚杆尾端支承	支承在钢架上并与钢架焊接	逐根检查	目测、敲击

15.6.2 超前小导管施工质量检查及控制标准应符合表15.6.2规定。

表15.6.2 超前小导管注浆施工质量检查及控制标准

序号	检查项目	施工控制值	检验频率	检验方法
1	小导管长度	不小于设计值	逐根检查	尺量
2	小导管数量	不少于设计值	逐环检查	目测

表 15.6.2（续）

序号	检查项目	施工控制值	检验频率	检验方法
3	小导管环向间距（mm）	±50	每环检查不少于 5 根	尺量
4	钻孔深度	大于钢管长度设计值	每环检查不少于 5 根	尺量
5	小导管尾端支承	支承在钢架上并与钢架焊接	逐根检查	目测、敲击
6	小导管管内砂浆	密实饱满	每环检查不少于 5 根	目测、电测

15.6.3 超前管棚施工质量检查及控制标准应符合表 15.6.3 的规定。

表 15.6.3 超前管棚施工质量检查及控制标准

序号	检查项目	施工控制值	检验频率	检验方法
1	管棚钢管长度	不小于设计值	逐根检查	尺量
2	管棚钢管数量	不少于设计值	逐环清点	目测
3	管棚钢管环向间距（mm）	±50	每环检查不少于 5 根	尺量
4	钻孔深度	大于钢管长度设计值	逐根检查	尺量
5	管棚钢管管内钢筋笼	符合设计	每环检测不少于 5 根	目测、电测
6	管棚钢管管内砂浆	密实、饱满	每环检测不少于 5 根	目测、电测
7	套供中线位置（mm）	±50	每处检查	全站仪
8	套供拱顶高程（mm）	±50	每处拱顶检查	水准仪
9	套供厚度（mm）	±50	每处检查	尺量
10	套供跨度（mm）	±100	每处检查	尺量

16 不良地质和特殊性岩土地段施工

16.1 一般规定

16.1.1 不良地质和特殊性岩土地段隧道施工前应编制专项施工方案，专项施工方案应包括：应急预案、地质预报方案、监控量测方案。施工过程中实际与设计不符时，应及时调整。

条文说明

不良地质是指对工程可能造成危害的地质作用或现象。这些不良地质包括：滑坡、崩塌体、岩溶、采空区、大变形、岩爆、瓦斯、断层、富水软弱破碎带、流沙、冻融循环土、盐渍岩土等。

特殊性岩土是指在特定的地理环境或人为条件下形成的具有特殊物理力学性质和工程特征、特殊物质组成或者具有特殊构造的岩土。包括：堆积层、黄土、膨胀岩土、砂层、冻土等。

16.1.2 应结合应急预案，提前做好技术、物资、机械的储备和应急演练。

16.1.3 应加强监控量测工作，及时反馈量测结果，进行动态设计和动态施工。

条文说明

在不良地质和特殊性岩土隧道中施工，观察、量测、测试工作格外重要，隧道在发生大的塌方前，总是有一定先兆的，表现在围岩的变形上，就是突然增大，或者是应力的突然变化，而这些变化能通过量测掌握，量测的结果与施工技术措施之间又存在着内在的联系。因此，量测信息要快速反馈，实现动态管理。

16.2 富水软弱破碎围岩

16.2.1 富水软弱破碎围岩隧道施工前，应采用超前探测手段，了解前方的地质、地下水情况，对围岩稳定进行分析判断，经过技术、经济、环境保护等指标的对比后，选择排水与堵水措施，确定处理和开挖方案。

16.2.2 富水软弱破碎围岩隧道施工宜选用超前注浆加固、超前小导管、超前大管棚等辅助工程措施。

16.2.3 富水软弱破碎围岩隧道施工排水应符合本规范第11.2节的规定。

16.2.4 富水软弱破碎围岩隧道堵水措施应符合本规范第15.4节的规定。

16.2.5 富水软弱破碎围岩隧道加固措施、超前支护措施应符合本规范第15.3节的规定。采用超前大管棚时，管棚钢管直径不宜小于108mm、环向间距不宜大于350mm。采用超前小导管时，钢管环向间距不宜大于300mm。

16.2.6 富水软弱破碎围岩隧道开挖应采用先治水、加固，后超前支护、再开挖的施工顺序。

16.2.7 富水软弱破碎围岩隧道二次衬砌应尽早施作。

16.3 岩溶

16.3.1 岩溶地区隧道施工前，应结合地勘资料，采取综合超前地质预报手段，探清岩溶发育规模、溶洞分布、岩溶充填、地下水及其流向等情况，核实岩溶与隧道空间位置关系等。探测精度应满足工程施工需要。

条文说明

岩溶是可溶性岩层（如石灰岩、白云岩、白云质灰岩、石膏等）受具有溶解能力的水长期作用而产生的，是常见的不良地质现象。隧道遇到形态各异的溶洞，处理不好会给施工带来一定的困难，影响施工和结构安全，并可能给隧道运营埋下安全隐患，甚至造成灾难性后果。岩溶不良地质包括岩溶水、溶蚀带、空溶洞、充填溶洞和地下暗河等地质形态，其发育规模、空间位置、充填情况和储水补给条件等对隧道的开挖方式、处治措施、结构方案影响很大。因此，了解岩溶性质、规模、与隧道空间位置关系、地下水等情况就显得至关重要。除了设计文件提供信息外，还需在隧道的开挖中逐段核实和掌握更为详细的情况。为了达到这些目的，需要采取超前物探和超前钻孔探测等多种超前地质预报手段进行探测，为隧道施工提供依据。

16.3.2 对隧道安全施工有影响的岩溶，应制订施工处治方案。

16.3.3 岩溶地区隧道在接近溶洞时，开挖施工应符合下列规定：

1 宜采用分部开挖，当溶洞出现在隧道一侧，应先开挖该侧，待初期支护完成后，再开挖另一侧。在Ⅱ～Ⅲ级围岩中，仅出现稳定性较好的小溶洞、溶隙时，可采用全断面法开挖。

2 应严格控制开挖循环长度，每循环炮眼钻孔宜多打眼、打浅眼。

3 掌子面应有不少于5个加深探测炮孔。加深探测炮孔深度宜比装药炮孔深3m以上，直径宜与装药炮孔相同；不得在爆破残留孔中打设加深探测炮孔。

4 应严格控制单段最大爆破药量，控制爆破振动。

条文说明

1 小溶洞和溶隙指仅占隧道开挖很小部分对开挖影响很小的溶洞、溶隙。

2 多打眼、打浅眼、控制每循环开挖进尺，是为控制单响装药量，以减少爆破振动。

3 岩溶地段中岩溶发育情况非常复杂、规律性差，前期勘察阶段难以查明且勘察精度难以满足工程需要，实施加深炮孔探测是防止施工时出现重大的涌水、突泥事故发生。加深炮孔探测在炮孔开孔前实施，布置在隧道断面上、中、下、左、右位置，以进一步探测前方溶洞位置、填充情况及岩溶水情况。规定加深探测炮孔的目的是在掌子面开挖前方有一定稳定岩墙之前发现前方溶洞。

16.3.4 空溶洞揭露后，应进一步勘测溶洞规模、溶腔大小、溶腔分布和其与隧道准确位置关系，查明地下水流向，判断溶腔稳定性、溶腔地下水影响等，并应做好施工记录。

条文说明

空溶洞揭露后，可采用更多的勘测手段，进一步摸清岩溶规模、位置和其与隧道位置关系等情况，为处治设计和施工开挖方案提供更为准确的资料。

16.3.5 揭露的暗河通道处治应符合下列规定：

1 应查明暗河水源流向及其与隧道位置关系，调查暗河丰水期流量。

2 应采用适当保护和疏通措施，保持暗河水流畅通。不得阻断原有过水通道，严禁向暗河通道弃渣。

3 隧道上跨暗河时，可采用埋设暗管、修建涵洞或小桥等构造物跨越。

4 暗河通道被隧道截断时，应改移或新建暗河连接通道，暗河连接通道断面的过水能力应满足丰水期过水需要。

5 暗河位置在隧道顶部或高于隧道顶部时，应避开丰水期施工。可采用围岩注浆堵水措施，必要时可采取截流引排措施。

条文说明

岩溶地区地下暗河排水通道因工程行为而破坏或改变了原有排水条件，可能对隧道产生严重危害，要进行适当的疏通、跨越、改移、截流引排等措施，保持或恢复地下水排泄条件。

2 疏通是为了保持原有水路畅通，主要措施有：清淤、清理堵塞暗河的工程弃渣等。

3 跨越是为避开隧道对暗河的干扰，主要措施有：埋设暗管、修建涵洞和小桥。

4 改移是为了恢复暗河原有过水条件，主要措施是改移或新建暗河连接通道。

5 截流引排是为了减少暗河对隧道的危害，截流引排措施主要有：围岩注浆堵水、修建泄水洞等。

16.3.6 溶洞底部沉淀泥沙对隧道构成威胁时，可采取清除、固结、设隔离墙、增设护拱等措施。

16.3.7 衬砌结构外存在溶腔时，应对溶腔稳定性进行判断。隧道施工应采取防护措施，并应增加照明设备。

条文说明

隧道从溶洞内穿过，各种相关关系都可能出现，特别是溶洞规模大时、衬砌结构以外还存在较大的天然空腔，施工过程中，溶腔可能掉块、局部坍塌，洪水涌出、突泥等灾害，威胁施工人员和结构安全，需要采取防护措施。防护措施包括：对溶腔壁面进行喷锚加固，设临时支撑、设临时防护棚架、设隔离墙或封堵墙等。增加照明设备是便于观察溶腔。

16.3.8 充填溶洞施工应符合下列规定：

1 应根据溶洞规模等条件决定是否清理充填物，溶洞规模较大时不宜清理充填物。
2 应采取超前支护和预加固处理措施。
3 应采用分部法开挖。
4 隧道底部承载力不足时，可采用桥梁跨越、换填、打桩等措施。
5 应对地下水进行引排、疏导。
6 应配备应急处治物资、设备和器材。

条文说明

溶洞充填物一般为土或土夹石。

1 充填溶洞与地表连通时，对充填物进行清理可能引起地表沉陷。

2 在土质地层修建隧道时，超前支护和预加固是常用的处治措施。并且需要采取分部开挖。

5 充填溶洞有地下水出露时危害极大，对地下水进行疏导，是为了减轻地下水危害。

6 充填物含水率较大时，可能发生涌泥突发事故。要配备如沙袋、钢材、装载设备等，应对突发事故。

16.3.9 岩溶发育地区，应采取多种手段探测隧道周边岩溶发育情况。

条文说明

隧道周边出现岩溶，可能影响隧道围岩的长期稳定，对隧道施工和结构安全造成威胁，所以在施工期间，需探测隧道周边围岩有无岩溶存在，重点是隧道拱部、底板、侧边墙 5m 以内是否有空洞，隧道底部是否密实等。分析溶洞的危害程度，以便采取必要处治措施。

16.3.10 短期难于处治的溶洞，可采用迂回导坑绕过溶洞，在处理溶洞的同时进行隧道前方施工。

16.4 采空区

16.4.1 采空区隧道施工前，应核实采空区的类型、规模、稳定性、与隧道的空间关系，以及地下水、有毒有害气体赋存情况等。

条文说明

采空区隧道施工前，根据设计文件提供的信息，调查并核实隧道影响范围内采空区的分布、规模，开采年代，开采方式，是废弃还是开采状态，回填封闭情况，其与隧道的空间位置关系，及地下水、有毒有害气体的赋存和含量等情况。

16.4.2 隧道穿越采空区时，根据采空区自身稳定情况及其与隧道的相互关系、对隧道的影响程度、设计要求，以及施工条件等，可采取下列措施：

1 对采空区进行加固或回填处理，经处理的采空区不应出现垮塌，不应造成隧道结构沉陷。

2 采空区积水对隧道产生影响或潜在影响时，应进行封堵、疏导、引排采空区积水。

3 施工期间应进行隧道内气体实时检测，并应加强通风。

条文说明

采空区对隧道工程影响的主要表现有下列三类：

洞害，对隧道围岩稳定、采空区稳定产生不利影响，使隧道衬砌结构荷载增加，产生偏压，不均匀受力，不均匀沉降，隧道施工中可能产生坍塌，影响施工安全和进度。

水害，采空区积水沿隧道排泄，增加隧道排水难度和工作量，给隧道施工造成困难、影响隧道稳定。

气害，采空区可能聚集大量有毒有害气体，对隧道施工人员的健康和生命安全造成威胁。

16.4.3 当隧道上方、下方出现多层采空区，或隧道穿越采空区内含有有毒有害气体，或采空区内存在大量地下水时，应开展专项施工方案研究。

16.4.4 采空区隧道爆破开挖时，应采取措施减小爆破振动。

16.5 瓦斯

16.5.1 瓦斯隧道施工组织应符合下列规定：

1 瓦斯隧道开工前，应编制瓦斯隧道专项施工方案和应急预案，并应严格遵照执行。

2 应坚持"加强通风、勤测瓦斯、严控火源"的基本原则。

3 应明确通风、瓦斯检测、火源管控、救护等的责任部门。

4 对进入现场的所有人员进行安全培训。瓦检员、爆破员、电工、焊工等应持证上岗。

5 编制瓦斯隧道工程施工阶段安全风险评估报告，开展应急预案演练。

条文说明

瓦斯是从煤和围岩中逸出的甲烷、二氧化碳和氮等组成的混合气体，无色、无味、无臭。在煤炭开采、隧道开挖穿过含瓦斯地层过程中会释放出来。瓦斯在煤矿采煤作业和隧道施工中有四大危害：一是可以燃烧，在瓦斯浓度低于5%时，遇火能在火焰外围形成燃烧层瓦斯浓度，瓦斯浓度在16%以上时，遇火会燃烧；二是会爆炸，空气中瓦斯含量为5%~16%时，遇火会引起爆炸；三是浓度过高，当矿内空气中瓦斯浓度超过50%时，能使人因缺氧而窒息死亡；四是会发生煤（岩）与瓦斯突出，摧毁、堵塞巷道，可引起人员窒息死亡，甚至瓦斯爆炸，对工程危害极大。

本条强调瓦斯隧道施工对专项方案、施工原则、人员组织、人员技能素质的要求。只有严密的组织合格人员，严格按规程施工才能防患于未然。

专项施工方案和应急预案编制过程中，需要注意不同类型瓦斯隧道对专项文件编制深度的要求不同。如微瓦斯工区按通常隧道组织施工，但需要加强瓦斯预测、检测及通风管理工作；对煤（岩）与瓦斯突出隧道需要涵盖上述全部内容，因此编制专项施工方案时，需要根据隧道穿越瓦斯地层地段的实际情况响应相关要求并区别对待。

16.5.2 瓦斯工区钻爆作业应符合下列规定：

1 工作面附近 20m 以内风流中甲烷浓度必须小于 1%。应采用湿式钻孔。炮孔深度不应小于 0.6m，岩层最小抵抗线不得小于 0.3m，煤层最小抵抗线不得小于 0.5m。装药前炮孔应清除干净。

2 低瓦斯工区、高瓦斯工区和煤（岩）与瓦斯突出工区必须采用煤矿许用炸药和煤矿许用电雷管；低瓦斯煤层应采用安全等级不低于二级的煤矿许用炸药；高瓦斯煤层应采用安全等级不低于三级的煤矿许用炸药；煤（岩）与瓦斯突出工区揭露和穿过煤层时，应采用安全等级不低于三级的煤矿许用含水炸药。

3 应使用煤矿许用瞬发电雷管、煤矿许用毫秒延期电雷管、数码雷管，严禁使用秒及半秒级电雷管以及火雷管，不应使用普通导爆索。使用毫秒延期电雷管时，最后一段延期时间不得超过 130ms，应采用连续装药方式，雷管安放在最后一节炸药中，不得反向装药。

4 起爆电源必须使用防爆型起爆器。起爆器应安装在新鲜风流中，起爆器 20m 以内风流中瓦斯浓度必须小于 1.0%。起爆器与开挖面距离应根据爆破安全距离、预计煤（岩）与瓦斯突出强度、通风系统等，在施工方案中确定。同一开挖面不得同时使用两台及两台以上起爆器起爆。

5 爆破网络必须采用绝缘母线单回路爆破，严禁利用轨道、金属管、金属网、水或大地等作为爆破回路，严禁将毫秒电雷管和瞬发电雷管接入同一串联网路中混合使用。

6 装药作业应符合本规范第 7.4.11 条的规定，炮孔封堵不严或不足时，不得进行爆破。

7 高瓦斯围岩和煤（岩）与瓦斯突出工区每次爆破至少通风 30min 后，其他工区每次爆破至少通风 15min 后，应由瓦检员、放炮员、安全员一同进入工作面进行验炮工作，检查通风、瓦斯、煤尘、瞎炮、残炮等情况，遇到问题应立即处理。在确认甲烷浓度小于 0.5%，二氧化碳浓度小于 1.5% 后，方可由瓦检员通知电工送电，方可允许施工人员进入工区开挖工作面作业。

16.5.3 瓦斯隧道揭煤，防治煤（岩）与瓦斯突出应符合下列规定：

1 接近突出煤层前，应做好超前预测预报工作，超前钻孔应符合相关要求。

2 防治煤（岩）与瓦斯突出应选用排放钻孔、预抽瓦斯、超前管棚、煤体固化等措施。

3 揭煤施工宜采用微振动爆破开挖，应根据煤层倾角、厚度选用揭煤方法。

4 开挖工作面出现煤（岩）与瓦斯突出预兆时，应立即报警、切断电源、停止工作、撤出人员，并应上报后采取专门安全措施。

16.5.4 半煤半岩段与全煤层段的开挖、支护、衬砌施工应符合下列规定：

1 在开挖过程中每循环进尺不宜超过 1m。

2　全煤层中应采用湿式钻孔，应少钻孔、少装药；半煤半岩层中掘进应在岩石炮孔中装药，煤层需爆破时应采用松动爆破。爆破后及时施作喷射混凝土封闭瓦斯。

3　仰拱应及早施工，应使拱、墙、仰拱衬砌形成闭合整体。

4　煤层地层设防段的二次衬砌背后所有空隙应充填密实。

条文说明

按煤系地层设防地段的二次衬砌所有空隙需充填密实，以封闭瓦斯。混凝土灌注时可适当增加灌注压力，多留排气孔、观察孔，可通过观察孔补充注浆，充填密实。排气孔、观察孔最后需进行封堵。

16.5.5　瓦斯工区施工通风应符合下列规定：

1　应编制全隧道和各工区的施工通风设计，并应考虑工区贯通后的风流调整和防爆要求。

2　应建立瓦斯通风、监控、检测的组织机构，系统地测定瓦斯浓度、风量风速及气象等参数。

3　高瓦斯工区长度大于 1 500m 时，施工通风宜采用巷道式。瓦斯隧道各掘进工作面必须独立通风，两个工作面之间不应串联通风。

4　瓦斯工区所需风量，应按爆破排烟、同时工作的最多人数、作业机械及瓦斯绝对涌出量分别计算，并按允许风速进行检验，采用其中的最大值。应将洞内各处的甲烷浓度稀释到 0.5% 以下。

5　对瓦斯易于聚积处应采用空气引射器、气动风机、局部通风机等设备实施局部通风，风速不宜小于 1m/s。

6　施工期间应连续通风，因故障停风时，必须立即撤出人员、切断电源。恢复通风前，必须检测风机及其开关地点附近 10m 以内甲烷浓度，符合规定后方可启动风机。

7　瓦斯工区的通风机应设两路电源，电源的切换应在 10min 内完成，保证风机正常运转；应有一套同等性能的备用通风机，并保持良好的使用状态，应能在 15min 内启动。

8　瓦斯工区内使用的局部通风机、射流风机应采用矿用防爆型。低瓦斯工区、高瓦斯工区和瓦斯突出工区应实行专用变压器、专用开关、专用线路供电、风电闭锁和瓦电闭锁。

9　应采用抗静电、阻燃的风管。风管口到开挖工作面的距离应小于 5m，风管安装应平顺，接头严密，每 100m 平均漏风率不应大于 2%。

16.5.6　隧道内甲烷浓度日常管理限值及处理措施应符合表 16.5.6 的规定。

表16.5.6 隧道内甲烷浓度限制值及处理措施

序号	瓦斯工区	地 点	限值（%）	超限处理措施
1	微瓦斯	任意处	0.25	超限处20m范围内立即停工，查明原因，加强通风和瓦斯监测
2	低瓦斯	任意处	0.5	超限处20m范围内立即停工，查明原因，加强通风和瓦斯监测
3	高瓦斯和瓦斯突出	局部瓦斯积聚（体积大于$0.5m^3$）	1.0	超限处附近20m停工、撤人、断电，及时进行处理，加强通风
4		开挖工作面风流中	1.0	停止电钻钻孔，超限处停工、撤人、断电，查明原因，加强通风等
5		回风巷或工作面回风流中	1.0	停工、撤人、处理
6		放炮地点附近20m风流中	1.0	严禁装药放炮
7		过煤系地层段放炮后工作面风流中	1.0	继续通风、不得进入
8		局部风机及电气开关10m范围内	0.5	停机、通风、处理
9		电动机及开关附近20m范围内	1.0	停机、撤人、断电，进行处理

条文说明

隧道内各工作面包括：掌子面、下台阶开挖作业区、仰拱施工作业区、防水板铺挂作业区、二次衬砌施工作业区。

瓦斯可能产生积聚的地点包括：二次衬砌台车拱部、加宽带、联络通道及预留洞室上部、塌腔内、局部超挖具有明显凹陷的地点等。

隧道内可能产生火源的地点包括：电机、变压器、电气开关、电缆接头、电气焊接作业区、内燃机、全站仪等附近20m范围内。

瓦斯可能渗出或异常涌出的地点包括：地质构造破碎地带、地层变化地带、煤线地带、裂隙发育的砂岩、泥岩及页岩地带及其他瓦斯异常涌出点等。

风电闭锁是指当开挖工作面的局部通风机停电时，自动切断开挖工作面及其回风道内全部非本质安全型电气设备的电源。

瓦电闭锁是指当瓦斯监测仪检测到瓦斯超标时，自动切断与其连锁的全部非本质安全型电气设备的电源。

16.5.7 瓦斯监测与管理应符合下列规定：

1 非瓦斯工区、微瓦斯工区、低瓦斯工区应配备低浓度光干涉式甲烷测定器，宜配备瓦斯自动检测报警断电装置。

2 高瓦斯工区和煤（岩）与瓦斯突出工区应同时配备低浓度光干涉式甲烷测定器和高浓度光干涉式甲烷测定器，应配备瓦斯自动检测报警断电装置。

3 高瓦斯工区应严格按表 16.5.7 规定的甲烷浓度实行分级管理，甲烷浓度超限时应采取相应的瓦斯防治措施。

表 16.5.7　高瓦斯工区安全施工管理等级表

安全管理等级	开挖工作面回风流中甲烷浓度（%）	管理状态	安防措施与作业规定
一	<0.5	正常	（1）正常施工作业； （2）按程序要求审批进行焊接等动火作业，瓦检员跟班随时检测动火点附近甲烷浓度； （3）连续通风
二	0.5~1.0	警戒	（1）严禁焊接等明火作业； （2）加强通风或优化通风系统； （3）加强瓦斯检测，调查瓦斯发生源； （4）按程序及时上报，其他工序正常作业
三	≥1.0	应急	（1）停工、撤人； （2）断电，切断洞内全部非本质安全型电源； （3）加强通风或优化通风系统； （4）加强瓦斯监测，调查瓦斯发生源； （5）甲烷浓度进一步升高超过 1.5% 时，严禁任何非瓦斯专业人员进洞，采取专项安全措施

16.5.8 瓦斯隧道电气设备与作业机械应符合下列规定：

1 高瓦斯工区、煤（岩）与瓦斯突出工区的电气设备应使用矿用防爆型，作业机械应使用矿用防爆型或采取防爆措施。其他工区的行走机械严禁驶入高瓦斯工区和煤（岩）与瓦斯突出工区。

2 低瓦斯工区的电气设备应使用矿用一般型，作业机械可使用普通型。

3 微瓦斯工区的电气设备和作业机械可使用普通型。

4 高瓦斯工区与煤（岩）与瓦斯突出工区供电应配置两套电源，工区内采用双电源线路，其电源线上不得分接隧道以外的任何负荷。

5 瓦斯工区内的机电设备，在使用期间，除日常检查外，应按规定周期进行检查，发现问题及时维修或更换。

16.5.9 瓦斯工区安全管理应符合下列规定：

1 任何人员进入隧道前应在洞口外进行登记并接受检查。

2 严禁携带烟草及点火物品、手机、钥匙等违禁物品进入隧道。

3 严禁穿戴易于产生静电的化纤服装等进入瓦斯工区。

4 进入高瓦斯工区和煤（岩）与瓦斯突出工区的作业人员应携带个人自救器。

5 瓦斯工区内严禁擅自动火作业，对易燃、可燃物应进行严格控制与管理；铲装石渣前应将石渣浇湿，铲装作业时不得产生火花。

6 通风用的风筒、风道、风门和风墙等设施，应保持密闭、固定牢固，应派专人维修和保养；不得频繁开启风门。

7 装药前和爆破前，放炮员、瓦检员、安全员应同时检查，遇有下列情况之一时，未经妥善处理严禁装药或起爆。

1）放炮地点附近20m以内风流中甲烷浓度：微瓦斯超过0.25%、低瓦斯超过0.5%、高瓦斯超过1.0%时。

2）隧道内通风风量不够，风向不稳或局部有循环风时。

3）炮孔内有异状，温度骤高、骤低，煤岩松散或有显著瓦斯涌出时。

4）炮孔内煤岩粉末未清除干净时。

5）炮孔无炮泥、封堵不足或不严时。

8 在有煤尘爆炸危险地段开挖作业时，除加强通风外，放炮前、后开挖工作面附近20m内应喷雾洒水。

条文说明

7 在开挖工作面装药前、爆破前和爆破后，爆破工、瓦检员、安全员同时检查检测放炮地点附近20m以内风流中的甲烷浓度，是预防瓦斯灾害的常规和行之有效的做法。也就是通常的"一炮三检""三人联锁爆破"。

16.5.10 发生瓦斯事故时，应立即启动应急预案。

16.5.11 瓦斯隧道停工后，必须撤出所有人员，切断电源，设置警示标志，禁止人、车辆进入隧道。

16.5.12 瓦斯隧道恢复瓦斯工区通风前，应先启动洞外风机，经瓦斯检测浓度不超过1.0%，且洞内通风机及其开关附近10m以内风流中的瓦斯浓度小于0.5%时，方可人工启动洞内通风机，恢复作业。当通风后经瓦斯检测浓度仍超过1.0%，应制定并采取排放瓦斯的安全措施。

条文说明

恢复停工停风的瓦斯隧道，需进行全面的瓦斯浓度检测，重点检测瓦斯易积聚且风流不易到达的地方，事先排除其中积聚的瓦斯。

16.6 软岩大变形

16.6.1 高地应力软岩、流变蠕变岩土地段隧道施工，应根据围岩初始地应力及地应力变化规律、围岩特性、围岩变形、结构受力性状、地下水活动状态等因素综合确定施工方案。

16.6.2 开挖和支护应符合下列规定：

1 宜采用开挖分部少、可快速闭合的施工方法。分步开挖后，应及时封闭成环。

2 应适当加大预留变形量，根据监控量测数据，及时调整开挖预留变形量。

3 开挖进尺应按设计要求控制。开挖和支护应尽早完成全断面闭合。

4 初期支护应及时施作。加长锚杆、双层初期支护等控制变形措施，应严格按设计要求施工。

5 上台阶宜采用扩大拱脚措施加强对钢架的支撑。

6 应采用锁脚导管等方式加强锁脚。

7 上台阶钢架加工时应根据加大的断面轮廓进行，钢架接长时，应根据已经安装变形后的钢架轮廓加工；钢架宜尽早封闭成环。

16.6.3 仰拱宜紧跟掌子面施工，仰拱与掌子面距离一般不超过 2 倍隧道开挖宽度。

16.6.4 应根据设计预留变形空间，释放弹性变形能。宜合理预留补强空间。

条文说明

预留适当的变形量可有效释放弹性变形能，这也是大变形隧道支护的一般原则。

16.6.5 应做好监控量测工作，并应根据监控量测数据，动态调整支护参数。

16.6.6 二次衬砌应根据"适当释放、控制变形、适时封闭"的原则和设计要求确定施工时机。洞口段施作不宜拖后。

条文说明

适时进行二次衬砌，是大变形控制的关键。

16.7 岩爆

16.7.1 隧道施工中在可能发生岩爆的地段，应遵循"以防为主、防治结合"的原则。应进行岩爆的预测预报，针对开挖面前方可能发生的岩爆，及时采取施工对策。应仔细研究岩爆规律，制订出后续施工的对策并逐步改进。

条文说明

国内隧道工程的实践表明，判断产生岩爆有 5 个方面的主要指标：

（1）岩石强度 $R_b \geq 80\text{MPa}$。

（2）岩层原始地应力 $\sigma_0 \geq (0.15 \sim 0.2) R_b$。

（3）围岩级别：Ⅰ、Ⅱ或Ⅲ级。

（4）隧道埋深 $H \geq 50\text{m}$。

（5）岩石干燥无水，呈脆性，节理基本不发育。

一般发生岩爆的隧道基本上能同时满足这5个条件，也有极少数的隧道，在未完全满足这5个条件的情况下，也出现了岩爆。因此，为了更具普遍性，只要满足其中任意三项指标时，即可判定岩爆的存在。

根据山岭隧道岩爆的基本特征，划分为三类：

（1）破裂松脱型：围岩呈块、板、鳞片状爆裂，爆裂声微弱。爆裂的岩块需经过一段时间后才从母岩表面弹射下来，弹射距离较小。弹射速度一般小于2m/s，部分岩块是自上而下的坠落。此类型为微弱的岩爆。

（2）爆裂弹射型：岩片的弹射及岩粉的喷射，爆裂声响如同鞭炮，爆出的岩块成片状弹射或剥离，射出来的岩块多为中间厚、周边薄的鳞片，其较大的块体达到直径 $d=0.3 \sim 0.5\text{m}$、厚度 $h=0.1 \sim 0.3\text{m}$，岩片弹射的速度一般约为 $2.0 \sim 5.0\text{m/s}$，发生的部位一般在新开挖的工作面及其附近的拱部。岩爆发生前连续发生有如破竹般的噼啪声，发生后有岩粉尾随出现。发生岩爆的洞壁岩面一般光滑平整。此类型为中等岩爆。

（3）爆炸抛石型：巨石抛射，声响如炮弹爆炸，抛石体积有数立方米至数十立方米，抛射距离数米至一二十米。弹射的速度一般大于5m/s，岩爆部位集中于爆破后的开挖面。岩爆发生在爆破后数分钟内，并很快趋于平稳。此类型为强烈岩爆。

16.7.2 隧道开挖过程中，可采用下列方法进行岩爆预报：

1 以超前钻探法为主，辅以地震波、电磁波、钻速测试、地温探测等手段。

2 观察岩体表面的剥落、监听岩体内部发生的声响。

3 采用工程类比法进行宏观预报。

条文说明

本条所列出的超前预报方法，是常用的有效方法。

16.7.3 针对不同岩爆级别的隧道段，应采取下列相应技术措施：

1 微弱岩爆地段，可洒水浇湿开挖面。

2 中等岩爆地段，可在拱部及边墙开挖线以外 $100 \sim 150\text{mm}$ 范围内，通过钻孔喷灌高压水。

3 强烈岩爆地段，可先开挖 $15 \sim 30\text{m}^2$ 的小导洞，使岩层中的地应力得到部分释放，再扩挖导洞至隧道轮廓。

条文说明

目前，国内尚无统一的岩爆强度分级标准，表 16-1 为《公路隧道设计细则》（JTG/T D70—2010）给出的岩爆分级判据，表 16-2 为我国铁路部门的经验分级标准。

表 16-1 岩爆判据及描述

岩爆级别	岩石强度与垂直隧道轴线方向的最大初始应力比值 R_c/σ_{max}	分级描述
I	>7	开挖中将无岩爆发生
II	4~7	开挖中可能出现岩爆，洞壁岩体有剥离和掉块现象，新生裂纹较多，成洞性较差
III	<4	开挖中常有岩爆发生，有岩块爆出，洞壁岩体发生剥离，新生裂纹多，成洞性差

表 16-2 岩爆强度分级表

分级	分项指标			
	岩石原始地应力与强度比值 σ_0/R_b	围岩级别	隧道埋深（m）	岩石强度 R_b（MPa）
微弱岩爆	0.15~0.25	II、III	<200	80~120
中等岩爆	0.2~0.35	II、III	200~700	120~180
强烈岩爆	>0.3	I、II	>700	>180

围岩的强度，低于 80MPa 时几乎不发生岩爆；大于 180MPa 后，对岩爆强度增加作用较小。

埋深，岩爆除极个别的隧道在洞口浅埋段发生岩爆，多数发生在隧道埋深大于 50m 的情况下，大多数发生在隧道埋深在 200~700m 的地方，超过 700m 以后与岩爆强度变化关系不大。

本条就可能发生不同级别的岩爆，预先采取相应降低岩爆强度的对策措施，目的是提高施工的安全性。通过向开挖面洒水、围岩内部钻孔注水来软化岩石，一般都能起到明显的效果；先行贯通一个小导坑提前释放应力，岩爆强度可大大降低。

16.7.4 岩爆隧道施工应采取防范岩爆发生措施，并应符合下列规定：

1 开挖宜短进尺循环，每循环进尺宜为 1.0~2.0m。

2 应采用光面爆破技术，使隧道开挖周壁圆顺；同时应严格控制单段最大爆破药量。

3 对岩爆强烈的开挖面，应按设计施工超前锚杆锁定前方围岩。

4 拱部及边墙可布置预防岩爆锚杆。锚杆长度宜为 2m、间距 0.5~1.0m，并宜与网喷钢纤维混凝土联合使用。

5 可采取在岩壁切槽的方法释放应力，降低岩爆强度。

6 可打超前应力释放孔。

7 可在超前应力释放孔中进行松动爆破。

8 可喷洒高压水，或（和）钻孔注水或化学溶剂。

9 可选择合适的开挖断面形式，改善围岩应力状态。

10 可采用受力及时的摩擦型锚杆、喷射 50～80mm 厚的钢纤维混凝土，进行支护。

11 台车、装渣机械、运输车辆宜加装防护钢板。

12 应在台车上装设钢丝防护网。

16.7.5 隧道施工中发生岩爆，应立即采取下列措施：

1 停机待避，必要时人机撤至安全地段。

2 观察工作面，并记录岩爆的位置、强度、类型、数量以及山鸣等。

3 每循环内对暴露的岩面找顶 2～3 次。

4 根据岩爆程度和特性，按设计文件和施工方案要求，采取技术措施释放围岩内部应力，采取对应防护、支护措施。

16.8 流沙

16.8.1 隧道通过沙层时，应调查其特性、规模，了解地质构成、贯入度、相对密度、粒径分布、塑性指数、地层承载力、滞水层分布、地下水压力和透水系数等，制订处治方案。

条文说明

流沙是沙土或粉质黏土在水或其他因素作用下丧失其内聚力后形成的，多呈糊浆状，对隧道施工危害极大，所到之处，围岩失稳坍塌，支护结构变形倒塌。由于流沙导致坑道淤死、衬砌结构失稳，在国内外不乏其例。为防止流沙危及隧道施工，有进一步了解其规模、特性、类型的必要。

16.8.2 隧道通过含水沙层地段应特别加强治水措施，防止沙层流失，防止沙土液化。可采取下列措施：

1 可采用注浆、冻结等方法止水、加固。

2 可采用井点降水技术降低地下水位，防止水稀释沙层和挟走沙粒；其集水管可用加气砂浆充填。

3 采用化学药液注浆固结时，可采用悬浮型或溶液型浆液。

条文说明

风积沙和含水沙层中的超量地下水，悬浮沙颗粒降低颗粒之间摩擦力，开挖中形成的动压水，能轻易地将沙粒带走形成流沙，导致沙体垮塌。所以，隧道通过风积沙和含水沙层施工时，要先治水。条文中的治水措施都是基于将沙层中的自由水含量降低到沙粒流失限以下。

16.8.3 沙层地段隧道开挖、支护应符合下列规定：

1 宜采取超前加固和超前支护措施。

2 应严格控制开挖长度，防止上部两侧不均匀下沉。

3 支护应及时，边挖边封闭，遇缝必堵，严防沙粒从支护缝隙中漏出。

4 应观测支护的实际沉落量。如预留量过大或不足，应在下一环节施工中及时调整。

5 宜采用超短台阶法、环形开挖留核心土法人工开挖，并严格控制开挖长度，防止上部两侧不均匀下沉。

6 流沙出现后，应采用沙袋、喷射混凝土等措施迅速封堵。

7 在流沙逸出口附近较干燥围岩处，应尽快打入锚杆或施作喷射混凝土层，加固围岩，防止逸出扩大。

8 开挖地段的排水沟应浆砌，或用管、槽等将水引至洞外。

9 可在洞内合适位置设蓄水池，将泥水经沉淀后排至洞外。池内沉积的淤泥应及时清除。蓄水池应采用圬工结构。

条文说明

本条是隧道通过风积沙和含水沙层时，开挖、支护、衬砌等工序的施工操作要求，以及可采取的措施，这些内容都是从近年来一些工点的施工实践经验和教训中总结出来的。其中第3款和第6款封沙堵漏、封堵流沙的要求尤其重要。

16.8.4 沙层隧道仰拱应紧跟开挖面，适当缩短一次浇筑长度，及时封闭成环。

条文说明

本条和第16.8.3条都是从近年来一些工点的施工实践经验和教训中总结出来的极其重要的经验措施。仰拱、衬砌灌筑时间尽可能靠前，形成封闭环后，能有效地抑制流沙、防止支护结构破坏。

16.9 黄土

16.9.1 黄土隧道的施工应采用机械挖掘，不宜采用钻爆法施工。

16.9.2 根据隧道断面大小、埋深等情况，黄土隧道的施工宜采用环形开挖留核心土法、双侧壁导坑法、中隔壁法等分部开挖法。不得采用长台阶法、中导洞超前法等分部独进开挖方法。

条文说明

本条规定不得采用分部独进开挖方法包括长台阶法、中导洞超前法等，因其常导致黄土围岩过度松弛而坍塌或下沉严重。

16.9.3 黄土隧道施工防排水应符合下列规定：

1 应采取"严防进入，加快排出"的原则，在雨季前按设计做好洞顶、洞门及洞口的防排水系统。排水沟及其施工缝、变形缝应采取防止渗水措施。

2 应在雨季前做好隧道洞门。

3 对地表冲沟、陷穴、排水沟、地表裂缝等应封闭，并采取回填夯实、填土反压、改变地表水径流等措施，将水排至隧道范围以外。

4 应控制施工用水下渗。

5 地层含水率大时，上台阶宜开挖横向水沟，将水引至隧道中部纵向排水沟排出洞外，防止浸泡拱脚。

6 可采用井点降水等措施将地下水位降至隧道衬砌底部以下，保证施工顺利进行。

7 雨季施工应采取可靠措施确保施工安全。

8 对有明显流向和稳定补给的地下水，应采取截水导坑或者封堵措施，防止隧道开挖后出现大量涌水。

16.9.4 黄土隧道开挖应符合下列规定：

1 施工中应严格遵循"管超前、短进尺，强支护、早封闭、勤量测"的施工原则。

2 应根据隧道开挖断面的大小选择合理的开挖方法。墙脚、拱脚应预留300mm人工开挖，严禁超挖。

3 根据不同围岩级别、含水率和自稳情况，开挖循环进尺可采用0.5~1.5m。

4 基底承载力不足时，宜采用树根桩、锁脚锚杆、灰土挤密桩、注浆、换填等处理措施加固隧道基底。

5 施工中应加强量测、观测。发现不安全因素时，应暂停开挖，加强临时支护，调整施工方案。

条文说明

我国北方许多地区属第四系黄土质砂黏土地层，土体强度低、垂直裂隙发育、遇水易软化，在地表水的作用下极易冲蚀，有些风积土层具有不同程度的湿陷性。在此种地层中开挖隧道，容易出现坍塌、沉陷，尤其是有地下水出现处，围岩强度大幅度降低不能自稳。本条要求施工时，注意调查隧道周围土体的表征和特性，就是要预先采取措施防止引起土体失稳而危及工程安全和施工安全。

绝大多数情况下，黄土隧道开挖与导管超前支护、型钢拱排布等辅助法配合使用，为降低对土体的扰动，采用人工或机械开挖方式。

16.9.5 黄土隧道的初期支护施工应符合下列规定：

1 施工中应注意观察垂直节理。必要时应采取措施，防止塌方事故的发生。

2 掌子面不能自稳时，开挖后应立即对隧道周边及掌子面进行喷射混凝土封闭，并及时施作锚杆、钢筋网及钢架。

3 喷射混凝土时，喷射机的压力不宜超过 0.2MPa。

4 锚杆宜采用煤矿螺旋干钻成孔；宜采用药包式或早强砂浆式锚杆。

5 钢架锁脚锚杆或锚管施工应符合设计规定。

6 不得在喷射混凝土前用水冲洗开挖面。

7 喷射混凝土时，宜分多次复喷至设计厚度。

条文说明

黄土隧道围岩垂直节理的存在是导致隧道拱顶坍塌的关键因素，节理在隧道顶部时，极易产生"塌顶"；如果位于侧壁，则极易出现侧壁掉土、片帮，施工中若处理不当，常会引起较大的坍塌。

黄土围岩开挖后，短时间内围岩松弛加快，进而发生塌方。因此，支护需要紧跟开挖面，尽快形成刚度较大的支护体系。

当洞身黄土含水率较大时，锚杆钻机施钻困难，煤电钻电机易烧坏，也已经不允许使用。施工中一般采用煤矿螺旋钻干钻成孔。锚杆早强材料如药包式锚杆等。

16.9.6 黄土隧道二次衬砌施工应符合下列规定：

1 应综合考虑水平收敛和拱顶下沉速度、初期支护表面裂纹等因素，尽早施工二次衬砌。

2 仰拱应超前，并应一次灌注成型，仰拱距离掌子面宜控制在 20~30m 以内。

3 拱墙二次衬砌应整体灌注。

条文说明

2 黄土隧道开挖后总的变形量和迅速变形阶段结束的时间，完全受控于仰拱封闭的时间，仰拱早封闭则总变形量小，仰拱晚封闭则总变形量大。因此要控制初期支护的变形量就要尽早封闭仰拱，而且仰拱要有足够的刚度来承担拱墙传递下来的应力，因此也要强调仰拱的整体性。

3 黄土隧道初期支护的变形量与黄土性质、地层年代、洞室跨度，尤其是土体的含水率有着密切的关系，新黄土变形量大，老黄土变形量小；大跨洞室变形量大，小跨洞室变形量小；土体含水率大时变形量大，土体含水率小时变形量小。变形的主要表现形式为初期支护的整体下沉。因此，拱墙二次衬砌需要整体灌筑，并及早施作。

16.9.7 黄土隧道衬砌完成后，应对施工缝、沉降缝、洞口路基过渡段布置水准测点，并定期进行水准监测。监测资料应编入竣工文件。

16.9.8 黄土隧道宜采用耳墙式翼墙洞门，以减少地表水对坡面与洞门衔接处的冲刷。湿陷性黄土地基上的隧道洞门，应根据黄土物理力学性质对端、翼墙地基采取相应的措施。可采用30%白灰和70%炉渣混合料在深度1.0～1.5m范围内换填夯实。

16.9.9 应严格做好监控量测和信息反馈，及时调整开挖方法和支护结构。

16.10 膨胀岩土

16.10.1 膨胀岩土隧道施工，应根据围岩变形、土压增长、结构受力性状、地下水活动状态等因素综合确定施工方法。

条文说明

泥岩、凝灰岩、页岩、蛇纹岩、泥质凝灰岩及有地热效应的土质地层等具有膨胀特性。膨胀岩土隧道开挖后，洞壁缓慢向洞内挤入，挤压支撑或衬砌，使其承受很大的土压。这种膨胀变形土压，随着时间逐渐增大。有时刚开挖的土压并不大，但数天至数十天之后形成了强大的地压力；有时地压和增长率虽不大，但可持续数年之久，收敛期长。膨胀变形土压有时出现在隧道拱部、边墙、底部等局部范围，与洞内水作用和膨胀岩土分布有关。

在膨胀岩土中开挖隧道，除事前需要调查膨胀岩土的特性和规模，并参考其他类似工程实例之外，施工中有必要对围岩压力、岩体流变、地下水情况进行充分的调查和量测，以便根据围岩动态采取适当的施工措施。如原设计方案难以适应围岩动态情况，也可据此做适当修正。

16.10.2 膨胀岩土隧道应采用"以防为主，防、截、堵、排相结合"的防排水原则。施工时应符合下列规定：

1 隧道开挖前，根据设计要求填平浅埋地段地表低洼处、封闭洞顶小河沟谷。

2 洞内出露的地下水应及时归入沟、管、槽，引排至洞内水沟。

3 顺坡施工排水，严禁挖沟直接排放，应设置防渗漏排水沟槽。反坡施工排水应采用设备完好、系统完善的抽排水设施，严禁水渗流至开挖工作面。

4 衬砌的施工缝、变形缝应根据防水要求，结合地下水情况、防水材料特点等因素合理设置。

条文说明

根据膨胀岩土遇水易膨胀、崩解的特点，隧道的施工防排水原则强调以防为主。本条规定的防排堵水措施，根本宗旨是防止膨胀岩土遇水膨胀。

16.10.3 膨胀岩土隧道开挖应符合下列规定：

1 宜采用开挖分部少、可尽快全断面闭合的开挖方法。
2 施工时应采取措施预防因分部开挖而引起围岩压力及偏压力增大。
3 短进尺逐次开挖各分部断面，应依序紧跟，不得超前独进。
4 隧道周壁开挖应圆顺，可优先采用人工或机械开挖。
5 开挖后，应及时封闭暴露的岩体。
6 预留变形量应适当加大，根据现场情况进行调整。

条文说明

膨胀岩土隧道施工是以对围岩尽量减少扰动、尽快全面封闭为原则，其中全断面闭合支护、衬砌尤为重要，故首选的开挖方法为全断面法。但因公路隧道跨度较大、全断面开挖膨胀岩土隧道有时难以自稳，多采用分部开挖法。如果隧道断面分部过多又超前独进，则先行坑道随着后续工作面的靠近会受到地层偏压，常导致地压力再次增大，分部施作的支护难以承受这种压力增加。所以本条的核心意思是采用的开挖方法需要全断面闭合支护跟进掌子面，而不仅仅是支护紧跟开挖面。实践表明采用较少分部的台阶法、侧壁导坑法是行之有效的。其中：台阶长度一般采用 3～5m 的超短台阶；侧壁导坑法适用于浅埋、大跨的膨胀岩土层。另外，膨胀岩土隧道的初期支护具有可压缩、可拆换、可增补的特性，也是选择能使全断面闭合支护跟进掌子面的开挖方法的重要原因。

16.10.4 膨胀岩土隧道开挖后，应对围岩及时采取支护措施并闭合成环，必要时可采用钢纤维喷射混凝土。

条文说明

膨胀岩土隧道的支护，如果处于非闭合状态，则难以产生足够的承载力，所以本条所提支护形式是以闭合状态为前提的。

喷射混凝土具有防止围岩松弛和风化、滞缓围岩变形等效果，在膨胀岩土隧道中其效果较为显著。在围岩变形大时，采用钢筋网或钢纤维喷射混凝土，可提高喷层产生裂缝后的抗拉和抗剪能力。

16.10.5 不同强度的膨胀岩土隧道，支护参数应按设计要求确定，并应符合下列规定：

    1 采用封闭型钢架时，初期支护应及时封闭成环。

    2 采用可缩钢架时，其滑动节的个数与整个布点的活动量，应满足膨胀岩土的膨胀量与约束量。

    3 可采用长锚杆、可拉伸锚杆和临时仰拱等措施。

    4 喷射混凝土可采用逐次加喷或预留纵向变形缝，满足膨胀岩土的膨胀量。

    5 采用挂网喷射混凝土时，应先喷一层约40mm厚的混凝土，并安设钢筋网，再补喷到设计的厚度。

    6 支护的总压缩量应与预留变形量一致。

    7 渗水地段应及时引、排水，喷射混凝土应调整配合比，使喷射混凝土与围岩密贴。

条文说明

关于锚杆的作用效果，有各种不同的观点，但对膨胀性围岩，一般认为是非常有效的。锚杆的长短需要通过试验或借鉴其他工程实例来确定。关于钢架，国外普遍采用型钢支撑（如H、U、O形等）。型钢支撑刚度大，支撑能力强，但与喷射混凝土的黏着性差。中等膨胀围岩隧道可采用网喷锚与U形钢架构成的可压缩支护；强膨胀围岩隧道需要采用包括可压缩支护、可增补支护等特殊支护。

当采用型钢支撑时，将钢架做成可缩性结构，以适应围岩的流变特性。本条提出要求，是考虑到膨胀性围岩变形大等特点而提出来的，其目的是提高钢架支撑在围岩中的适应性，充分发挥其支撑作用。

16.10.6 衬砌结构应与围岩充分密贴、及早闭合。当衬砌混凝土的强度达到设计要求时，方可拆模。

条文说明

本条关于施作二次衬砌的基本规定是针对膨胀岩土的特点，为确保施工质量和施工安全而提出的。其中未就二次衬砌的施作时间做出具体规定，主要考虑到膨胀岩土变形特性复杂，很难用支护变形速率判断其稳定状态和衬砌结构承担的后期变形压力，施工中需要根据设计意图和对膨胀岩土变形特性的了解，以及类似工程的经验加以确定。

16.10.7 膨胀土隧道洞门施工应避开雨季。

16.10.8 施工时各道工序应紧密衔接，连续施工，分段完成。

16.10.9 应加强调查、量测围岩的压力和流变，对混凝土和衬砌与围岩接触面处的应力状态进行跟踪监测和控制。

16.10.10 在施工中遇到围岩变形急剧增大，应及时采取果断措施，利用强支撑缓解围岩变形，进而查找原因，采取措施进行处理。

16.11 寒区隧道

16.11.1 寒区隧道施工应配备适应低温条件下能正常工作的施工机具，配备满足施工要求的加温设备和保温器材。

条文说明

本规范中的寒区指最冷月平均气温小于 $-3℃$、超过 $10℃$ 的月份少于 5 个月、年平均气温小于 $5℃$ 的地区，一般包含所有的多年冻土区、冰川区、稳定性季节积雪区。这里所说的"寒区隧道"是处于这些地区的隧道。对于工程结构物来说，在寒冷地区需考虑低温及特殊寒区地质条件对工程施工和结构强度及稳定性的影响，如混凝土浇筑、凝固、冻胀危害、积雪危害，开挖影响等。

低温条件下施工需要使用适应低温条件下工作的机具设备和材料、改善施工环境温度的设备和器材，保证施工正常进行，确保工程质量和施工安全。

16.11.2 寒区隧道洞口存在季节性积雪危害时，可采取下列措施：
1 避开积雪期施工。
2 洞口开挖边、仰坡及洞顶浅埋平缓地带，在积雪来临前宜采用防水布覆盖。
3 根据积雪可能堆积程度和风吹雪方向，可设置防雪墙或防雪棚，或接长明洞。

条文说明

2 隧道洞口可能存在季节性积雪时，在洞口边、仰坡及洞顶浅埋平缓地带，采用防水布遮盖，是为了减少冰雪融化时水的下渗。

3 在积雪较大的隧道洞口，根据洞口地形、积雪堆积程度，设防雪墙或防雪棚是为了防止溜冰、冰雪垮塌或风吹雪掩埋洞口。

16.11.3 冻土区隧道洞口宜在冬期或冻土地下冰未融化前进行开挖，开挖形成的边仰坡应采取防晒和隔热措施。

条文说明

冻土地下冰融化后边仰坡稳定性会降低，会给施工造成一定困难，所以宜在冬期或冻土地下冰未融化前进行开挖。冻土地下冰融化前施工更为有利。

隧道洞口开挖改变了冻土所处环境，当温度气温升高、太阳直射时，冻土地下冰可能融化，导致边坡、仰坡失稳。采取防晒、隔热措施，是为了防止冰的融化。常用的措施有：遮阳网、遮阳棚、铺设保温层和草皮等。

16.11.4 寒区隧道开挖，应根据围岩级别、冻土地下冰含量确定开挖方法，应严格控制爆破振动和开挖进尺。

16.11.5 隧道喷射混凝土施工应符合本规范第9.2.9条的规定。

16.11.6 寒区隧道在冬期进行模筑混凝土衬砌施工时，应采取措施保证混凝土浇筑时所需温度条件。

16.11.7 寒区隧道施工期间排水应符合本规范第11.2.13条的规定。

16.11.8 混凝土抗冻性能应满足设计要求。

17 改扩建

17.1 一般规定

17.1.1 隧道改扩建工程施工前，应根据设计文件，隧道改建、扩建、增建隧道施工特点，结合现场实际情况，编制施工方案。

条文说明

隧道改扩建工程包括改建、扩建和增建。

改建：对既有隧道进行衬砌结构加固、路幅调整、路面翻修、排水沟改造、电缆沟改造、增设横洞，以及局部提高技术指标和安全性能，改善服务功能等。

扩建：对既有隧道断面进行扩挖，增大断面净空，需拆除既有衬砌重新施作。

增建：与既有隧道并行新建隧道。

17.1.2 隧道改扩建工程施工前，应对既有隧道的设计、施工、养护、维修和运营情况，以及工程影响范围内其他建（构）筑物和设施的现状等进行调查、核实。

条文说明

隧道改扩建工程施工前，对既有隧道及其周边的核查是为了解和掌握现场情况和施工条件。核查内容包括：既有隧道的设计图，施工阶段的相关地质资料，施工情况，设计变更，隧道洞口，隧道排水设施及排水能力，隧道结构检测、维修、加固历史资料，结构现状和隧道运营状况，既有隧道和改扩建工程影响范围内的建（构）筑物、管线、居民等。

17.1.3 隧道改扩建工程施工时，应采取措施减小施工对既有建（构）筑物和设施的影响，必要时应采取保护、加固、改移措施。

条文说明

隧道改扩建施工，对既有隧道及其附属设施、周边建（构）筑物和设施有影响时，需采取措施以减小对其不利影响。包括：对既有结构和设施的拆除、改移、保护、加固和临时支撑。拆除方法不当、盲目拆除、临时支护不及时、爆破振速过大等均可能造成施工安全事故、交通堵塞，对围岩造成二次过度扰动，影响结构稳定，所以必要时还需要采取保护和加固措施。

17.1.4 隧道改扩建施工，应对工程影响范围内的既有隧道及其他建（构）筑物制订监测计划。

条文说明

隧道改扩建施工时，原位改建或扩建时会影响既有隧道，增建时会影响邻近的既有隧道，对其全程实施监测，是动态设计和施工的要求，也是确保改扩建施工和后期运营安全的重要保证。

17.2 改扩建施工

17.2.1 既有隧道改建施工应符合下列规定：

1 应保持既有隧道主体结构的完整性，不应堵塞既有隧道的排水系统。

2 应根据机电和附属设施改造设计要求，做好既有设施的保护与恢复。

3 应按设计要求对既有隧道病害进行处治和加固。

4 机电设备箱宜明敷；必须新开凿设备洞室时，应避开施工缝、沉降缝和伸缩缝位置；应采用切割凿洞方式，不得进行爆破开孔。

5 施工期间保持通车的既有隧道，应设置必要的临时安全防护措施和增设交通疏导设施。

条文说明

对既有隧道改建工程施工时，需要根据设计方案，尽可能地利用、保护和恢复既有隧道的各类设施。

17.2.2 既有隧道原位扩建施工应符合下列规定：

1 应根据既有隧道的结构形式、结构状况、围岩条件等制订衬砌结构的拆除与扩挖施工实施方案。

2 隧道二次衬砌应分段拆除，每次拆除分段长度宜为 2~8m，并不得大于原衬砌一模衬砌长度，不得跨施工缝、变形缝一次拆除。

3 隧道拆除应先拆除二次衬砌、后拆除初期支护。

4 初期支护拆除和扩挖可同步进行，初期支护拆除的分段长度应根据围岩地质条件确定，扩挖后应立即进行新的初期支护施工。

5 采用爆破拆除和扩挖时，应严格控制单段最大爆破药量，二次衬砌爆破拆除时，分段拆除之间应先切割分离。

6 围岩较差、原坍塌地段拆除时，二次衬砌一次拆除长度不宜大于3m。初期支护和围岩应先加固后拆除、必要时可采取超前支护措施。二次衬砌有较严重的病害时，衬砌拆除前方应增加临时支撑。

7 拆除前方应保持对外通道畅通。

8 扩挖后的二次衬砌应及早施作。

条文说明

5 既有隧道衬砌拆除方式较多，有爆破方式、静力爆破方式和机械切割、水力切割、凿除等手段，爆破方式效率较高，但爆破振动对衬砌和围岩有一定影响，所以，严格控制一次起爆药量。静力爆破是近年来发展起来的一种新型爆破施工技术，是在岩体或混凝土上钻孔，在钻孔中灌装静力爆破剂，依靠其膨胀力使岩石或混凝土产生裂隙或裂缝，从而达到破碎的目的，可在无振动、无飞石，无噪声、无污染的条件下破碎或切割岩石或混凝土建（构）筑物，爆破时不会损坏周围的任何物体。

17.2.3 临近既有隧道增建新隧道施工时，应符合下列规定：

1 应减少对相邻既有隧道的影响。

2 应根据围岩扰动影响与爆破振速控制的设计要求，确定增建隧道施工方法、循环进尺及爆破参数等。

3 应对相邻既有隧道衬砌裂缝、附属设施松动等隐患进行排查，对影响围岩稳定和衬砌安全的病害地段应先进行加固处治。

4 增建隧道和既有隧道之间新建横通道时，既有隧道横向开洞施工严禁反向出洞。

5 增建隧道施工期间，应按设计要求对既有隧道实施监测。

6 增建隧道施工期间保持通车的既有隧道，应采取安全防护措施。不得利用既有隧道进行施工通风。

条文说明

增建隧道的自身施工，除需尽量减少对相邻既有隧道的不利影响以外，其余基本与新建隧道一样。

17.2.4 应根据实时监测信息，动态调整施工参数，及时进行安全隐患排查。

17.3 交通警示

17.3.1 应根据隧道改扩建方案，和交通管理部门的要求，在施工影响区域设置交通警示和疏导标志，并应制定施工影响区段保持交通畅通的应急预案。

17.3.2 应定期检查和维护交通警示和疏导标志，保持其醒目有效。

18 监控量测

18.1 一般规定

18.1.1 监控量测应纳入施工工序管理。监控量测应达到下列目的：
1 掌握围岩和支护动态，及时反馈信息，指导施工作业。
2 围岩和支护的变形、应力量测信息，可为修改设计提供依据。

条文说明

监控量测的主要目的是掌握围岩和支护工作状态、判断围岩稳定性、支护结构的合理性和隧道整体安全性，确定二次衬砌合理的施作时间，为在施工中调整围岩级别、变更设计方案及参数、优化施工方案及施工工艺提供依据，直接为设计和施工管理服务。

18.1.2 隧道开工前，应根据设计要求，结合隧道规模、地形地质条件、施工方法、支护类型和参数、工期安排等编制施工全过程监控量测方案。编制内容应包括：量测项目、量测仪器选择、测点布置、量测频率、数据处理、信息反馈、组织机构、管理体系等。量测计划应与施工进度计划相适应。

条文说明

为使监控量测充分发挥更好作用，首先需要根据设计规定，并结合隧道的工程地质和水文地质条件、支护类型和参数、施工方法以及所确定的量测目的等编制切实可行的量测计划，并在施工中认真组织实施。

18.1.3 监控量测工作应结合开挖、支护作业的进程，按量测方案布点和监测，根据现场量测情况及时调整补充，量测数据应及时分析、处理和反馈。

条文说明

为了掌握施工中围岩稳定程度与支护受力、变形的力学形态，以判断设计、施工的安全性与经济性。隧道开挖后需要按设计规定和现场实际情况及时布点并进行监测。监控量测信息是隧道开挖后围岩稳定状态的反应，也是修正设计的依据，需对获得的信息作全面分析。及时将监测数据和意见建议提交给设计、施工等单位，从而达到反馈设计、指导施工的目的。

18.1.4 现场量测仪器，应根据量测项目及测试精度选用。宜选择简单适用、稳定可靠、操作方便、量程合理、便于进行结果处理和分析的测试仪器，并经过有效检校。

条文说明

目前，对同一物理量的测试手段和方法较多，仪器价格、测试方法和费用相差较大，在实际操作中，需要根据监测的目的、内容及精度要求，选择简单适用、稳定可靠、操作方便、量程合理的测试仪器。

18.1.5 监控量测数据应真实、有效、规范并经过复核，有可追溯性，及时填报反馈报表。

18.1.6 在复合式衬砌和喷锚衬砌隧道施工时，必须进行表 18.1.6 所列项目的量测，其作业应符合表 18.1.6 的规定。

表 18.1.6　隧道现场监控量测必测项目

序号	项目名称	方法及工具	测点布置	精　　度	量测间隔时间			
					1 ~ 15d	16d ~ 1 个月	1 ~ 3 个月	大于 3 个月
1	洞内、外观察	现场观测、地质罗盘等	开挖及初期支护后进行	—	—			
2	周边位移	各种类型收敛计、全站仪或其他非接触量测仪器	每 5 ~ 100m 一个断面，每断面 2 ~ 3 对测点	0.5mm（预留变形量不大于 30mm 时）；1mm（预留变形量大于 30mm 时）	1 ~ 2 次/d	1 次/2d	1 ~ 2 次/周	1 ~ 3 次/月
3	拱顶下沉	水准仪、钢钢尺、全站仪或其他非接触量测仪器	每 5 ~ 100m 一个断面		1 ~ 2 次/d	1 次/2d	1 ~ 2 次/周	1 ~ 3 次/月
4	地表下沉	水准仪、钢钢尺、全站仪	洞口段、浅埋段（$h \leqslant 2.5b$），布置不少于 2 个断面，每断面不少于 3 个测点	0.5mm	开挖面距量测断面前后 < 2.5b 时，1 ~ 2 次/d；开挖面距量测断面前后 < 5b 时，1 次/（2 ~ 3）d；开挖面距量测断面前后 ≥ 5b 时，1 次/（3 ~ 7）d			
5	拱脚下沉	水准仪、钢钢尺、全站仪	富水软弱破碎围岩、流沙、软岩大变形、含水黄土、膨胀岩土等不良地质和特殊性岩土段	0.5mm	仰拱施工前，1 ~ 2 次/d			

注：b 为隧道开挖宽度；h 为隧道埋深。

条文说明

现场量测项目分为必测项目和选测项目两大类。

表18.1.6所列为必测项目。必测项目是为了在施工中保证安全，通过量测信息判断围岩稳定性来指导设计、施工的经常性量测，这类量测通常测试方式简单、费用少、可靠性高，但对监视围岩稳定、指导设计施工却有巨大作用。

18.1.7 应根据设计要求、隧道横断面形状和断面大小、埋深、围岩条件、周边环境条件、支护类型和参数、施工方法等综合确定选测项目。选测项目量测作业应符合表18.1.7的规定。

表18.1.7 隧道现场监控量测选测项目

序号	项目名称	方法及工具	布 置	测试精度	量测间隔时间			
					1～15d	16d～1个月	1～3个月	大于3个月
1	钢架内力及外力	支柱压力计或其他测力计	每代表性地段1～2个断面，每断面钢架内力3～7个测点，或外力1对测力计	0.1MPa	1～2次/d	1次/2d	1～2次/周	1～3次/月
2	围岩内部位移（洞内设点）	洞内钻孔中安设单点、多点杆式或钢丝式位移计	每代表性地段1～2个断面，每断面3～7个钻孔	0.1mm	1～2次/d	1次/2d	1～2次/周	1～3次/月
3	围岩内部位移（地表设点）	地面钻孔中安设各类位移计	每代表性地段1～2个断面，每断面3～5个钻孔	0.1mm	同地表下沉要求			
4	围岩压力	各种类型岩土压力盒	每代表性地段1～2个断面，每断面3～7个测点	0.01MPa	1～2次/d	1次/2d	1～2次/周	1～3次/月
5	两层支护间压力	压力盒	每代表性地段1～2个断面，每断面3～7个测点	0.01MPa	1～2次/d	1次/2d	1～2次/周	1～3次/月
6	锚杆轴力	钢筋计、锚杆测力计	每代表性地段1～2个断面，每断面3～7锚杆（索），每根锚杆2～4测点	0.01MPa	1～2次/d	1次/2d	1～2次/周	1～3次/月
7	支护、衬砌内应力	各类混凝土内应变计及表面应力解除法	每代表性地段1～2个断面，每断面3～7个测点	0.01MPa	1～2次/d	1次/2d	1～2次/周	1～3次/月
8	围岩弹性波速度	各种声波仪及配套探头	在有代表性地段设置	—	—			

表 18.1.7（续）

序号	项目名称	方法及工具	布　置	测试精度	量测间隔时间			
					1～15d	16d～1个月	1～3个月	大于3个月
9	爆破振动	测振及配套传感器	邻近建（构）筑物	—	随爆破进行			
10	渗水压力、水流量	渗压计、流量计	—	0.01MPa	—			
11	地表下沉	水准测量的方法，水准仪、铟钢尺等	有特殊要求段落	0.5mm	开挖面距量测断面前后＜2.5b 时，1～2次/d；开挖面距量测断面前后＜5b 时，1次/2～3d；开挖面距量测断面前后＞5b 时，1次/3～7d			
12	地表水平位移	经纬仪、全站仪	有可能发生滑移的洞口段高边坡	0.5mm	—			

条文说明

现场监控量测需要根据设计规定、隧道横断面形状和断面大小、埋深、围岩条件、周边环境条件、支护类型和参数、施工方法等来选择量测项目。表18.1.7所列为选测项目。选测项目是对一些有特殊意义和具有代表性意义的区段以及试验区段进行补充量测，以求更深入地掌握围岩的稳定状态与喷锚支护效果，具有指导未开挖区的设计与施工的作用。这类量测项目量测较为麻烦，量测项目较多，花费较大，根据需要选择其中部分或全部量测项目。

锚杆抗拔力试验属于质量检测的内容，因此没有将其列入监控量测项目内。

18.1.8 洞内必测项目，各测点宜在靠近掌子面、不受爆破影响范围内尽快安设，初读数应在每次开挖后12h内、下一循环开挖前取得，最迟不得超过24h。选测项目测点埋设时间宜根据实际需要确定。

条文说明

实践证明，当隧道开挖后，岩体固有结构被破坏，块体间阻力削弱，变形松弛，隧道围岩应力重分布，隧道周边径向应力被释放，围岩内形成塑性区，一方面使应力不断向围岩深部转移，另一方面又不断向隧道方向变形并逐渐解除塑性区的应力。这种向隧道方向的变形，一般在爆破后24h内发展较快，而围岩开挖初始阶段的变形动态数据又在全部变形过程中占十分重要的地位，因此要求测点需要尽快安装，并在下一循环爆破前获得初读数。为使初读数能够较真实地反映变形值，要求测点尽快埋设和读取初读数。

18.1.9 测点应牢固、可靠、易于识别，应能真实反映围岩、支护的动态变化信息。洞内必测项目各测点应埋入围岩中，深度不应小于0.2m，不应焊接在钢架上，外露部分应有保护装置。

18.1.10 各项量测作业均应持续到量测断面开挖支护全部结束，临时支护拆除完成，且变形基本稳定后15~20d。

18.2 变形量测

18.2.1 隧道施工过程中应进行洞内外观察，并应符合下列规定：

1 洞内观察应进行开挖工作面观察和已支护地段观察。

2 开挖工作面观察应在每次开挖后进行，及时绘制开挖工作面地质素描图，填写开挖工作面地质状态记录表。

3 已支护地段观察应每天进行一次，观察围岩、喷射混凝土、锚杆和钢架等的工作状态，记录喷射混凝土表面起鼓、剥落、开裂、渗漏水、钢架变形及发展情况等内容。观察中发现围岩条件变差或支护状态结构异常时，应及时采取相应措施。

4 洞外观察应观察记录洞口段、偏压段、浅埋段及特殊地质地段的地表开裂、沉降、塌陷，边坡及仰坡稳定状态，地表水渗漏情况，地表植被变化等。应与地表下沉、地表水平位移对照分析洞口段边坡稳定性。

5 观察记录应翔实，应与其他量测数据综合分析。

条文说明

隧道施工时进行的变形量测，主要包括周边位移及拱顶下沉、地表下沉、整体位移、底鼓、土体深层水平位移、围岩内部位移。洞内、外观察对掌握围岩动态和支护结构工作状况非常重要，特别是在不良地质条件下更是确保施工安全和工程质量的必不可少的措施。洞内、外观察和量测结果一起分析，对于优化设计方案、调整施工参数及科学地进行施工组织和管理十分重要。

实践和研究证明，洞口段容易产生洞口边坡失稳现象，而失稳前经常存在边仰坡开裂、洞顶地表变形开裂等表观现象，如果开裂后处理不及时就会出现地表水下渗，加剧洞口失稳的发生。因此，对于洞口段要求对地表进行观察、记录，结合地表沉降及地表水平位移分析洞口边坡稳定性状况。而对于浅埋段，隧道不稳定也间接反映在地表是否出现裂缝。地表出现开裂或者塌陷，不仅影响地表建（构）筑物及行人安全，同时也会使地表水沿裂缝向隧道渗流，恶化隧道支护受力状况，对围岩及支护稳定产生不良影响。因此，对于浅埋段同样要求对地表开裂及地表水渗漏现象进行观察。

18.2.2 周边位移、拱顶下沉和地表下沉等必测项目量测断面应符合下列规定：

1 量测断面间距及测点数量应根据隧道埋深、围岩级别、断面大小、开挖方法、支护形式等确定。

2 周边位移、拱顶下沉、地表下沉宜布置在相同里程断面。

3 围岩差、断面大或地表沉降控制要求高时，可进行围岩内部位移量测和其他量测。

4 测点挂钩应牢固不变形，宜做成闭合三角形，挂钩接触点应光滑无焊点。

18.2.3 周边位移和拱顶下沉量测断面布置间距应符合表18.2.3的规定。

表18.2.3 周边位移和拱顶下沉量测断面布置间距

围 岩 级 别	断面间距（m）	围 岩 级 别	断面间距（m）
V～VI	5～10	III	20～50
IV	10～20	I～II	50～100

注：有滑移倾向岩层、软岩大变形段或者超浅埋软土地层等特殊地段可适当增加量测断面。

18.2.4 周边位移测点布置应符合下列规定：

1 全断面法宜设置1条水平测线。

2 台阶法每个台阶宜设置1条水平测线。

3 中隔壁法或交叉中隔壁法等分部开挖法，每开挖分部宜设置1条水平测线。

4 双侧壁导洞法，每开挖分部宜设置1条水平测线。

5 偏压隧道或者小净距隧道可加设斜向测线。

6 同一断面测点宜对称布置。

7 不同断面测点应布置在相同部位。

条文说明

周边位移量测点布置如图18-1～图18-4所示。

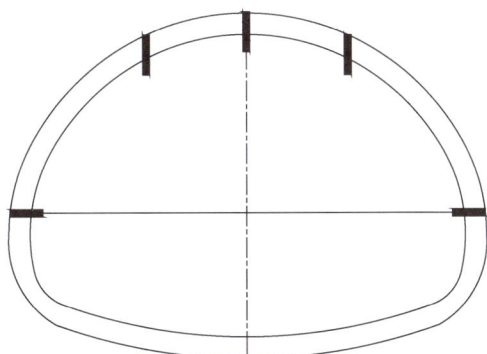

图18-1 全断面法测点布置　　　　图18-2 台阶法测点布置

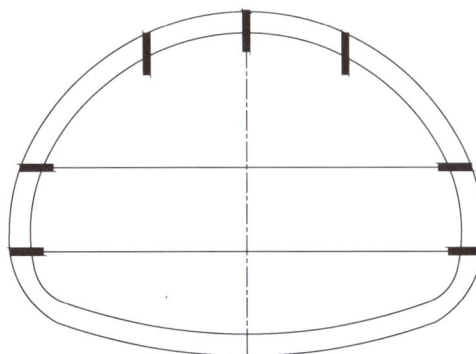

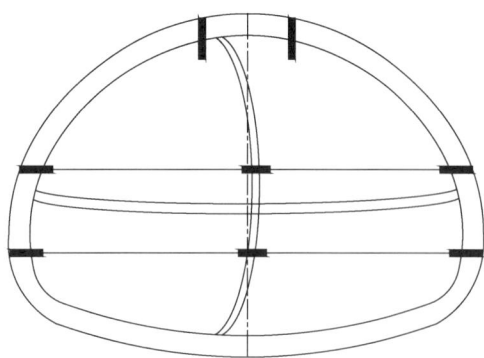

图 18-3 中隔壁法或交叉中隔壁法测点布置   图 18-4 双侧壁导洞法测点布置

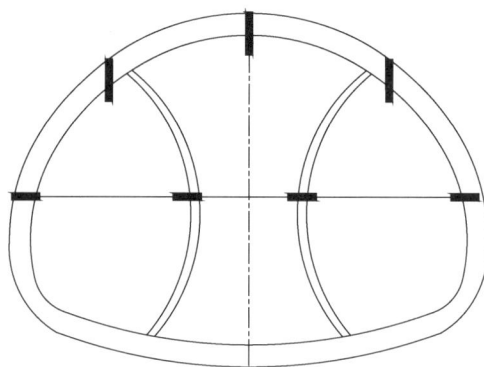

18.2.5 拱顶下沉测点应符合下列规定：

1 双车道及双车道以下隧道每个量测断面应布置 1～2 个测点，三车道及三车道以上隧道每个量测断面应布置 2～3 个测点。

2 采用分部开挖法时，每开挖分部拱部应至少布置 1 个测点。

18.2.6 偏压或者大变形隧道，宜根据需要设置整体位移测点。高水压、大变形、膨胀岩土等地段宜在仰拱设置底鼓测点，可与拱顶下沉对应设置。

18.2.7 周边位移和拱顶下沉量测的量测频率除应符合表 18.1.6 的规定外，尚应符合表 18.2.7-1 和表 18.2.7-2 的规定。

表 18.2.7-1 周边位移和拱顶下沉的量测频率（按位移速率）

位移速率（mm/d）	量 测 频 率	位移速率（mm/d）	量 测 频 率
≥5	2～3 次/d	0.2～0.5	1 次/3d
1～5	1 次/d	<0.2	1 次/（3～7）d
0.5～1	1 次/（2～3）d		

表 18.2.7-2 周边位移和拱顶下沉的量测频率（按距开挖面距离）

量测断面距开挖面距离（m）	量 测 频 率	量测断面距开挖面距离（m）	量 测 频 率
（0～1）b	2 次/d	（2～5）b	1 次/（2～3）d
（1～2）b	1 次/d	>5b	1 次/（3～7）d

注：1. 变形速率突然变大，喷射混凝土表面、地表有裂缝出现并持续发展时应加大量测频率。

2. 上下台阶开挖工序转换或拆除临时支撑时应加大量测频率。

18.2.8 浅埋隧道、洞口段或有特殊要求的应进行地表下沉量测。地表下沉量测应符合下列规定：

1 应在开挖面距离量测断面三倍隧道开挖宽度以前布设地表下沉测点。地表下沉的量测宜与洞内周边位移和拱顶下沉量测在同一横断面。当地表有建（构）筑物时，应在建（构）筑物周围增设地表下沉测点。地表下沉量测断面纵向间距宜符合表18.2.8的规定。

表18.2.8 地表下沉量测断面纵向间距

隧道埋深	纵向测点间距（m）	隧道埋深	纵向测点间距（m）
$h > 2.5b$	视情况布设量测断面	$h \leqslant b$	5 ~ 10
$b < h \leqslant 2.5b$	10 ~ 20		

2 地表下沉测点横向间距宜为 2 ~ 5m。量测范围应大于隧道开挖影响范围。在隧道中线附近测点宜适当加密。建（构）筑物对地表下沉有特殊要求时，测点应适当加密，范围应适当加宽。

3 地表下沉量测应在开挖工作面距离测点不小于隧道埋深与隧道开挖高度之和处开始，直到衬砌结构封闭、下沉基本稳定时为止。

4 地表下沉量测频率应根据量测区间段的位置确定：当开挖面距量测断面前后距离 $d \leqslant 2.5b$ 时，每天 1 ~ 2 次；$2.5b < d \leqslant 5b$ 时，每两天量测一次；当 $d > 5b$ 时，每周量测一次；当有工序转换或出现异常情况时，应适当增大量测频率。

5 应及时计算当次地表下沉变形值和变形速率，绘制地表下沉量与时间关系曲线，及地表横向下沉量与时间关系曲线，回归分析量测结果，预测该测点可能出现的最大地表下沉变形值，评估围岩稳定性。

条文说明

地表下沉横断面测点布置示意如图18-5所示。

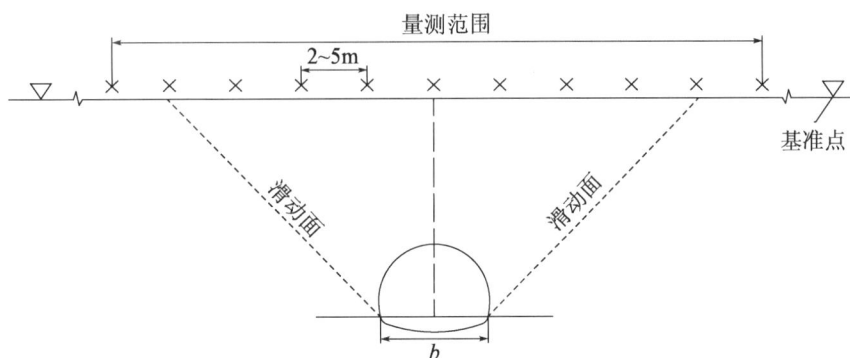

图 18-5 地表下沉横断面测点布置图

18.2.9 地表水平位移量测应符合下列规定：

1 有可能发生滑移的洞口段高边坡应结合地表下沉设置地表水平位移测点。

2 采用全站仪进行量测时，地表水平位移测点宜与地表下沉测点设在同一断面上。

3 量测频率可按本规范第18.1.6条执行，管理基准应根据周边环境要求制定。

18.2.10 存在下列情况时，可埋设土体测斜管量测土体深层水平位移：

1 穿越建（构）筑物或周边建（构）筑物要求较高。

2 存在严重偏压。

3 具有明显滑移面。

18.2.11 根据设计要求、施工需要，可选择有代表性地段量测围岩内部位移。围岩内部位移量测应符合下列规定：

1 代表性地段围岩内部位移量测宜设 1~2 个量测断面，每量测断面应设 3~7 个测孔，可采用单点、多点杆式或钢丝式位移计量测。浅埋软岩隧道可从地表钻孔埋设测点，采用测斜仪及沉降仪等量测。量测精度应不低于 0.1mm。

2 应及时计算当次围岩内部位移，绘制不同深度位移图，分析不同深度位移变化规律，预测该测点可能出现的最大位移值，评估围岩松动圈范围和围岩稳定性状况。

条文说明

围岩内部位移量测方法包括从地表量测和从隧道内量测，地表量测主要是浅埋或者偏压隧道量测拱顶以上围岩不同深度的沉降或者水平位移（倾斜）；隧道内量测主要是径向打孔设置多点位移计或者单点位移计，量测设定深度范围内相对洞壁的相对位移值，用于了解隧道围岩松弛（动）圈范围，量测隧道开挖后围岩不同深度范围内位移变化状况，用于反映隧道开挖后围岩动态变化，为锚杆长度的设计提供依据。本条所指的围岩内部位移是指后者。

采用测斜仪进行测试读数，使用的活动式测斜仪采用带导轮的测斜探头，再将测斜管分成 n 个测段，如图 18-6 所示，每个测段的长度 l_i（$l_i = 500mm$），在某一深度位置上所测得的两对导轮之间的倾角 θ_i，通过计算可得到这一区段的水平变位 Δ_i，计算公式为：

$$\Delta_i = l_i \sin\theta_i \tag{18-1}$$

某一深度的水平变位值 δ_i 可通过区段水平变位 Δ_i 的累计得出，即：

$$\delta_i = \sum\Delta_i = \sum l_i \sin\theta_i \tag{18-2}$$

设初次测量的变位结果为 $\delta_i(0)$，则在进行第 j 次测量时，所得的某一深度上相对前一次测量时的位移值 Δx_i 即为：

$$\Delta x_i = \delta_i^{(j)} - \delta_i^{(j-1)} \tag{18-3}$$

相对初次测量时总的位移值为：

$$\sum\Delta x_i = \delta_i^{(j)} - \delta_i^{(0)} \tag{18-4}$$

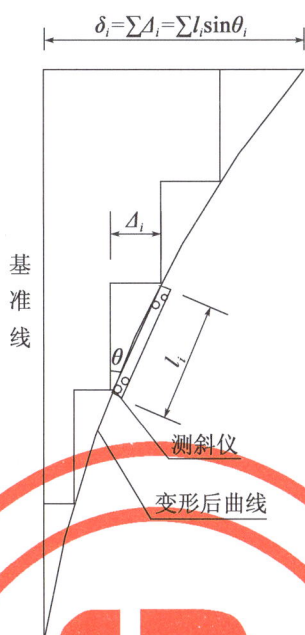

$$\delta_i = \sum \Delta_i = \sum l_i \sin\theta_i$$

图 18-6　测斜仪测试原理图

18.2.12　非接触量测应符合下列规定：

1　当采用常规测量手段困难，且非接触量测精度能够满足量测精度要求时，可采用全站仪或其他非接触量测仪器进行非接触量测。

2　非接触量测测点应采用膜片式回复反射器作为测点靶标，靶标黏附在预埋件上。量测方法包括自由设站和固定设站两种。

3　采用其他非接触量测仪器量测时，量测要求应根据非接触量测仪器自身情况和现场量测条件确定。

4　全站仪应选择适合隧道变形观测且具有膜片反射功能的仪器。全站仪量测精度应满足 0.5 ~ 1mm 的测试精度要求，条件允许情况下，宜选择测试精度较高的全站仪。

5　反射膜片尺寸可采用 20mm × 20mm 或 40mm × 40mm，条件允许情况下，宜增加反射膜片的尺寸，提高照准精度。

6　现场量测人员和施工人员应加强对后视点的保护，确保后视点的稳定。

7　二次衬砌距离量测断面较近，自由设站能满足精度要求时，可将后视点布置在二次衬砌周边，并确保后视点与测点间通视。

8　二次衬砌距离量测断面较远，自由设站无法满足要求时，可将后视点布设在仰拱附近，需埋设在已经稳定的仰拱上，并确保后视点稳定。

9　预埋件应与量测断面周壁垂直埋设。预埋件不应固定在钢架上，应埋入围岩中，深度不应小于 0.2m。

10　预埋件的制作尺寸可依据反射膜片的尺寸而定，能够满足安设反射膜片需要即可。

11　采用中隔壁法、交叉中隔壁法和双侧壁导坑法等方法施工时，同一量测断面的各分部测点宜共用同一后视点。后视点应埋设在封闭且已稳定断面的边墙上，不宜埋设在中隔壁上。

12 预埋件埋设时，应采取一定保护措施防止喷射混凝土黏结于预埋件表面，反射膜片粘贴前应将预埋件粘贴处清理干净。

13 反射膜片粘贴后，施工和量测人员应注意保护反射膜片，必要时先包裹起来，需要测量时再取下包裹物，防止喷射混凝土覆盖其表面，确保其无损、清洁，如有灰尘等脏物而影响量测时，应及时擦拭干净。

14 位移测量期间，应防止测点和后视点被现场施工人员或机械扰动，不得在测点预埋件上悬挂物品。

条文说明

1 非接触量测是指在不接触被测目标点的情况下，获取被测点的空间位移信息的方法。

3 随着激光测距技术的快速发展，为隧道周边位移和拱顶下沉专门开发的非接触量测仪器用于监控量测时，其精度需满足要求，使用中不会产生粗差，并尽可能通过测量方法消除或减小系统误差，以满足量测精度及需要。需要结合仪器自身特点制订使用说明。

5 反射膜片尺寸越大，量测时越容易照准。所以在条件允许情况下，宜采用大规格的反射膜片，为了保证设站精度，后视点的反射膜片需要采用规格较大的反射膜片。

监控人员配备聚光好的强光手电作为照明工具，照射反射膜片增加其亮度，使其满足精确照准、读取数据和数据录入的需要。监控量测时，量测人员需用照射灯照射反射膜片，使反射膜片发亮，以便全站仪精确照准膜片读取数据。因此，量测人员需要不断调整照射角度，当反射膜片发光最强时进行量测。

6 后视点埋设位置是确保后视点稳定的关键，后视点需要埋设于已经相对稳定的物体上，需要根据现场施工环境的实际情况选择后视点埋设的位置。由于二次衬砌相对于初期支护更加稳定，所以当测点与二次衬砌距离较近且满足量测精度时，后视点需要埋设于二次衬砌上；当后视点距离二次衬砌较远而无法进行量测时，后视点可埋设于已经相对稳定的初期支护上，总之，需要确保后视点稳定。

9 反射膜片粘贴于预埋件上，预埋件埋设的角度可直接影响反射膜片与隧道轴线的角度，所以需要尽量使预埋件与边墙垂直，这样可保证全站仪量测时能精确照准反射膜片的中心，精确读取坐标值。为避免施工人员或机械扰动预埋件，预埋件伸出围岩或者初期支护表面，能够满足粘贴反射膜片即可。

11 对于采用CRD法、CD法和双侧壁法等分部开挖的隧道，规定宜使用共用后视点是为了方便量测数据分析，由于各分部间中隔壁的影响，各分部量测断面无法共用同一后视点，只能各分部埋设各自的后视点。

13 反射膜片安设后，现场施工人员需要注意避免下一循环施工喷射混凝土时将反射膜片覆盖，从而无法精确照准和读取数据。同时，当反射膜片被灰尘覆盖而无法进行读数时，需要采取一定的措施将其擦拭干净，继续量测。

14 在位移量测过程中，如果预埋件被扰动，量测人员会把扰动的位移误认为测点变形而误判围岩的稳定性，所以要重视预埋件的保护。

18.3 受力监测

18.3.1 可根据设计要求、工程需要进行隧道受力监测，主要可包括锚杆轴力、钢架内力、接触压力、衬砌内力和孔隙水压力等内容。

条文说明

接触压力监测主要包括围岩与初期支护之间接触压力、初期支护与二次衬砌之间接触压力等内容，属选测项目，用以评价围岩与初期支护之间、初期支护与二次衬砌之间的相互受力状况，评价支护结构、二次衬砌受力状况，评估设计的合理性，为今后类似工程设计提供依据。

18.3.2 受力监测宜与变形监测布置在同一断面，受力监测项目及元器件可按表18.3.2选择。

表18.3.2 受力监测项目及元器件

序 号	监 测 项 目	元 器 件
1	接触压力	压力盒
2	钢架内力	钢筋计、电阻应变片
3	衬砌混凝土应力	混凝土应变计
4	衬砌钢筋应力	钢筋计、电阻应变片
5	锚杆轴力	钢筋计、锚杆轴力计
6	孔隙水压力	水压计

18.3.3 受力监测元器件的量程应满足监测对象要求，并具有良好的防震、防水、防腐性能，精度应满足表18.3.3的要求。

表18.3.3 元器件精度

序 号	元 器 件	精 度
1	压力盒	≤0.5% F.S.
2	电阻应变片	±0.5% F.S.
3	混凝土应变计	±0.1% F.S.
4	钢筋计	拉伸，0.5% F.S.；压缩，1.0% F.S.
5	锚杆轴力计	≤0.5% F.S.
6	水压计	≤0.1% F.S.

注：F.S. 为元器件的满量程。

18.3.4 受力监测元器件埋设前应经过标定，埋设后应及时获取初读数。

18.3.5 锚杆轴力可采用钢筋计或锚杆轴力计量测。

18.3.6 锚杆轴力量测应符合下列规定：
1 一个代表性地段宜设置 1~2 个监测断面。
2 监测断面布置的量测锚杆数量应符合表 18.3.6 的规定。

表 18.3.6 监测断面量测锚杆数量表

项目	双车道隧道	三车道隧道	四车道连拱隧道	六车道连拱隧道
量测锚杆（根）	≥3	≥5	≥6	≥8

3 量测锚杆宜分别布置在拱顶中央、拱腰及边墙处。
4 量测锚杆宜根据其长度及量测的需要设 3~6 个测点；长度大于 3m 锚杆测点数不宜少于 4 个；长度大于 4.5m 锚杆测点数不宜少于 5 个。

条文说明

量测锚杆具体部位可根据岩性及现场有关情况调整，锚杆轴力监测重点一般为隧道拱部、连拱隧道中墙顶部及小净距隧道中夹岩的锚杆或对拉钢筋内力等。

18.3.7 量测锚杆应按设计锚杆的同等要求进行钻孔、安装，钻孔轴线应与设计方向保持一致，误差不超过 ±5°，孔径宜大于设计锚杆杆体直径 15mm，钻孔深度不应小于设计锚杆杆体长度。

18.3.8 锚杆轴力量测应及时处理监测数据，绘制轴力分布图和随时间变化曲线图，按锚杆不同深度位置的受力变化速率，分析围岩变形发展趋势。

18.3.9 钢架内力可采用钢筋计、电阻应变片量测。

条文说明

钢架内力量测目的是了解钢架应力的大小，为钢架选型与修改设计提供依据；根据钢架的受力状态，判断围岩和支护结构的稳定性；了解钢架的实际工作状态，保证隧道施工安全。

18.3.10 一个代表性地段可设置 1~2 个钢架内力监测断面。

18.3.11 钢架内力测点布置应符合下列规定：
1 测点不宜少于 5 个，连拱隧道不宜少于 7 个测点。

2 测点应布置在拱顶、拱腰、边墙、中墙等控制结构强度的部位。

18.3.12 钢架内力量测应符合下列规定：

1 采用钢筋计量测格栅钢架内力，钢筋计直径应与格栅主筋直径相同，且宜与钢筋轴线重合对焊。

2 采用电阻应变片量测型钢应力，应变片应成对粘贴在型钢翼缘内侧测点位置处。

3 监测元器件应在监测断面上成对布置在钢架的内外两侧。

条文说明

钢筋计安装时，需要尽量使其与钢筋同心，防止钢筋计偏心而影响元件的使用和读数的准确性。将钢筋计焊接在格栅主筋上，要注意给钢筋计降温，以防止温度过高烧坏钢筋计的钢弦。在埋设时，需要注意对测试元件、测线的保护，防止由于埋设不当而使元件不能正常工作，或者埋设后测线扯断。

18.3.13 钢架内力量测应分别在钢架安装前后测试仪器读数。

18.3.14 钢架内力量测应及时处理监测数据，绘制钢架内力-时间曲线散点图和钢架内力-开挖面距离曲线散点图，预测出钢架内力值，按钢材的容许应力和应力变化速率判定钢架的安全性。

18.3.15 接触压力可采用压力盒监测，量测精度不宜低于 0.01MPa。

18.3.16 一个代表性地段宜设置 1~2 个接触压力量测监测断面，双车道隧道每个监测面应布 3~7 个测点，连拱隧道、三车道及三车道以上隧道应增加测点，测点重点布置在拱顶、拱腰、边墙、中墙处等控制部位。

18.3.17 接触压力量测应符合下列规定：

1 压力盒类型应与围岩级别和支护形式相适应。

2 压力盒应与接触面紧密接触，不得损坏压力盒及引线。

18.3.18 监测围岩与初期支护之间接触压力的压力盒应安设在距掌子面 1m 范围内，并在开挖后 24h 内或下次开挖前测得初始读数。监测初期支护与二次衬砌之间接触压力的压力盒应在浇筑混凝土前埋设，并在浇筑后及时测得初始读数。

18.3.19 接触压力量测应及时处理监测数据，绘制接触压力-时间曲线散点图和接触压力与开挖面距离曲线散点图，预测支护结构所承受的接触压力值，根据设计压力值判定其安全状态。

18.3.20 衬砌内力可采用混凝土应变计、钢筋计或电阻应变片监测，量测精度不宜低于0.01MPa。

条文说明

衬砌内力监测主要包括初期支护内力、二次衬砌内力等内容。

18.3.21 一个代表性地段宜设置1~2个衬砌内力监测断面，每断面应布置3~9个测点，必要时应在仰拱上布置测点。

18.3.22 采用钢筋计监测钢筋应力时，应选择与主筋直径相同的钢筋计，宜与钢筋轴线重合，钢筋应力计应对称布置在衬砌内外侧钢筋上；采用电阻应变片监测钢筋应力时，应变片与钢筋应粘贴牢固，电阻应变片应对称布置在衬砌内外侧钢筋上。

18.3.23 采用混凝土应变计测量衬砌内力时，应变计应对称布置在衬砌内外两侧。

18.3.24 初期支护内力监测元器件应安设在距开挖面1m范围内，并在开挖24h内或下次开挖前测得初读数。二次衬砌内力监测元器件应在混凝土浇筑前埋设，并宜在混凝土降至常温状态后测得初读数。

18.3.25 衬砌内力监测应及时处理监测数据，绘制衬砌内力-时间曲线图和内力与开挖面距离的曲线变化图，预测衬砌结构后期内力值，判定其安全状态。

18.3.26 孔隙水压力计类型应根据工程测试目的、土层渗透性质和测试期长短等条件选择，宜选用电测式孔隙水压力计。

条文说明

孔隙水压力计类型包括封闭式（电测式、流体压力式）和开口式（各种开口测量管、水位计）。电测式孔隙水压力计包括振弦式、电阻式、差动变压式等，适用于各种渗透性质的土层，量测误差不大于2kPa，使用期可以大于1个月，测试深度可以大于10m，在一个观测孔中可多点同时量测。流体压力式和开口式量测误差较高，各自还有其他限制。

18.3.27 孔隙水压力测点布设应符合下列规定：
1 浅埋隧道监测钻孔宜在隧道开挖线外，监测孔数量宜不少于3个。
2 垂直方向测点应根据应力分布特点和地层结构布设。
3 多个测点的测点间距宜为2~5m。

4 需要测定孔隙水压力等值线时，应加密测试孔，同一高程上测点的埋设高差宜小于 0.5m。

条文说明

监测孔数量不能太少，否则在代表性和稳定性方面会有问题，本条给出了不少于 3 个的规定，实际上应该根据工程的需要选择。垂直方向测点间距给出 2 ~ 5m 的规定，主要是考虑隧道高度较小，在考虑降水对周围建（构）筑物的影响时，可适当放宽。

18.3.28 孔隙水压力计埋设应符合下列规定：

1 孔隙水压力计周围应回填透水填料，透水填料宜选用干净的中粗砂、砾砂或粒径小于 10mm 的碎石，高度宜为 0.6 ~ 1.0m。

2 同一钻孔内两个孔隙水压力计间应设高度不小于 1.0m 的隔水层，隔水层可选用风干黏土球。

3 监测孔口应用隔水填料填实封严。

18.3.29 孔隙水压力监测工作应符合下列规定：

1 监测初始值应稳定、准确，测点布设后，每天应定时量测，连续 3 天读数差不大于 2kPa 时，可取平均值或中值作为初始值。

2 水压力上升时，应逐日监测。

3 水压力大于或等于控制标准的 85% 时，应跟踪监测。

4 水压力消散期间，可根据工程要求和消散规律选择观测频率。

条文说明

1 监测刚开始时，测试值一般不太稳定，所以给出了本条第 1 款的规定。

18.3.30 应及时处理分析孔隙水压力监测数据，绘制水压力在垂直、水平方向上随时间变化的曲线图，预测作用在结构上的最大孔隙水压力，判定结构的安全状态。

18.4 有害气体监测

18.4.1 隧道施工应进行有害气体监测。

18.4.2 含甲烷等爆炸性气体的天然气、石油气、沼气、瓦斯等有害气体监测应由专业监测单位实施。

18.4.3 有害气体监测前应编制专项监测方案。

18.4.4 应定期编制监测报告提交相关部门，监测报告主要应包括施工情况、监测方法、监测数据、有害气体分析、工作环境危险性评价、对人身健康危害情况、应对措施及施工建议等内容。有害气体超标时应及时报告。

18.4.5 高海拔隧道或长、特长隧道应不定期抽样监测隧道内空气中的氧气（O_2）含量及一氧化碳（CO）、二氧化碳（CO_2）、氮氧化物（NO_x）等有害气体和粉尘含量。

18.5 建（构）筑物监测

18.5.1 应根据设计要求和工程需要对隧道施工影响范围内周边建（构）筑物进行监测。

条文说明

目前，与既有建（构）筑物接近或相交的隧道越来越多，其穿越方式主要有上穿、下穿和侧穿三种基本情况，隧道施工对周边建（构）筑物的影响已成为监测的一个重要构成部分。

以新建隧道穿越既有隧道为例，新建隧道对既有隧道的影响取决于二者的间隔、相对高度的位置关系、新建隧道的大小、新建隧道的施工方法、地形和地质条件及既有隧道的现状等有关因素。

18.5.2 建（构）筑物监测主要应包括沉降监测、倾斜监测、裂缝监测及振动监测等内容。

18.5.3 建（构）筑物沉降监测等级、适用范围、测量方法、量测精度及技术应符合表18.5.3规定。

表 18.5.3 沉降监测精度要求

监测等级	测点的高程误差（mm）	相邻测点高程中误差（mm）	适 用 范 围	使用仪器、观测方法及主要技术要求
I	±0.3	±0.1	线路沿线变形特别敏感的超高层、高耸建筑、精密工程设施、重要古建筑物、重要桥梁、管线和运营中铁路等	精度不低于 DS05 水准仪，按国家一等水准测量技术要求作业，其观测限差宜按上述规定的 1/2 要求
II	±0.5	±0.3	线路沿线变形比较敏感的高层建（构）筑物、桥梁、管线	精度不低于 DS05 水准仪，按国家一等水准测量技术要求作业
III	±1.0	±0.5	线路沿线的一般多层建（构）筑物、桥梁、地表、管线等	精度不低于 DS1 水准仪，按国家二等水准测量技术要求作业

条文说明

沉降监测的等级划分、适用范围、测量方法及技术要求等是参照《工程测量规范》（GB 50026—2007）、《建筑变形测量规范》（JGJ 8—2016）等的规范制定的。

18.5.4 建（构）筑物沉降测点的位置和数量应根据工程地质和水文地质条件、建（构）筑物的体型特征、基础形式、结构种类、建（构）筑物的重要程度及其与隧道的距离等因素综合考虑，并应符合下列规定：

1 一般建筑（构）物的测点可埋设在建（构）筑物四角（拐角）及其中部位置。

2 高层、高耸建（构）筑物的测点宜设在沿周边与基础轴线相交的对称位置，且不宜少于4个测点。

3 桥梁工程测点应布设在墩台、盖梁和梁板等结构上。

条文说明

沉降测点的位置和数量需要综合考虑建（构）筑物的体型特征、基础形式、结构种类以及地质条件等因素。

为了能够反映建（构）筑物沉降特征和便于分析，除高耸建（构）筑物外，一般建（构）筑物的沉降监测测点通常可埋设在建（构）筑物的四角（拐点）和中间部位；沿外墙每10～15m处或每隔2～3根柱基上；高低悬殊或新旧建（构）筑物连接处、伸缩缝、沉降缝和不同埋深基础的两侧；框架（排架）结构的主要柱基或纵横轴线上。对于受堆荷和振动显著的部位，基础下有暗沟、防空洞等部位也需要布置测点。以上测点的布设数量需要根据建（构）筑物的重要程度、其与隧道的距离以及穿越方式等因素确定。

18.5.5 重要的高层、高耸建（构）筑物、桥墩或有特殊要求的建（构）筑物应进行倾斜监测。

条文说明

建（构）筑物倾斜监测测定建（构）筑物顶部监测点相对于底部固定点或上层相对于下层监测点的倾斜度、倾斜方向和倾斜速率。对于高层或高耸建（构）筑物，可采用全站仪或经纬仪进行监测；对于刚性建（构）筑物，可采用基础附近的差异沉降值来间接推算倾斜值。对于进行倾斜监测的建（构）筑物，原则上每栋最少布置两组倾斜测点（每组2个），具体测点数目视现场情况而定。

当从建（构）筑物的外观监测主体倾斜时，可选用全站仪或经纬仪运用投点法进行监测，即监测时在底部监测点位置安置水平读数尺等量测设施，在每测站安置全站仪或经纬仪投影时，按正倒镜法测出每对上下监测点标志间的水平位移分量，再按矢量相加法求得水平位移值（倾斜量）和位移方向（倾斜方向）。

18.5.6 建（构）筑物倾斜监测应符合下列规定：

1 刚性建（构）筑物可采用高精度水准仪监测，测点应设在基础或周边，通过计算差异沉降确定倾斜值，精度应符合本规范第18.5.3条的规定。

2 采用全站仪进行倾斜监测时，可在建（构）筑物底部测点位置安置水平读数尺等量测设施。每个测站安置全站仪投影时，应按正倒镜法测出每对上下测点标志间的水平位移量，再按矢量相加法求得水平位移值（倾斜量）和位移方向（倾斜方向）。监测仪器精度应不低于±2″。

18.5.7 建（构）筑物沉降和倾斜监测频率应符合表18.5.7的规定。变形敏感或有特殊要求的建（构）筑物，应取较高频率或进行实时监测。出现异常情况时，应增大监测频率。

表18.5.7 建（构）筑物沉降和倾斜监测频率

开挖面到周边建（构）筑物前后的距离 L（m）	量测频率
$L \leq 2.5b$	1~2次/d
$2.5b < L \leq 5b$	1次/2d
$L > 5b$	1次/（3~7）d

18.5.8 建（构）筑物裂缝监测应符合下列规定：

1 裂缝监测前应测定建（构）筑物上的裂缝分布位置和裂缝的走向、长度、宽度、深度情况。

2 数量少且易量测的裂缝可采用小钢尺、游标卡尺或读数显微镜等工具；大面积或不便于人工量测的裂缝宜采用交会测量或近景摄影测量的方法；裂缝连续变化可采用测缝计、裂缝观测仪或传感器自动测记的方法。

3 裂缝宽度宜精确至0.1mm，每次观测应绘出裂缝的位置、形态和尺寸，注明日期，并拍摄裂缝照片。

4 裂缝量测频率可按本规范第18.5.7条执行，当两次观测期间裂缝宽度发展大于0.1mm时，应加大量测频率。

条文说明

建（构）筑物的一般裂缝采用直接观测法，根据裂缝的分布位置、走向、长度、宽度、深度等参数和建（构）筑物的重要程度决定观测数量，并将裂缝进行编号，每条裂缝需要至少布设两组观测标志，其中一组需要在裂缝的最宽处，另一组需要在裂缝的末端。每组需要使用两个对应的标志，分别设在裂缝的两侧。长期监测时，可采用镶嵌或埋入墙面的金属标志、金属杆标志或楔形板标志；短期观测时，可采用油漆平行线或用建筑胶粘贴的金属片标志。

对于数量少、量测方便的裂缝，可根据标志形式的不同分别采用比例尺、小钢尺或游标卡尺等工具定期量出标志间距离求得裂缝变化值，或用方格网板定期读取"坐标差"计算裂缝变化值；对于大面积且不便于人工量测的众多裂缝宜采用交会测量或近景摄影测量的方法；需要连续监测裂缝变化时，可采用测缝计或传感自动测记的方法观测。

建（构）筑物裂缝监测需要定人定时进行观测，量测频率按控制两次观测期间裂缝宽度发展不大于0.1mm及裂缝所处位置而定，出现异常情况时需要适当增大。

裂缝监测需要提交如下图表：

（1）裂缝位置分布图；

（2）裂缝观测成果表；

（3）裂缝变化曲线图。

18.5.9 实施地下管线监测前，应对隧道施工影响范围内的重要地下管线进行实地调查，重点应了解有压管线的结构、材料和雨污水管的结构和渗漏状况，并应编写管线调查报告。

条文说明

对于有地下管线周围的地层，可采用地质雷达或其他物探仪器进行重点探测，必要时可采用地面和洞内探孔的手段进行直接探测。

18.5.10 地下管线监测应以输油、输气、输水等有压管线以及抗变形能力差、易于渗漏的排水管为重点监测对象，主要应包括沉降、水平位移及接头的渗漏等监测内容。

18.5.11 地下管线监测测点宜布置在管线接头处，位移变化敏感部位的测点应沿管线延伸方向每5～15m布置一个，达不到上述条件时，宜在管线上方埋设地表桩间接监测。

18.5.12 地下管线沉降监测应符合本规范表18.5.3的规定。

18.5.13 应根据设计要求和工程需要对受爆破影响的建（构）筑物及设施进行振动监测。

18.5.14 爆破作业前应进行现场调查并明确监测对象，编制爆破振动监测方案。

18.5.15 爆破振动监测现场调查主要应包括下列内容：

1 周围建（构）筑物的位置、形状、尺寸、结构形式、抗震强度、竣工年代等。

2 在建工程结构的形状、大小、结构形式、距离、抗震要求等。

3 有特殊要求的设施数量、规模、性能、状态、安装情况、减震设置、振动速度限制及其他要求。

4 震波传至监测对象所经过介质的种类、物理性质、构造、同一介质穿过的距离等。

18.5.16 爆破振动监测对象主要应包括下列内容：

1 受爆破振动影响的周边建（构）筑物。

2 受爆破振动影响正在施工的工程结构。

3 其他有特殊要求的设施。

条文说明

3 其他有特殊要求的设施包括：敏感仪器、设备、人文景观、自然景观、核设施等，它们一般会有严格的振动限制要求。

18.5.17 爆破振动监测应监测震源到达监测对象位置时的振动速度，有特殊要求的尚应监测振动加速度、振幅、频率等。

条文说明

测振动速度的 x、y、z 三个方向分量，然后矢量合成，得到振动速度。

18.5.18 爆破振动监测仪器宜采用具有自动记录功能的爆破测震仪。

条文说明

爆破测震仪也叫测振仪、爆破振动记录仪。

18.5.19 爆破振动监测测点应多点布置，位置应设在监测对象震速最大、结构最薄弱、距离震源最近等部位。

18.5.20 爆破振动监测传感器应与监测对象紧贴，结合牢固。

18.5.21 爆破振动安全允许标准应符合表 18.5.21 的规定。

表 18.5.21　爆破振动安全允许标准

序号	保护对象类别		安全允许质点振动速度（cm/s）		
			$f\leqslant10Hz$	$10Hz<f\leqslant50Hz$	$f>50Hz$
1	土窑洞、土坯房、毛石房屋		0.15 ~ 0.45	0.45 ~ 0.9	0.9 ~ 1.5
2	一般民用建筑物		1.5 ~ 2.0	2.0 ~ 2.5	2.5 ~ 3.0
3	工业和商业建筑物		2.5 ~ 3.5	3.5 ~ 4.5	4.5 ~ 5.0
4	一般古建筑与古迹		0.1 ~ 0.2	0.2 ~ 0.3	0.3 ~ 0.5
5	运行中的水电站及发电厂中心控制室设备		0.5 ~ 0.6	0.6 ~ 0.7	0.7 ~ 0.9
6	水工隧洞		7 ~ 8	8 ~ 10	10 ~ 15
7	交通隧道		10 ~ 12	12 ~ 15	15 ~ 20
8	矿山巷道		15 ~ 18	18 ~ 25	20 ~ 30
9	永久性岩石高边坡		5 ~ 9	8 ~ 12	10 ~ 15
10	新浇大体积混凝土	龄期：初凝 ~ 3d	1.5 ~ 2.0	2.0 ~ 2.5	2.5 ~ 3.0
		龄期：3 ~ 7d	3.0 ~ 4.0	4.0 ~ 5.0	5.0 ~ 7.0
		龄期：7 ~ 28d	7.0 ~ 8.0	8.0 ~ 10.0	10.0 ~ 12

注：1. 表列频率为主振频率，系指最大振幅所对应波的频率。
　　2. 频率范围可根据类似工程或现场实测波形选取。选取频率时也可参考下列数据：露天浅孔爆破在 40 ~ 100Hz 之间；地下深孔爆破在 30 ~ 100Hz 之间；地下浅孔爆破在 60 ~ 300Hz 之间。

18.5.22 爆破振动监测应及时处理监测数据，建立距离、药量、振动速度关系回归曲线，并与控制标准比较，提出优化爆破设计建议。

18.6 监控量测数据处理与应用

18.6.1 监控量测应及时进行数据整理和数据分析，并绘制监控量测数据时态曲线和距开挖面距离变化曲线图；应绘制地表下沉值沿隧道纵向和横向变化量和变化速率曲线。

18.6.2 监控量测数据整理、分析与反馈应符合下列规定：
　　1 对初期的时态曲线应进行回归分析，预测可能出现的最大值和变化速度，掌握位置变化的规律。
　　2 数据异常时，应及时分析原因，提出对策和建议，并及时反馈有关单位。
　　3 信息反馈程序可按图 18.6.2 组织。

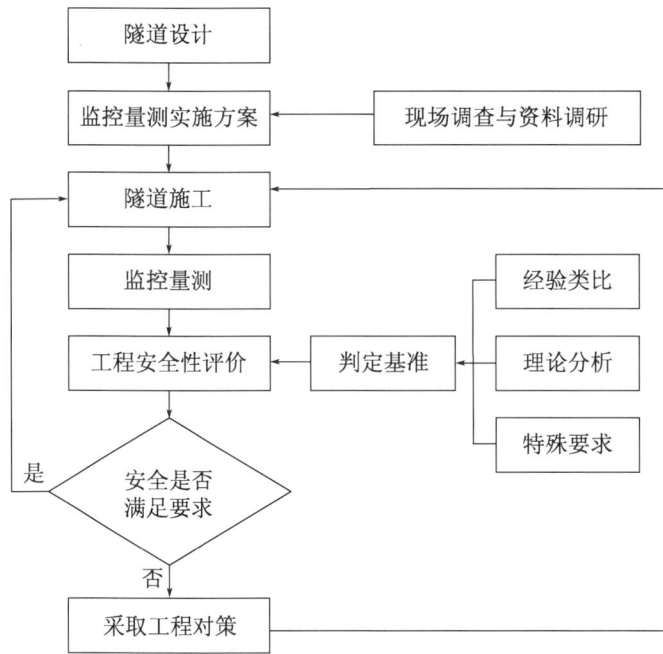

图 18.6.2　信息反馈程序框图

条文说明

1　由于量测的偶然误差所造成的离散性，绘制的散点图总是上下波动和不规则的，因此要进行数字处理才能获得合理的典型曲线，并以相应数字公式进行描述。回归分析是处理测读数据、最终绘制典型曲线（图18-7）的一种较好方法。

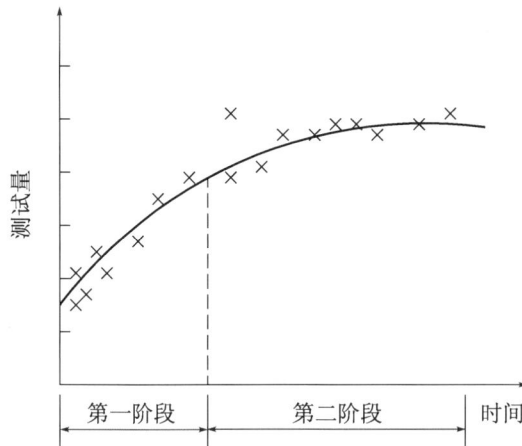

图 18-7　测试典型曲线

回归分析是对一系列具有内在规律的测试数据进行处理，通过处理和计算得到两个变量之间的函数式关系。用这个函数式做出的曲线能代表测试数据的散点分布，并能推算出因变量的极限值。

采用回归分析时，测试数据散点分布规律，可以选用下列之一函数式关系：

（1）对数函数，例如：

$$u = a + b\ln(1 + t) \tag{18-5}$$

$$u = a \cdot \ln\left(\frac{b + t}{b + t_0}\right) \tag{18-6}$$

（2）指数函数，例如：

$$u = a \cdot e^{-b/t} \tag{18-7}$$

$$u = a \cdot (e^{-bt_0} - e^{-bT}) \tag{18-8}$$

（3）双曲函数，例如：

$$u = \frac{t}{a + b \cdot t} \tag{18-9}$$

$$u = a \cdot \left[\left(\frac{1}{1 + b \cdot t_0}\right)^2 - \left(\frac{1}{1 + b \cdot T}\right)^2\right] \tag{18-10}$$

式中：u——位移值（mm）；

a、b——回归常数；

t_0——测点初读数时距开挖时的时间（d）；

t——初读数后的时间（d）；

T——量测时距开挖时的时间（d）。

2 在监测过程中，发现数据异常时，需要分析原因，制定对策。位移与时间的正常曲线和反常曲线如图18-8所示。其中反常曲线是指非工序变化所引起的位移急骤增大现象。此时需要加密监视，必要时需要立即停止开挖并进行施工处理。

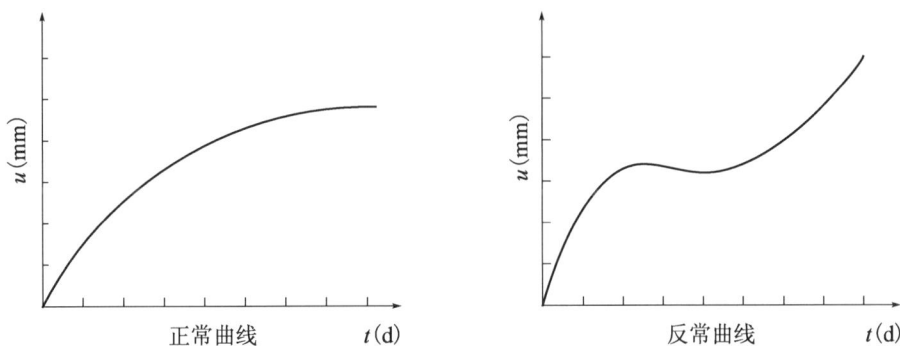

图 18-8　位移与时间关系曲线（正常曲线与反常曲线）

18.6.3　围岩稳定性的综合判别，应根据监控量测结果，按下列指标判定：

1　实测位移值不应大于隧道的极限位移，并按表18.6.3位移管理等级管理。一般情况下，将隧道设计的预留变形量作为极限位移，设计变形量应根据检测结果不断修正。

表 18.6.3　位 移 管 理 等 级

管 理 等 级	管 理 位 移（mm）	施 工 状 态
Ⅲ	$U < (U_0/3)$	可正常施工
Ⅱ	$(U_0/3) \leqslant U \leqslant (2U_0/3)$	应加强支护
Ⅰ	$U > (2U_0/3)$	应采取特殊措施

注：U 为实测位移值；U_0 为设计极限位移值。

2　根据位移速率判断：速率大于1.0mm/d时，围岩处于急剧变形状态，应加强初期支护；速率变化在0.2～1.0mm/d时，应加强观测，做好加固的准备；速率小于0.2mm/d时，围岩达到基本稳定。在高地应力软岩、膨胀岩土、流变蠕变岩土和挤压地层等不良地质和特殊性岩土中，应根据具体情况制定判别标准。

3　根据位移速率变化趋势判断：当围岩位移速率不断下降时，围岩处于稳定状态；当围岩位移速率保持不变时，围岩尚不稳定，应加强支护；当围岩位移速率上升时，围岩处于危险状态，必须立即停止掘进，采取应急措施。

4　初期支护承受的应力、应变、压力实测值与允许值之比大于或等于0.8时，围岩不稳定，应加强初期支护；初期支护承受的应力、应变、压力实测值与允许值之比小于0.8时，围岩处于稳定状态。

条文说明

围岩稳定性判断的方法很多，主要有理论分析法、数值计算法和经验类比法等。采用监控量测的结果进行判断是直观和有效的方法，在施工中要给予高度重视。

1　根据最大位移值来判断：

在隧道开挖过程中，如果隧道的实测最大位移超过极限位移，隧道很可能发生失稳破坏。事实上，由于隧道及地下工程地质条件、环境条件、开发方式、支护形式复杂多变，极限位移的精确确定是十分困难的，因此采用实测最大位移和极限位移就比较难以操作。一般情况下，设计图纸或有关规范给出了隧道初期支护的预留变形量，为了确保围岩和初期支护不侵入二次衬砌空间，并保证二次衬砌以后，隧道建筑限界准确，可将隧道的设计预留变形量作为极限位移进行控制。同时，设计预留变形量需要根据前期的量测成果，在施工过程中不断修正。表18.6.3位移管理等级表中以2/3极限位移作为施工管理控制标准的上限，是从预留补强空间及确保施工安全角度考虑的。

2　根据位移变化速率判断：

通过国内下坑、金家岩、大瑶山、军都山、云台山、五指山、圆梁山等几十座隧道的位移观测表明变形速率是由大变小的递减过程，变形时程曲线可分为三个阶段：

（1）变形急剧增长阶段：变形速率大于1.0mm/d；

（2）变形缓慢增长阶段：变形速率1～0.2mm/d；

（3）基本稳定阶段：变形速率小于0.2mm/d。

上述变形速率标准是针对一般隧道净空变形和拱顶下沉量测，对于高地应力、岩溶、膨胀性、挤压性围岩、软弱大变形围岩等，需要根据具体情况制定专门标准进行判定。

3　根据位移速率变化趋势来判断：

由于岩体的流变特性，岩体破坏前变形时程曲线可分为三个阶段：

（1）基本稳定区：主要标志为位移速率逐渐下降，即$\frac{d^2u}{dt^2}<0$，表明围岩处于稳定状态。

（2）过渡区：位移速率保持不变，即 $\dfrac{d^2u}{dt^2}=0$，表明围岩向不稳定状态发展，需发出警告，加强支护系统。

（3）破坏区：位移速率逐渐增大，即 $\dfrac{d^2u}{dt^2}>0$，表明围岩进入危险状态，要立即停止施工，采取有效手段，控制其变形。

表 18.6.3 在《公路隧道施工技术规范》（JTG/T F60—2009）的基础上，参考《铁路隧道监控量测技术规程》（Q/CR 9218—2015）确定。

18.6.4 隧道信息化施工基本流程可按图 18.6.4 实施。

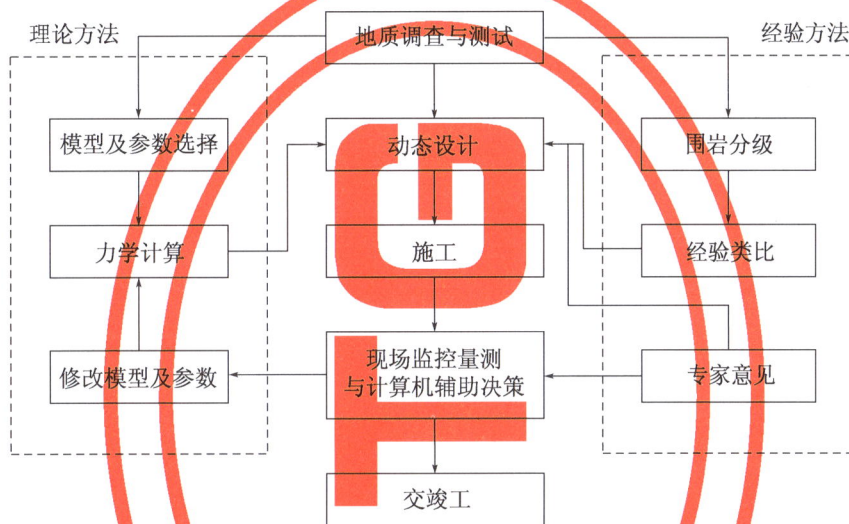

图 18.6.4　隧道信息化施工基本流程图

条文说明

　　隧道信息化设计施工是指在隧道施工过程中布置监控测试系统，对支护结构位移、收敛、应力等进行监测，从中获得围岩稳定性及支护结构的工作状态信息，通过分析反馈与决策，优化开挖和支护设计。

　　由于隧道工程的特殊性和复杂性，采用信息化施工可在一定程度上克服地质资料不详细，特别是在地质情况复杂，工程质量要求高的隧道中，这种施工思路既可做到安全施工，也可带来经济效益和社会效益。

18.6.5 监控量测资料整理应包括下列内容，并纳入交竣工文件：

1　现场监控量测计划。

2　实际测点布置图。

3　围岩和支护位移-时间曲线图、空间关系曲线图，以及监控量测记录汇总表。

4 变更设计和改变施工方法地段的信息反馈记录。
5 现场监控量测说明。

条文说明

将量测资料列入竣工文件，是为隧道的施工积累资料，为其他类似工程设计和施工提供依据，并为运营管理服务。

19 超前地质预报

19.1 一般规定

19.1.1 跟踪地质调查与超前地质预报，应达到下列主要目的：

1 在施工前期地质勘察成果的基础上，进一步查明掌子面前方一定范围内围岩的地质条件，进而预测前方不良地质以及隐伏的重大地质问题。

2 为信息化设计和施工提供依据。

3 为降低地质灾害发生风险提供预警。

4 为编制交竣工文件提供地质资料。

条文说明

通过超前地质预报工作，可以及时掌握和反馈隧道地质条件信息，调整和优化隧道设计参数、防护措施，为优化隧道施工组织、制定施工安全应急预案、控制工程变更设计提供依据。做好隧道超前地质预报工作，可以为各类突发地质灾害发生提供预警，以便采取积极措施，降低地质灾害发生概率，实现隧道工程安全、质量、工期、环境和投资控制目标，将直接或间接地创造巨大的经济效益和社会效益。

19.1.2 隧道超前地质预报应以地质分析为基础，运用地质调查与物探相结合、长短探测相结合、洞内与洞外相结合、物探与钻探相结合、超前导洞与主洞探测相结合、地质构造探测与水文探测相结合的综合预报方法，并相互验证。

19.1.3 隧道施工前应根据区域地质资料和设计文件的地勘资料，编制超前地质预报方案和实施细则，报批后实施。

19.1.4 隧道超前地质预报应包括下列主要内容：

1 地层岩性预报，特别是对软弱夹层、破碎地层、煤层及特殊性岩土的岩性预报。

2 地质构造预报，特别是对断层、节理裂隙密集带、褶皱等影响岩体完整性的构造发育情况的预报。

3 不良地质预报，特别是对岩溶、人为坑洞、瓦斯等发育情况的预报。

4 地下水预报，特别是对岩溶管道水以及富水断层、富水褶皱轴、富水地层中的裂隙水等发育情况的预报。

19.1.5 超前地质预报按预报距离可分为 3 类，见表 19.1.5。

表 19.1.5 超前地质预报按预报距离分类

按预报长度分类	预报长度 L（m）	说　　明
短距离预报	$L < 30$	可采用地质调查法、地质雷达法及超前钻探法等
中距离预报	$30 \leq L < 100$	可采用地质调查法、弹性波反射法及超前钻探法等
长距离预报	$L \geq 100$	可采用地质调查法、弹性波反射法及超前钻探法等

19.1.6 应根据隧道工程地质与水文地质条件和复杂程度、地质因素对隧道施工影响程度、诱发环境问题程度等，针对不同类型地质问题，按本规范附录 G 选择不同方法和手段，分段、分级进行超前地质预测预报。

条文说明

目前在隧道施工期间采用的超前地质预报方法从专业技术方面可分为常规地质法和物探法两大类，对于复杂地质地段，要坚持地质方法与物探方法相结合。

（1）地质分析法，包括断层参数预测法、地质体投射法、掌子面编录预测法。

①断层参数预测法，利用断层影响带内的特殊节理和其集中带有规律分布的特点，经采用大量断层影响带系统编录得出的经验公式，预报隧道断层破碎带的位置和规模。由于大多数不良地质（溶洞、暗河、岩溶陷落柱、淤泥带等）与断层破碎带有密切的关系，按地质学原理，依据断层破碎带推断不良地质体的位置和规模。

②地质体投射法，在地表准确鉴别不良地质体的性质、位置、规模和岩体质量及精确测量不良地质体产状的基础上，应用地质界面和地质体投射公式进行超前地质预报。

③掌子面编录预测法，又称地质素描法，包括岩层岩性和层位预测法、地质体延伸预测法。岩层岩性和层位预测法：在掌子面和隧道两壁出露的岩层与地表某段岩层为同一和确认标志层的前提下，用地表岩层的层序预报掌子面前方将要出现的岩层。地质体延伸预测法：在长期超前地质预报得出的不良地质体厚度的基础上，依据掌子面已揭露的不良地质体的产状和单壁始见的位置，经过一系列的三角函数运算，求得条状不良地质体在隧道掌子面前方消失的位置。

（2）电磁波法，如地质雷达法。

①根据探测目的选择仪器，并根据预测深度的要求选用工作参数。

②根据探测控制范围和精度确定测线长度和密度。在掌子面布置不少于 2 条水平测线，有条件可布置竖直向测线。

③一般进行连续扫描探测或单点探测。

④减小掌子面表面起伏变化对探测图像或波形曲线的影响。

（3）地震波反射法。

①在隧道现场，根据设计的观测系统，确定所有接收点和炮点的位置，并设置相应的标识。

②钻孔。

a. 在隧道边墙一侧布置激发孔，同时在隧道边墙两侧布置接收孔，并按设计的规定（位置、深度、孔深、倾角等）钻孔。

b. 一般情况下，钻孔位置不应偏离设定的位置；特殊情况下，以设定的位置为圆心，可在半径0.2m的范围内移位。

c. 孔身需要平直顺畅，能确保耦合剂、套管或炸药放置到位。

d. 在不稳定的岩层中钻炮孔时，可采用外径与孔径相匹配的薄塑料管或PVC管插入钻孔，防止坍塌。

③安装套管。

a. 用环氧树脂、锚固剂或者加特殊成分的不收缩水泥砂浆作为耦合剂，安装接收器套管。

b. 用电子倾角测量仪测量接收器的几何参数，并做好记录。

④激发及装填炸药。

a. 激发所用雷管使用瞬发电雷管。

b. 装填炸药前，用电子倾角测量仪和钢卷尺测定炮孔的倾角和深度，并做好记录。

c. 炸药量的大小通过试验确定。

d. 用装药杆将炸药卷装入炮孔的最底部。

e. 在激发前，炮孔用水泥或其他介质充填，封住炮口，确保激发能量绝大部分在地层中传播。

⑤仪器安装与测试。

a. 用清洁杆清洗套管内部。

b. 将接收单元插入套管，确保接收器的方向正确。

c. 采集信号前对接收器和记录单元的噪声进行测试。

⑥数据采集。

a. 设置采集参数：采集参数主要包括采样间隔、采样数、传感器分量（用 X、Y、Z 三分量接收）以及接收器。

b. 噪声检查：数据采集前，对仪器本身及环境的噪声进行检测。

c. 数据记录：放炮时，准确填写隧道内记录，在放炮过程中需要采用炮序号递增或递减的方式进行，确保炮点号正确。

⑦采集信号过程存在下列缺陷之一时，信号采集质量不合格。

a. 隧道内信号采集记录填写混乱，记录序号（放炮序号）与炮孔号对应关系不清。

b. 采用非瞬发电雷管激发，或者初至波时间出现无规律波动（延迟）。

c. 连续2炮以上（含2炮）记录不合格或空炮，或者存在相邻的不合格记录和空炮。

    d. 空炮率大于 15%。

（4）陆地声呐探测

①在掌子面布置两条水平测线和一条垂直测线。

②检波器用黄油与岩面耦合。

③探测时避免施工机械噪声的干扰。

（5）超前钻探法，可用于探测前方 30m 以内的工程地质水文地质。

①根据对掌子面前方不良地质体的控制密度和精度确定钻孔数量。

②根据地质目标体可能发育的位置、方位确定钻孔位置。

③根据所探测目标的方位或产状确定钻孔方位、倾斜角度。

④根据钻孔取芯的要求确定钻孔直径。

⑤根据待查明地质体深度和对掌子面前方地段的控制长度确定钻孔深度。

⑥当超前钻孔揭示不良地质体后，适当加密探测点，精细探测，以查清不良地质体规模及特征。

19.1.7 施工过程中应将开挖揭露的地质情况与多方法超前地质预测预报对比印证，提高预报准确率和精度，动态调整超前地质预测预报分级、方法、手段。

19.1.8 隧道超前地质预报应由具有相关经验的单位实施，实施单位应根据预报方案和合同规定配备专业人员和仪器设备，仪器设备的性能、精度及效率应能满足预报和工期的要求。

条文说明

超前地质预报的效果与设备、技术人员密切相关，专业性非常强，由具有丰富经验、人员设备齐全的专业机构实施，才能起到应有的作用。

19.1.9 超前地质预报相关各方应协调一致、相互配合，信息传递顺畅、反馈及时、决策处理迅速。

19.1.10 地质预报结论应有书面报告，并及时报送相关单位，所有预报资料应存档备查。

19.1.11 超前地质预报结果有异常情况时应及时通知相关单位，并采取多种超前探测手段，详细查明。

19.1.12 超前地质预报应进行实际地质状况与设计的对比分析，总结经验教训，不断提高隧道工程地质勘察质量。

19.1.13 隧道超前地质预报可按图 19.1.13 所示的工作程序进行。

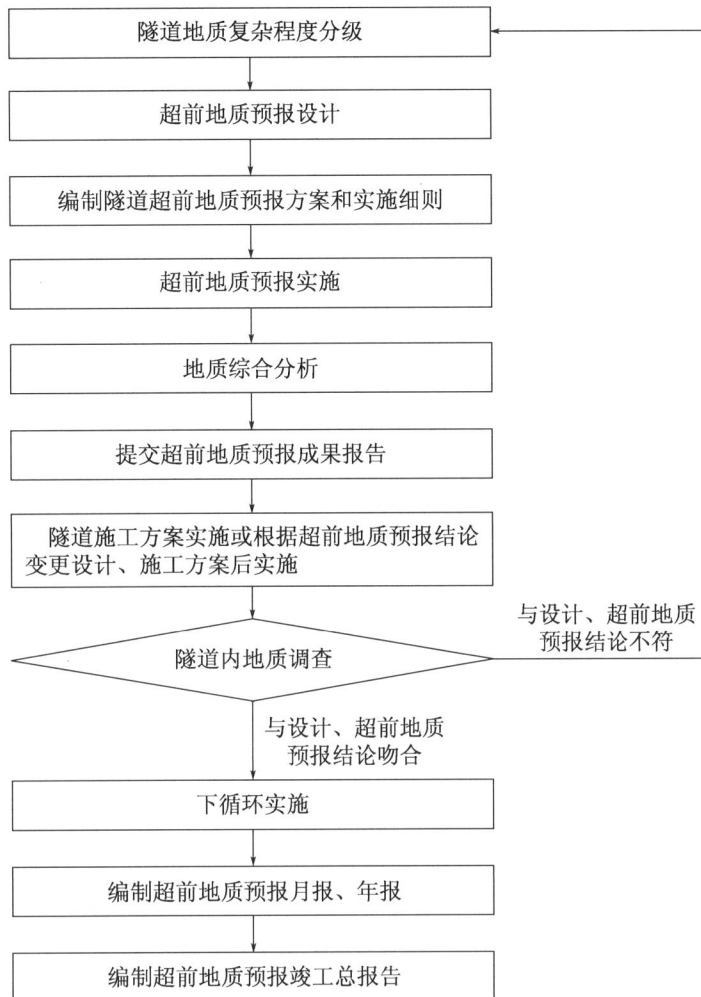

```
┌─────────────────────────┐
│    隧道地质复杂程度分级    │◄──────────┐
└────────────┬────────────┘           │
┌────────────┴────────────┐           │
│      超前地质预报设计      │           │
└────────────┬────────────┘           │
┌────────────┴────────────┐           │
│ 编制隧道超前地质预报方案和实施细则 │    │
└────────────┬────────────┘           │
┌────────────┴────────────┐           │
│      超前地质预报实施      │           │
└────────────┬────────────┘           │
┌────────────┴────────────┐           │
│       地质综合分析        │           │
└────────────┬────────────┘           │
┌────────────┴────────────┐           │
│    提交超前地质预报成果报告  │          │
└────────────┬────────────┘           │
┌────────────┴────────────┐           │
│ 隧道施工方案实施或根据超前地质预报结论 │ │
│   变更设计、施工方案后实施   │          │
└────────────┬────────────┘           │
            ◇                    与设计、超前地质
      隧道内地质调查 ──────────► 预报结论不符
            │
      与设计、超前地质
      预报结论吻合
┌────────────┴────────────┐
│        下循环实施         │
└────────────┬────────────┘
┌────────────┴────────────┐
│   编制超前地质预报月报、年报  │
└────────────┬────────────┘
┌────────────┴────────────┐
│  编制超前地质预报竣工总报告   │
└─────────────────────────┘
```

图 19.1.13　隧道超前地质预报工作程序

19.2　地质调查法

19.2.1　地质调查法应包括隧道地表补充地质调查和隧道内地质素描，可适用于各种地质条件下的隧道超前地质预报。

条文说明

　　地质调查法不占用开挖工作面施工时间、不干扰施工、设备简单、操作方便，提交资料及时，可随时掌握隧道开挖工作面的地层、岩性、地质构造、地下水等地质条件的变化，是隧道施工过程中的地质工作，是隧道工程全过程地质工作的重要一环，是隧道超前地质预报的基础工作。它不仅是一种地质预报手段，而且可以补充和完善隧道设计地质资料，也便于施工与设计资料进行对比，积累经验，同时也是竣工资料的一部分，更为隧道运营阶段隧道病害整治提供完整的隧道地质资料。

19.2.2 地表补充地质调查应在隧道内实施超前地质预报前进行，并在洞内超前地质预报实施过程中根据需要及时补充修正。

19.2.3 隧道内地质素描应包括掌子面地质素描、洞身地质素描，掌子面地质素描见本规范附录 C。

19.2.4 地质调查法应开展地层分界线、构造线的地下和地表相关性分析、地质作图等工作。

19.3 物探法

19.3.1 地质条件复杂的隧道和存在多种干扰因素的隧道，应根据被探测对象的物性条件开展综合物探，并与其他探测方法相互配合，对所测得的物探资料进行综合分析。

条文说明

　　物探法适用范围广、方法多、设备轻便、效率高，是超前地质预报的重要手段。但各种物探方法都有一定的应用条件，其装置的选择、测线的布置、采集的数据质量和资料的处理与解释都直接关系到物探的效果，因此需合理的使用。

　　探测的对象具有多种物理性质，根据与相邻介质的不同物性差异选择两种或两种以上有效的物探方法，通过综合物探可利用探测对象的多种物性特征研究其空间形态，相互补充、相互印证可以减少物探的多解性，取得好的物探效果。因此，对于地质条件复杂的隧道采用综合物探，并结合其他探测资料综合分析。

19.3.2 物探仪器及附属设备应满足性能稳定、结构合理、构件牢固可靠、防潮、抗震和绝缘性良好等要求。仪器应定期保养和比对检校。

19.3.3 弹性波反射法可适用于划分地层界线、查找地质构造、探测不良地质体的厚度和范围，应符合下列规定：

　　1　下列情况可选择弹性波反射法：

　　1）探测对象与相邻介质存在较明显的波阻抗差异并具有可被探测的规模。

　　2）断层或岩性界面的倾角、构造走向与隧道轴线的夹角有利于弹性波的反射和接收。

　　2　数据采集时应减少隧道内其他震源振动产生的地震波、声波干扰，采取压制地震波、声波干扰的措施。

　　3　地震波反射法与地震反射负视速度法可长距离预报具有一定规模的溶洞、洞穴和断层破碎带、软硬岩接触带等。软弱破碎地层或岩溶发育区的有效探测距离宜取100m 左右，不宜超过 150m；岩体完整的硬岩地层的有效探测距离宜取 150～180m，不宜超过200m。

4　水平声波剖面法可中距离预报断层破碎带、洞穴、采空区等。软弱破碎地层或岩溶发育区的有效探测距离宜取20～50m，不宜超过70m；岩体完整的硬岩地层的有效探测距离宜取50～70m，不宜超过100m。

5　连续预报时前后两次应重叠10m以上。

6　隧道位于曲线时，宜缩短预报距离。

条文说明

弹性波反射法是利用人工激发的地震波、声波在不均匀地质体中所产生的反射波特征来预报隧道开挖工作面前方地质情况的一种物探方法，它包括地震波反射法、水平声波剖面法、负视速度法和陆地声呐法等方法。

1　探测对象的体积和规模足够大，产生的异常才能被现有仪器所接收。

3　随着预报距离的增大，地质异常体的位置和宽度误差也在增大，所以预报距离需在合理的范围内。

6　隧道处于曲线上时，随预报距离加长产生的偏差增大。

19.3.4　地质雷达法可适用于岩溶、采空区、空洞、断层破碎带、软弱夹层等不均匀地质体的探测，应符合下列规定：

1　探测目标体与周边介质之间存在明显介电常数差异，电磁波反射信号明显，且探测目标体具有足以被探测的规模时，可选择地质雷达法。

2　探测区域不应有较强的电磁波干扰；现场探测时应清除或避开测线附近的金属等电磁干扰物，不能清除或避开时，应在记录中注明，并标记出位置。

3　坚硬岩层的有效探测距离宜取20～30m；泥质和软弱破碎地层、潮湿含水层或岩溶发育区的有效探测距离宜取10～20m，并结合雷达波形判定。

4　连续预报时前后两次宜重叠5m以上。

条文说明

电磁波反射法（地质雷达）是利用电磁波在隧道开挖工作面前方岩体中的传播及反射，根据传播速度和反射脉冲走时进行超前地质预报的一种物探方法。

1　探测体的厚度大于探测天线有效波长的1/4，探测体的宽度或相邻被探测体可以分辨的最小间距大于探测天线有效波第一菲涅尔带半径。

19.3.5　高分辨直流电法应符合下列规定：

1　现场采集数据时，应布设3个以上的发射电极进行空间交汇，区分各种影响，并压制不需要信号，突出隧道前方地质异常体信号。

2　应尽量排除金属物体等导电体、低阻体的干扰。

3 有效探测距离不宜超过80m，连续探测时前后两次宜重叠10m以上。

条文说明

　　高分辨直流电法是以岩石的电性差异（即电阻率差异）为基础，在全空间条件下建立电场，电流通过布置在隧道内的供电电极在围岩中建立起全空间稳定电场，通过研究电场或电磁场的分布规律预报开挖工作面前方储水、导水构造分布和发育情况的一种直流电法探测技术。

19.3.6 物探成果应与地表、洞内地质调查资料、已有地勘资料进行印证，综合分析，形成物探报告。

19.3.7 物探报告应主要包括施工简介、地质概况、物探法、数据采集、数据处理、地质解译、地质评价与建议等内容。

19.4 超前钻探法

19.4.1 富水构造破碎带、富水岩溶发育地段、煤系或油气地层、瓦斯发育区、采空区以及重大物探异常地段和水下隧道应采用超前钻探法预测、预报、评价前方地质情况，包括超前地质钻探、加深炮孔探测及孔内摄影。

条文说明

　　地质超前钻探的主要特点有：
　　（1）比较直观地探明钻孔所经过部位的地层岩性、岩体完整程度、岩溶及地下水发育情况等，必要时需要测试水压、取样、室内试验。与物探方法相比，它具有直观性、客观性，不存在物探手段经常发生的多解性、不确定性。
　　（2）对煤系地层可进行孔内煤与瓦斯参数测定。
　　（3）超前钻探虽直观，但具有"一孔之见"的不足，对断层等面状构造一般不会漏报，但对溶洞有漏报的可能。

19.4.2 超前地质钻探法应结合地质调查和物探报告综合预报，并应符合下列规定：
　　1 宜采用中距离钻探，必要时可采用长距离钻探，连续钻探时前后两次宜重叠5～10m。
　　2 利用加深炮孔进行短距离钻探时，应符合本规范第16.3.3条第3款的规定。
　　3 一般地段可采用冲击钻，复杂地段宜采用回转取芯钻。

条文说明

3 冲击钻不能取芯，但可通过冲击器的响声、钻速及其变化、岩粉、卡钻情况、钻杆震动情况、冲洗液的颜色及流量变化等粗略探明岩性、岩石强度、岩体完整程度、溶洞、暗河及地下水发育情况等。回转取芯钻钻取岩芯，可准确确定地层变化，一般只在特殊地层、特殊目的段需要精确判定的情况下使用。比如煤层取芯及试验、溶洞及断层破碎带物质成分的鉴定、岩土强度试验取芯等。

19.4.3 超前地质钻探孔数、孔位应根据隧道断面大小和地质复杂程度确定，并应符合下列规定：

1 断层、节理裂隙密集区或其他破碎富水地层应布设1~3个孔。

2 富水岩溶发育区每循环宜布设3~5个孔，揭示溶洞边界时宜增加孔数，终孔于隧道开挖轮廓线以外5~8m。

3 富水岩溶发育地段宜采用中、长距离超前钻探，并辅以加深炮孔短距离探测。发现异常情况应结合其他探测手段。

4 采用取芯钻探的钻孔直径应满足取芯、取样和孔内测试要求。

19.4.4 超前钻探工作应符合下列规定：

1 钻探过程中应做好现场记录，包括钻孔位置、开（终）孔时间、孔深、钻进压力、钻进速度随钻孔深度变化情况、冲洗液颜色和流量变化、涌砂、空洞、振动、卡钻位置、突进里程、冲击器声音的变化等。

2 钻探过程中应及时判定岩芯、岩粉，判定岩性，对于断层、溶洞填充物、煤层、代表性岩土等应拍照备查，并选择代表性岩芯整理保存。

3 在富水地段进行超前钻探时必须采取防突措施；测钻孔内水压时，应安装孔口管，连接高压球阀、连接件和压力表，压力表读数稳定一段时间后测得水压。

4 钻探过程中应根据钻孔情况适时调整钻孔角度与深度。

19.4.5 揭穿煤（岩）与瓦斯突出地层前，必须采用超前钻探法准确预测预报煤（岩）与瓦斯突出地层的赋存位置。

19.4.6 超前钻探成果应与地表、洞内地质调查资料、已有地质资料对比印证，综合分析，形成超前地质钻探报告。

19.4.7 超前钻探报告主要应包括施工简介、地质概况、钻孔布置图、钻孔探测结果、测试试验分析报告、钻孔柱状图、代表性岩芯照片和钻孔内涌水的水压、水量、水质等情况、地质评价与建议等内容。

19.5 超前导洞法

19.5.1 超前导洞法可采用平行超前导洞和主洞超前导洞，两座并行隧道可根据先行开挖的隧道预测后开挖隧道的地质条件。

条文说明

超前导洞预报法是以超前导洞中揭示的地质情况，通过地质理论和作图法预报正洞地质条件的方法。超前导洞法分为平行超前导洞法和正洞超前导洞法。线间距较小的两座隧道可以互为平行导洞，以先行开挖的隧道预报后开挖隧道的地质条件。

19.5.2 岩溶发育可能性较大地段，或可能存在人为坑道、采空区地段，可利用超前导洞采用物探、钻探手段横向探测隧道主洞。

19.5.3 应做好超前导洞的地质超前预报与评价工作，并根据超前导洞地质复杂程度，采取地质调查、物探、超前钻探等预报方法。

19.5.4 应根据超前导洞揭示的地质情况对主洞地质条件进行预测预报与地质综合评价，并编制报告，对主洞地质监测方案进行适当调整。

19.6 不良地质预测预报

19.6.1 断层超前预测预报应符合下列规定：

1 断层预报应探查断层的性质、产状、富水情况、在隧道中的分布位置、断层破碎带的规模、物质组成等，并分析其对隧道的危害程度。

2 应以地质调查法为基础，以弹性波反射法为主进行预测预报；富水断层应采用电法、超前地质钻探法和加深炮孔法等手段进行验证。

3 接近规模较大断层前，应结合弹性波反射法、地质调查法、地表与地下相关性分析、断层趋势分析及地质作图等手段预测预报断层的位置和分布范围，确定实施超前地质钻探法和加深炮孔法的范围。开挖掌子面距离高风险断层100m之前，应开始实施超前地质钻探。

4 应注意观测是否存在下列可能的断层前兆：
1）节理组数急剧增加。
2）岩层牵引褶曲的出现。
3）岩石强度的明显降低。
4）压碎岩、碎裂岩、断层角砾岩、断层泥的出现。
5）临近富水断层前断层下盘泥岩、页岩等隔水岩层明显湿化、软化，或出现淋水或其他涌突水现象。

条文说明

断层是隧道开挖过程中常见的、对隧道围岩稳定性影响较大的构造形式之一，是地下水的富集场所和流动通道，灰岩地区岩溶常与其相伴而生，隧道内塌方、突泥突水多与其有关。

根据断层的规模、富水程度及对工程的危害程度决定是否进行超前钻探及钻孔数量、位置、深度等。超前钻探有时只钻一孔即可确定断层的宽度和富水情况等。

根据接近断层时节理组数急剧增加的理论，采用地质素描法确定断层即将揭露的里程；利用开挖工作面素描根据地质作图法判断断层在隧道内的延伸长度，即在哪个里程断层将穿过。

19.6.2 岩溶超前预测预报应符合下列规定：

1 岩溶预报应探查岩溶在隧道内的分布位置、规模、填充情况及岩溶水的发育情况，分析其对隧道的危害程度。

2 应以地质调查法为基础，结合多种物探法进行综合超前地质预测预报。开挖掌子面距离高风险断层100m之前，应开始实施超前地质钻探。

3 岩溶发育区宜进行加深炮孔探测。

4 施工中应注意观测是否存在下列大型溶洞水体或暗河的可能前兆：

1）裂隙、溶隙间出现较多的铁染锈或夹黏土。

2）岩层明显湿化、软化，或出现淋水现象。

3）小溶洞出现的频率增加，且多有水流、河沙或水流痕迹。

4）钻孔中的涌水量剧增，且夹有泥沙或小砾石。

5）有哗哗的流水声。

6）钻孔中有凉风冒出。

条文说明

2 由于岩溶发育的复杂性、隐蔽性、不确定性，岩溶发育的宏观规律理论上可以说清楚，但具体到哪个位置是否发育岩溶、岩溶的规模、填充情况等，目前根据理论还是很难说清楚。根据目前科技发展水平，靠单独一种预报手段是很难满足快速安全施工需要的，故需进行综合超前地质预报。综合超前地质预报方法中包含超前钻探，目前岩溶探测仍是超前地质预报的技术难题，需慎重对待。

19.6.3 煤层瓦斯超前预测预报应符合下列规定：

1 应以地质调查法为基础，以超前地质钻探法为主，结合多种物探法进行综合超前地质预测预报。

2　高瓦斯和煤（岩）与瓦斯突出隧道，应采用物探法初步预判煤层在隧道内的位置；结合弹性波反射法、地质调查法、地表与地下相关性分析、地层趋势分析及地质作图等手段预测预报煤层在隧道内的里程，确定实施超前地质钻探法的范围。开挖掌子面距离煤层 100m 之前，应开始实施超前地质钻探。

3　施工中应注意观测是否存在下列煤（岩）与瓦斯突出的可能前兆：

1）开挖工作面地层压力增大、鼓壁、深部岩层或煤层的破裂声明显、掉渣、支护严重变形。

2）瓦斯浓度突然增大或忽高忽低，工作面温度降低，闷人，有异味等。

3）煤层结构变化明显，层理紊乱，由硬变软，厚度与倾角发生变化，煤由湿变干、光泽暗淡，煤层顶底板出现断裂、波状起伏等。

4）钻孔时有顶钻、夹钻、顶水、喷孔等现象。

5）工作面发出瓦斯强涌出的嘶嘶声，同时带有粉尘。

6）工作面有移动感。

20 隧道路面

20.0.1 长隧道和特长隧道内路面的施工应根据隧道内的施工作业场地、进度要求、作业程序、施工环境等编制单项施工组织设计。

20.0.2 隧道内路面的材料和施工质量要求，应符合现行《公路水泥混凝土路面施工技术细则》（JTG/T F30）、《公路沥青路面施工技术规范》（JTG F40）及《公路工程质量检验评定标准　第一册　土建工程》（JTG F80/1）的有关规定。

条文说明

隧道路面属于永久性工程，补修极为困难。

（1）隧道路面的抗磨耗性、抗滑性、平整度都将影响运营后的车辆通行能力，故施工时需要达到质量要求。

（2）隧道内路面需要具有良好的排水系统，能将路表水尽快排出。由于隧道内的气候条件与隧道外不同，在气温较低的隧道内，水流的积聚会造成路面结冰，会降低行车的安全性。

（3）隧道内光线较暗，需要按设计规定尽可能提高路面亮度，如采用白色水泥，白色碎石等材料。

（4）高寒地区，隧道路面上易形成薄溜冰。为了行车安全，路面需要具有足够的粗糙度。

20.0.3 当隧道内采用水泥混凝土路面而隧道外采用沥青路面时，隧道内外过渡段的各组成层及层间结合施工应按相关的规范执行，并应符合设计规定。

20.0.4 隧道路面施工前，应先进行试验段铺筑，长度宜为 150~200m。

20.0.5 隧道路面应采用满足施工和环水保要求的配套机械设备施工。

20.0.6 隧道路面施工应设置满足施工需要的照明和通信系统。

20.0.7 隧道路面施工过程中，隧道内应保持良好通风，采取防火、防烟措施，制定疏散和消防救援预案。

20.0.8 隧道路面施工宜在排水系统施工完成后进行，施工过程中应注意保护排水设施，防止被堵塞和破坏。

20.0.9 路面施工前，地面应干净、无水。

20.0.10 阻燃沥青混凝土施工应符合下列规定：

1 沥青混凝土阻燃剂的品种和技术指标应符合设计规定，阻燃剂储存应防潮、防曝晒。

2 阻燃剂的用量和添加工艺应根据设计要求和产品说明书，通过试验确定。

3 阻燃沥青混凝土的氧指数和烟密度等级应符合设计规定。

4 阻燃改性沥青储存罐应带有搅拌装置。

5 阻燃沥青混凝土拌和、储存、运输、摊铺碾压的时间和温度控制等工艺参数应根据试验选择，经过试验段验证并在施工时严格执行。

6 加入阻燃剂后沥青混凝土的路用性能指标应符合设计和现行《公路沥青路面施工技术规范》（JTG F40）的规定。

条文说明

阻燃沥青混凝土路面是适合隧道内铺筑柔性路面的一种新技术。需要通过试验路段确定施工配合比。隧道内发生火灾时，短时间内，温度就可以高达800℃以上。虽然沥青是一种难燃物质，但在高温下会燃烧，释放出大量的烟雾和有毒气体。在沥青中掺加无机化合物阻燃剂，高温下无机化合物会吸热发生分解并产生水，可以延缓沥青的高温分解，从而达到阻燃目的并可以抑制烟雾的产生。

（1）阻燃剂的阻燃机理分为三类：

①阻隔热量机理：阻燃剂如氢氧化镁、氢氧化铝、双羟基金属氧化物（LDH）等受热分解，吸收大量的热量，阻断了热量传递链并降低了可燃物表面温度。

②气相阻燃机理：阻燃剂如含氮阻燃剂、含溴阻燃剂（如十溴联苯醚、十溴联苯乙烷、四溴二季戊四醇、溴代聚苯乙烯等）受热释放出大量不可燃气体覆盖在可燃物表面，隔绝了可燃物与氧气的接触并稀释了可燃气体的含量。

③凝固相阻燃机理：阻燃剂如含磷阻燃剂、硼酸锌、含氮阻燃剂等受热时在可燃物表面形成不可燃的碳化膜或玻璃状膜，隔绝氧气和可燃物的接触。

（2）常用的沥青阻燃剂有卤系阻燃剂及其协效剂、镁铝阻燃剂、硼酸锌及消烟剂。

①卤系阻燃剂及其协效剂：

卤系阻燃剂的阻燃效应是通过气相机理实现的。其主要特点是阻燃效率高、用量少，对材料的性能影响小等，但在热裂及燃烧时生成大量的烟尘及腐蚀性气体。卤系阻燃剂常和协效剂一起使用。常用的协效剂是 Sb_2O_3。

②镁铝阻燃剂：

此类阻燃剂主要指氢氧化铝（ATH）、氢氧化镁（MH）。其阻燃机理为释水吸热和覆盖作用。镁铝阻燃剂的最大优点是低毒、低烟或抑烟、低腐蚀，且价格低廉，缺点是所需添加量较大，有时要达到基材的60%，因而一般常与卤系阻燃剂、红磷等一起使用，而不单独使用。

③硼酸锌：

硼酸锌主要作为 Sb_2O_3 的替代物使用，它价廉、无毒、无刺激，在300℃左右开始释放出结晶水。在卤素化合物存在下，生成卤化硼、卤化锌，抑制和捕获游离的羟基，阻止燃烧连锁反应；同时形成固相覆盖层，隔绝燃烧的表面空气，阻止火焰继续燃烧并能发挥消烟作用。

④消烟剂：

沥青在燃烧的过程中放出大量黑烟，使火灾现场的可见度大大降低，贻误灭火和抢救生命财产的时机。常用消烟剂有三氧化钼（MoO_3）、二茂铁、硼酸锌和无机氢氧化物等。

（3）由于沥青材料阻燃性能的测试标准直至目前仍未制定，所以目前测试沥青的阻燃性能主要按评价塑料材料阻燃性能的测试手段，如氧指数法、水平及垂直燃烧法、热重-动态热重法（TG-DTG）。

①氧指数法（OI）：

氧指数可用于表征材料被点燃的难易程度，衡量材料的火灾危险性。石油化工行业标准《沥青燃烧性能测定　氧指数法》（NB/SH/T 0815—2010）规定了标准测试方法。它是指在规定的试验条件下，试样在氧氮混合气流中，维持平稳燃烧（即进行有焰燃烧）所需的最低氧气浓度，以氧所占体积分数的数值表示，作为判断材料在空气中与火焰接触时燃烧的难易程度。一般认为，氧指数小于7者属易燃材料，氧指数大于或等于7而小于32者属可燃材料，氧指数大于或等于32者属难燃材料。

②水平及垂直燃烧测定法：

UL94可燃性测试是美国安全保险材料研究室开发的方法，它是广泛使用和经常引用的塑料可燃性测试方法之一，用来初步评价被测塑料是否适合于某一特定应用场所。《塑料　燃烧性能的测定　水平法和垂直法》（GB/T 2408—2008）规定了测定塑料可燃性的标准方法。

③锥形量热仪法（CONE）：

同极限氧指数法相比，锥形量热仪法（CONE）试验更加接近材料的实际燃烧情况，ISO5660 1（1993）及ASTM E 1354（1990）规定的锥形量热仪法是目前采用最广泛的测定塑料燃烧热释放速度的方法。锥形量热仪可用于测定材料的引燃时间、质量损失速率、有效燃烧热、烟密度等很多有关材料的阻燃性能参数。此方法在阻燃塑料的测定中应用很广泛，效果也很明显，但尚未有资料显示在阻燃沥青中得到应用。

（4）阻燃沥青路面是指在沥青混合料中掺加了阻燃剂的路面。通常的沥青混合料均可以掺加阻燃剂以达到阻燃或减少火灾的目的。

①阻燃沥青路面的混合料有多种类型。

②阻燃沥青大都利用粉末性阻燃剂，加入沥青时容易飞散，造成环境污染。

③阻燃沥青制备的能源消耗较大；在沥青中添加阻燃剂的工艺增加了生产环节的能源消耗，可能导致沥青及沥青混合料性能的进一步劣化，造成沥青制备过程中有害气体的二次排放。

④粉末状阻燃剂与沥青的密度差别大，相容性差，导致阻燃沥青在储运使用过程中容易发生离析。过多的阻燃剂可能降低沥青延度。

20.0.11 水泥混凝土路面应按设计要求设置伸缩缝、胀缝。

20.0.12 水泥混凝土路面强度未达到设计要求前，不得开放交通。

21 附属设施工程

21.1 各类洞室、横通道及其他

21.1.1 各类洞室及横通道应按设计位置设置。当原定位置地质条件不适合时，施工单位应会同有关方面根据实际情况调整。应落实各种附属设施之间以及它们与排水系统之间有无冲突，如有冲突，应会同有关方面解决。

21.1.2 隧道边墙内的各类洞室及横通道等与正洞连接地段的开挖，应在正洞掘进至其位置时，与主洞同步进行。

21.1.3 各类洞室及横通道的喷射混凝土、锚杆、钢架等支护应符合设计规定，开挖后及时施作。地质与设计不符时，应及时变更支护参数。与正洞连接地段支护施工应加强过程控制。

21.1.4 各类洞室及横通道的永久性防、排水工作，应按设计要求施工。施工时除应按本规范第 11 章的有关规定执行外，尚应符合下列规定：
1 各类洞室及横通道与正洞连接处的防、排水工程应与正洞一次同时完成。
2 各类洞室及横通道与正洞连接的折角处，防水层应根据铺设面的形状平顺铺设，不得出现空白，应减少搭接。

21.1.5 各类洞室及横通道的衬砌施工应符合下列规定：
1 认真复查防、排水工程的质量。防、排水工程符合设计规定后，方可进行二次衬砌施工。
2 衬砌中各类预埋管件和预留孔、槽及边墙内的各类洞室应按设计位置定位。模板架设时应将经过防腐与防锈处理后的预埋管和预埋件绑扎牢固，留出各类孔、槽及边墙内的各类洞室位置。灌筑混凝土时应确保各类预埋管件和预留孔、槽不产生移位。
3 各类洞室、横通道与正洞连接处的钢筋应互相连接可靠，绑扎牢固，使之成为整体。
4 主洞与各类洞室、横通道连接处钢架和主筋的断开和处置应符合设计规定。

21.1.6 各类洞室应有明确的标识，防护门应符合下列规定：

1 防护门框及门扇骨架应在平整的场地上先放样。

2 各种钢材应经调直、调平后下料加工成所需的形状，不得产生裂纹。

3 所有构件应经过防锈处理，安装过程中防锈层不应破损。

4 应开启方便，严密、防火、隔热。

5 应符合现行《钢结构工程施工质量验收规范》（GB 50205）的有关规定。

21.1.7 电缆槽的施工应符合下列规定：

1 电缆槽开挖应与边墙基础开挖同时进行，不应在边墙灌筑后再爆破开挖。

2 电缆槽壁中预埋的管、件应预埋牢固。槽壁与边墙应连接固定牢固，必要时可加设短钢筋。

3 电缆托架应镀锌防锈，并应保持在同一水平面上，其高程允许偏差为 ±5mm。

4 槽壁中预埋接地引线与接地预埋件的连接应牢固、符合设计规定。

5 电缆槽盖板的制作应平顺、整齐、无翘曲；盖板铺设应平稳，盖板两端与沟壁的缝隙应用砂浆填平，不应晃动或吊空；盖板规格应统一，可以互换。

6 采用多孔方管安设电缆时，其接头处应顺直连接，并做防水处理。不得使用有破损的多孔方管。

21.1.8 隧道内电缆采用架空托架时，托架接地间距应符合设计规定。预埋接地引线与接地预埋件的连接应牢固、符合设计规定。

21.1.9 隧道内吊顶隔板的施工，应符合下列规定：

1 吊顶隔板施工前应调整好吊顶拉杆的高程。吊顶隔板应在同一水平面上。

2 吊顶隔板施工时的脚手架及模板应架设牢固；模板安装时应设一定预拱度，隔板灌筑应符合设计规定。

3 隔板钢筋与衬砌预埋钢筋及挡头板钢筋的连接必须牢固，不得外露。

4 吊顶隔板混凝土达到设计强度后才可拆模，且吊顶隔板不得产生下挠度；上下表面应光洁平整。接缝处应严密，不得漏风和渗水。

5 在隧道衬砌设置沉降缝处，隔板应相应设置横向沉降缝。

6 吊顶拉杆露出混凝土隔板的部分应镀锌或涂防锈漆。

21.1.10 洞口遮光棚施工除应符合设计规定外，尚应符合下列规定：

1 遮光棚框架、立柱及基础位于路堤填方内时，不得因框架、立柱下纵撑和下横撑的设置而影响路堤压实的质量；位于桥涵上时，应做好相应的预留预埋，并考虑施工荷载对结构基础的影响。

2 遮光棚框架混凝土表面应光洁、美观，不应有蜂窝、麻面。

3 遮光棚的施工应与洞门装饰工程一并安排，或在规定位置预留装饰工程安装时所需的孔洞。

21.2 防火涂料和洞门装饰

21.2.1 防火涂料材料应符合设计规定，并应符合现行《混凝土结构防火涂料》（GB 28375）的有关规定。储存运输时应防雨防潮，包装不应破损。

条文说明

不是每一个隧道都设计有防火涂料、洞门装饰。如果设计了防火涂料、洞门装饰，施工要按设计规定进行。设计没有规定时，按本规范实施。如果本规范与材料的产品标准有冲突，要按材料的产品标准施工。

21.2.2 防火涂料施工前，应做好下列工作：

1　渗漏水应经过处理，并应符合验收规定。
2　宜采用高压水枪或高压清洗机，清洗衬砌表面灰尘、油污等。
3　衬砌表面应干燥无水。
4　作业区地面宜采取防污染、防飞尘措施。

21.2.3 防火涂料和洞门装饰施工前，应先进行试验段施工。

21.2.4 防火涂料施工应符合下列规定：

1　宜采用喷涂工艺。
2　界面处理、喷涂厚度、喷涂层次、施工温度等应符合产品说明书和设计规定。
3　宜自上向下喷涂。

21.2.5 洞门装饰材料应符合设计规定。施工应符合现行《建筑装饰装修工程质量验收标准》（GB 50210）的有关规定。

21.2.6 洞门装饰施工前，应做好下列工作：

1　应检查表面渗漏水情况。
2　应将装饰作业的表面整平、清洗干净并做好基层。

21.2.7 洞门装饰施工时应符合下列规定：

1　洞口装饰应表面平整、清洁。
2　隧道铭牌字样应美观、醒目，符合国家相关规定。
3　采用面砖或料石时，应做到横缝通直、竖缝错开。面砖贴好后，外表面应平整，不得出现凹凸不平。黏结应牢固，背后不应有空洞。面砖材料不得使用反光材料。料石砌筑时压顶料石应采取特殊加固措施防止脱落。

4 采用一般内墙涂料时，色彩应符合设计规定。涂料可采用喷涂或粉刷，但应做到色调均匀，不应出现色斑和杂色。

21.3 预埋件及其他

21.3.1 预埋件施工应符合下列规定：

1 预埋件材料品种、规格、性能、位置应符合设计和国家相关标准规定。

2 预埋钢板平行度应不大于 1%。

3 预埋钢板位置偏差应不大于 10mm。

4 预埋件各部分之间及其与混凝土钢筋之间的连接应牢固。

21.3.2 水泵基础应稳固可靠，并按设计规定埋设预埋件或预留孔位。

21.3.3 预埋管道处混凝土浇筑前应封堵管口。

附录 A 调查核对和施工组织设计

A.0.1 现场调查宜包含但不限于下列内容：

1 历史洪水、地质灾害发生情况及不良地质现象。

2 隧道施工对地表和地下已设结构物的影响。

3 交通运输条件和施工运输便道的调查。

4 施工场地布置与洞口相邻工程、弃渣利用、农田水利、征地等的关系。

5 建（构）筑物、道路工程、水利工程和电信、电力线等设施的拆迁情况和数量。

6 调查和测试水源、水质并拟定供水方案。

7 天然筑路材料（黏土、砂砾、石料）的产地、数量、质量鉴定及供应。

8 可利用的电源、动力、通信、机具、车辆维修、物资、消防、劳动力、生活供应及医疗卫生条件。

9 当地气象、水文资料及居民点的社会状况和民族风俗。

10 施工中和运营后对自然环境、生活环境的影响及需要采取的保护措施。

11 尚待解决的问题。

条文说明

调查研究是做好隧道工程施工准备工作的前提，为了强调施工的科学性、系统性，避免盲目施工，作出本条规定。

通常，隧道控制全线工期，因此要求先行开工，其施工组织安排常独立进行。施工前调查研究是计划安排工期、工程费用、施工方法及安全生产管理的基础。

2 对结构物的类型、数量、位置、埋设深度、与隧道的关系进行调查，是为了预测隧道施工对地表或地下已设结构物的影响。

3 为了考虑既有交通运输条件的利用，交通运输条件调查通常包括公路等级、道路里程、路线平纵断面及桥涵构造物限载条件、路面状况、车辆类型、交通量及可利用的乡村公路等。

4 一般隧道洞口施工场地比较狭窄，对洞外相邻工程和施工安排、弃渣场位置、弃渣填筑路堤及弃渣对农田水利的影响等作详细调查，有利于作出统筹安排。

5 施工前调查影响隧道施工的各设施的情况和数量，是为了给制订拆迁计划提供依据。

6 对隧道附近水源位置、储水量及水质情况等进行调查，是为了拟定供水方案。

7 根据设计文件中提供的料场，对砂石等材料的产量、质量进行鉴定，是为了确定材料供应方案。

8 利用当地电源、动力、通信、机具车辆维修、物资、消防、劳力、生活供应及医疗卫生条件，可以节省工程费用，有利于节能减排和环境保护。

9 气象、水文资料及社会状况调查通常包括：

（1）气温、气压、湿度、降雨量蒸发及冻土深度。

（2）河川流量、地下水位、水利状况、工程对地下水影响等。

（3）居民风俗习惯、宗教信仰、生活水准、社会秩序、环境保护和防止公害条例等。

10 对地形、地貌、地质、动植物、土地利用、运输道路、噪声、振动、排水通路、地表下沉、名胜古迹、环境保护区等进行调查，是为了限制隧道施工给自然环境和生活环境造成不良影响，采取相应对策。

A.0.2 图纸核对工作宜包含但不限于下列内容：

1 技术标准、主要技术条件、设计原则。

2 隧道设计的勘测资料，如地形、地貌、工程地质及水文地质、钻探图表等。

3 隧道平面、纵断面、洞口横断面。

4 洞门位置、式样、衬砌类型、洞口周围环境及衔接工程。

5 设计文件中确定的施工方法、通风方案、技术措施与施工实际条件是否相符合。

6 洞外排水系统和设施的布置是否与地形、地貌、水文、气象等条件相适应。

7 设计给定的明暗分界断面地形地质与设计是否一致，边仰坡刷坡是否过高，浅埋段长度能否减少，能否按"早进晚出"原则调整明暗分界断面位置。

8 工程数量。

条文说明

核对设计文件是施工前的一项重要工作。本条规定的 8 个方面是过去施工经验的总结。

A.0.3 施工组织设计宜包含但不限于下列内容：

1 编制依据：承建项目的合同、批准的设计文件、国家和行业现行的标准规范规程、环境保护及法律法规要求等。

2 编制原则：满足指导性施工组织设计的要求。技术经济方案比选最优。积极应用新技术、新工艺、新材料、新设备。因地制宜，就地取材。根据工程特点、工期要求，合理安排施工工序流程及衔接。加强机械化施工能力，加快工程进度，确保工程质量。符合国家关于工程质量、安全生产、职业健康、土地管理及环境保护的法律法规规定。

3 工程概况：工程简介，工程特点、重点和难点。

4 重点、难点工程的施工方案设计：施工方法及工艺、关键工序的作业实施细则、监控量测、超前地质预报、施工通风以及供水、供电设计等。

5 施工总平面布置：生产生活区及设施、施工便道、混凝土拌和站、构件及钢筋加工场、弃渣场地、供电、供水、供风、通信等临时工程。

6 工期安排：总进度、施工形象进度、施工网络图等。

7 施工单位组织机构及资源配置：组织机构、机械设备配置、工区划分及管理、劳动力配置、材料供应、资金使用计划、文明施工等。

8 质量、安全、进度、成本及环水保目标和保证措施。

9 超前地质预报、监控量测、施工作业面、施工过程、有害气体、原材料、半成品、产成品监控信息的收集、流转和处置。

10 安全管理和安全保证体系的组织机构，包括项目经理、专职安全管理人员、特种作业人员配备的数量及安全资格培训持证上岗情况。

11 施工安全生产责任制、安全管理规章制度、安全操作规程。

12 安全防护用具的配备。安全技术措施费用的使用计划。

13 施工现场临时用电方案的安全技术措施和电气防火措施。

14 针对重点部位和重点环节制定的工程项目危险源监控措施和应急预案。

15 发生自然灾害、紧急情况时的应急预案。

16 施工人员安全教育计划、安全交底安排。

17 创优规划、科技研发规划。

18 附图及各种表格。

条文说明

在调查研究，核对设计文件，线路测量复查等工作基础上编制实施性施工组织设计。

编制实施性施工组织设计的通常步骤如下：

（1）复核与分析工程设计文件，掌握工程施工的特点，摘录工程数量。

（2）确保总的施工方案和总的实际施工期限。在施工方案中，需要包括：机械化程度、初步安排施工进度、工序作业流水线和流水速度、总的施工程序划分和施工场地初步安排平面图。

（3）选择各分项工程的施工方法和计算工作量。

（4）确定各分项工程的实际施工进度和施工期限。

（5）编制施工进度网络图，并进行最合理的调整，直到满意为止。

（6）计算劳动力、电力、材料和机械设备的需要量，并根据施工进度的要求，编拟供应计划。

（7）布置运输线路，计算运输量，选择运输方式，确定运输工具数量。

（8）确定自产材料的开采和加工方案，提出各种附属企业的设置方案和生产计划。

（9）制订各项临时工程施工方案和计算工作量。

（10）拟定安全、质量、节能、节地、节水、节材和环境保护等主要技术措施。

（11）提出施工管理机构的方案，确定劳动组织的编制，制定各种相应的管理制度。

（12）编写施工组织设计说明书。

附录 B 强度评定

B.1 混凝土抗压强度评定

B.1.1 评定混凝土的抗压强度，应以标准养生 28d 龄期的试件为准。试件为边长 150mm 的立方体。3 件试件为 1 组，制取组数应符合下列规定：

1 不同强度等级及不同配合比的混凝土应在浇筑地点或拌和地点分别随机制取试件。

2 一般体积的结构物，每一单元结构物应制取 2 组。

3 连续浇筑大体积结构时，每 80~200m³ 或每一工作班应制取 2 组。

4 可根据施工需要，另制取与结构物同条件养生的试件，作为拆模的强度依据。

B.1.2 混凝土抗压强度的合格标准应按下列规定确定：

1 试件≥10 组时，应以数理统计方法按下述条件评定：

$$m_{fcu} \geq f_{cu,k} + K_1 S_n \qquad (B.1.2\text{-}1)$$

$$f_{cu,min} \geq K_2 f_{cu,k} \qquad (B.1.2\text{-}2)$$

式中：n——同批混凝土试件组数；

m_{fcu}——同批 n 组试件强度的平均值（MPa），精确到 0.1MPa；

S_n——同批 n 组试件强度的标准差（MPa），精确到 0.01MPa，当 $S_n < 2.5$MPa 时，取 $S_n = 2.5$MPa；

$f_{cu,k}$——混凝土设计强度等级（MPa）；

$f_{cu,min}$——n 组试件中强度最低一组的值（MPa），精确到 0.1MPa；

K_1、K_2——合格判定系数，见表 B.1.2。

表 B.1.2 合格判定系数 K_1、K_2的值

n	10~14	15~19	≥20
K_1	1.15	1.05	0.90
K_2	0.9	0.85	

2 试件<10 组时，可用非统计方法按下述条件进行评定：

$$f_{cu,min} \geq 1.15 f_{cu,k} \qquad (B.1.2\text{-}3)$$

$$f_{cu,min} \geq 0.9 f_{cu,k} \qquad (B.1.2\text{-}4)$$

B.2 水泥砂浆强度评定

B.2.1 评定水泥砂浆强度，应以标准养生 28d 龄期的试件为准。试件为边长 70.7mm 立方体。6 件试件为 1 组，制取组数应符合下列规定：

1 不同强度等级及不同配合比的水泥砂浆应在浇筑地点或拌和地点分别随机制取试件。

2 每一工作班应制取 2 组。

B.2.2 水泥砂浆强度的合格标准应符合下列规定：

1 同强度等级的平均强度应不低于设计强度等级的 1.1 倍。

2 任意一组试件的强度最低值应不低于设计强度等级的 85%。

B.3 喷射混凝土抗压强度评定

B.3.1 喷射混凝土强度检查试件制作方法应符合下列规定：

1 喷大板切割法：在施工的同时，将混凝土喷射在 450mm × 350mm × 120mm 或 450mm × 200mm × 120mm 的模型内。混凝土达到一定强度后，加工成 100mm × 100mm × 100mm 的立方体试件。在标准条件下养生至 28d。用标准试验方法测得的极限抗压强度，乘以 0.95 的系数，精确到 0.1MPa。

2 凿方切割法：当采用喷大板切割法对强度有怀疑时，可用凿方切割法。凿方切割法应在具有一定强度的支护上，用凿岩机打密排钻孔，取出长 350mm、宽约 150mm 的混凝土块，加工成 100mm × 100mm × 100mm 的立方体试件。在标准条件下养生至 28d。用标准试验方法测得的极限抗压强度，乘以 0.95 的系数，精确到 0.1MPa。

3 钻孔取芯法：当采用喷大板切割法对强度有怀疑时，也可采用钻孔取芯法。钻孔取芯法应在具有 28d 强度的支护上，用钻孔取芯机钻取并加工成长 100mm、直径 100mm 的圆柱体。用标准试验方法测得的极限抗压强度，精确到 0.1MPa，其抗压强度换算系数，应通过试验确定。

B.3.2 双车道或三车道隧道每 10 延米，至少在拱部和边墙各取 1 组（3 个）试件。其他工程，每喷射 50～100m³ 混合料或小于 50m³ 混合料的独立工程，不得少于 1 组。材料或配合比变更时需新制取试件。

B.3.3 喷射混凝土强度的合格标准应符合下列规定：

1 试件组数不少于 10 组时，试件抗压强度平均值不低于设计值，且任一组试件抗压强度不低于 0.85 倍的设计值。

2 试件组数少于 10 组时，试件抗压强度平均值不低于 1.05 倍的设计值，且任一组试件抗压强度不低于 0.9 倍的设计值。

B.4 水泥浆强度评定

B.4.1 评定水泥基浆体的强度，除设计另有规定时按设计规定外，应以标准养生 28d 的试件为准。试件尺寸应是 40mm × 40mm × 160mm 的棱柱体。以 3 个试件为 1 组，制取组数应符合下列规定：

1 不同强度等级及不同配合比的水泥浆体应分别制取试件，试件应随机制取，不得挑选。

2 每一工作班取 1 组；如用量超过 $10m^3$，则按每 $10m^3$ 取 1 组。

B.4.2 水泥浆强度的合格标准应符合下列规定：

1 同强度等级试件强度测定值的算术平均强度应不低于设计强度等级。

2 任意一组中试件的强度最低值应不低于设计强度等级的 85%。

附录 C　隧道地质素描

C.0.1　地质素描工作应按表 C.0.1 的格式现场填写隧道地质素描图。地质素描和分析，宜包括下列内容：

1　工程地质：

1）地层岩性：描述地层时代、岩性、层间结合程度、风化程度等。

2）地质构造：描述褶皱、断层、节理裂隙特征、岩层产状等。断层的位置、产状、性质、破碎带的宽度、物质成分、含水情况以及与隧道的关系。节理裂隙的组数、产状、间距、填充物、延伸长度、张开度及节理面特征、力学性质，分析组合特征、判断岩体完整程度。

3）岩溶：描述岩溶规模、形态、位置、所属地层和构造部位，填充物成分、状态，以及岩溶展布的空间关系。

4）特殊地层：煤层、膨胀岩土、湿陷性黄土、盐岩等地质。

5）人为坑洞：影响范围内的各种坑道和洞穴的分布位置及其与隧道的空间关系。

6）地应力：包括高地应力显示性标志及其发生部位，如岩爆、软弱夹层挤出、探孔饼状岩芯等现象。

7）塌方：应记录塌方部位、方式与规模及其随时间的变化特征，并分析产生塌方的地质原因及其对继续掘进的影响。

8）有害气体及放射性危害源存在情况。

2　水文地质：

1）地下水的分布、出露形态及围岩的透水性、水量、水压、水温、颜色、泥沙含量测定，以及地下水活动对围岩稳定性的影响，必要时进行长期观测。地下水的出露形态分为：渗水、滴水、滴水成线、股水（涌水）、暗河。

2）水质分析，判定地下水对结构材料的腐蚀性。

3）出水点和地层岩性、地质构造、岩溶、暗河等关系分析。

4）必要时进行地表相关气象、水文观测，判断洞内涌水与地表径流、降雨的关系。

5）必要时应建立涌水突水点地质档案。

3　围岩稳定性特征及支护情况。

记录不同工程地质、水文地质条件下隧道围岩稳定性、支护方式及初期支护后的变形情况。发生围岩失稳或变形较大的地段，详细分析、描述围岩失稳或变形发生的原因、过程、结果等。

4 进行隧道施工围岩分级。

5 影像：

隧道内重要的和具代表性的地质现象应拍照、摄像。

表 C.0.1 隧 道 地 质 素 描

工程名称：	素描编号：
掌子面里程：	地质素描人员： 时间：
开挖（爆破时间）：	技术负责人： 时间：

现象描述（片帮现象、岩爆现象、渗水涌水状态、发生时间等）：

图形素描：断层、节理的位置、走向倾向；溶洞、空洞、采空区的位置；塌方位置、大小；片帮部位；岩爆部位；渗水涌水的位置等。

附录 D　施工通风方式

表 D　施 工 通 风 方 式

通风方式		示 意 图	说 明
1. 抽出式	集中式		在洞外按需风量总和设置大容量风机，风管吸风口设在开挖面附近，通过风管排出废风。 优点：排烟速度快，且风流主要在回风段调节，对行人运输影响小；掌子面风压呈负压状态，对主扇停风时瓦斯等有毒有害气体突然涌出为有利因素。 缺点：要求风管距掌子面不超过 5m，布置困难，常常因此造成通风效果差。新鲜空气流经全洞，到掌子面时已不太新鲜。污风通过主扇，腐蚀性较大
	串联式		在风管内设置小型风机，随开挖面推进，可接长风管和增加风机，通过风管排出废风。 优点：动力有保证。 缺点：设备要求高
2. 压入式	集中式		设备与集中抽出式相同，但是将风管送风口设在开挖面附近，通过风管将新鲜风从开洞口吹入开挖面，并由隧道排出废风。 优点：可以使用柔性风管，风管体积小、重量轻，便于运输、安装、拆除，费用较低。有利于无轨运输方式。 缺点：风管风压高于洞内，容易漏风
	串联式		设备与串联排风式相同，但是将新鲜空气通过风管送入开挖面，并由隧道排出废风。 优点：动力有保证。 缺点：设备要求高

表 D（续）

通风方式		示意图	说明
3. 送排风并用式	集中式		轴流风机分别设置在洞外和洞内。 优点：通风效果好。 缺点：噪声大
	串联式		设备由串联排风式和串联送风式构成。 优点：动力有保证。 缺点：设备要求高
4. 送排风混合式			由下导坑或侧壁导坑作超前开挖时，在超前导坑部采取送风式，在全断面部（扩挖处）采取排风式。 优点：可有效提高通风长度。 缺点：风管容易损坏
5. 竖井排风，正洞送风方式			长隧道时，利用竖井排风，并在正洞口内竖井底口附近设送风机送风至开挖面。 优点：通风效果好。 缺点：成本高
6. 巷道通风方式			特长隧道时，利用辅助坑道作排风道，正洞作进风道，在辅助坑道的洞口附近安设大容量风机。 优点：通风系统布置方便，通风效果好。 缺点：成本高
7. 局部风机（风扇）方式			采取排风方式时，在开挖面附近局部地方设置风机（风扇），或者在横洞处设置局部风机，诱导通风

附录 E　周边位移量测记录表

表 E　周边位移量测记录表

桩号			施工方法					施工部位			埋设日期				
测线编号	量测时间			温度(℃)	观测值			平均值(mm)	温度修正值(mm)	修正后观测值(mm)	相对初次收敛值 Δu(mm)	相对上次收敛值(mm)	时间间隔(d)	收敛速率(mm/d)	备注
	年	月	日	时		第一次(mm)	第二次(mm)	第三次(mm)								

测读者：　　　　　　　　　　计算者：　　　　　　　　　　复核者：

附录 F 拱顶下沉量测记录表

表 F 拱顶下沉量测记录表

桩号													
测线编号			施工方法				施工部位			埋设日期			备注
	量测时间			第一次（m）	第二次（m）	第三次（m）	平均值（m）	温度修正值（mm）	修正后测点高程（m）	相对初次沉值 Δu（mm）	相对上次下沉值（mm）	时间间隔（d）	下沉速率（mm/d）	
	年	月	日	时										

测读者：　　　　　　　　　　　计算者：　　　　　　　　　　　复核者：

附录 G　地质预测预报分级

表 G　地质预测预报分级

地质预测预报分级 影响因素		地质预测预报分级			
		A	B	C	D
地质复杂程度（含物探异常）	岩溶发育程度	极强，厚层块状质纯灰岩，大型溶洞、暗河发育，岩溶密度每平方公里大于 15 个，最大泉流量 > 50L/s，钻孔岩溶率 > 10%	强烈，中厚层灰岩夹白云岩，地表溶洞落水洞密集、地下以管道水为主，岩溶密度每平方公里 5 ~ 15 个，最大泉流量 10 ~ 50L/s，钻孔岩溶率 5% ~ 10%	中等，中薄层灰岩，地表出现溶洞，岩溶密度每平方公里 1 ~ 5 个，最大泉流量 5 ~ 10L/s，钻孔岩溶率 2% ~ 5%	微弱，不纯灰岩与碎屑岩互层，地表地下以溶隙为主，最大泉流量 < 5L/s，钻孔岩溶率 < 2%
	涌水涌泥程度	特大突水（涌水量 > $1 \times 10^5 \text{m}^3/\text{d}$）、大型突水（涌水量 1×10^4 ~ 1×10^5 m^3/d）、突泥，高水压	中小型突水（涌水量 1×10^3 ~ $1 \times 10^4 \text{m}^3/\text{d}$）、突泥	小型涌水（涌水量 1×10^2 ~ $1 \times 10^3 \text{m}^3/\text{d}$）、涌泥	涌水量 < $1 \times 10^2 \text{m}^3/\text{d}$，涌突水可能性极小
	断层稳定程度	大型断层破碎带、自稳能力差、富水，可能引起大型失稳坍塌	中型断层带，软弱，中 ~ 弱富水，可能引起中型坍塌	中小型断层，弱富水，可能引起小型坍塌	中小型断层，无水，无掉块
	地应影响力程度	极高应力，严重岩爆（岩石点荷载强度与围岩最大切向应力的比值 < 0.083），大变形	高应力，中等岩爆（岩石点荷载强度与围岩最大切向应力的比值 0.083 ~ 0.15），中 ~ 弱变形	弱岩爆（岩石点荷载强度与围岩最大切向应力的比值 0.15 ~ 0.20），轻微变形	无岩爆（岩石点荷载强度与围岩最大切向应力的比值 > 0.20），无变形
	瓦斯影响程度	瓦斯突出：瓦斯压力 $P \geqslant 0.74\text{MPa}$，瓦斯放散初速度 $\geqslant 10$，煤的坚固性系数 $f \leqslant 0.5$，煤的破坏类型为Ⅲ类及以上	高瓦斯：全工区的瓦斯涌出量 $\geqslant 0.5\text{m}^3/\text{min}$	低瓦斯：全工区的瓦斯涌出量 < $0.5\text{m}^3/\text{min}$	无
地质因素对隧道施工影响程度		危及施工安全，可能造成重大安全事故	存在安全隐患	可能存在安全问题	局部可能存在安全问题

表 G（续）

地质预测预报分级影响因素	地质预测预报分级			
	A	B	C	D
诱发环境问题的程度	可能造成重大环境灾害	施工、防治不当，可能诱发一般环境问题	特殊情况下可能出现一般环境问题	无
超前地质预报方式	采用地质分析法、弹性波反射法（地震波法、水平声波剖面法、陆地声呐法）、地质雷达法、高分辨直流电法、瞬变电磁法、激发极化法、超前水平钻探法等进行综合预报	采用地质分析法、弹性波反射法（地震波法、水平声波剖面法、陆地声呐法），辅以高分辨直流电法、瞬变电磁法、激发极化法、地质雷达法，必要时进行超前水平钻孔	以地质分析法为主。对重要地质层界面、断层或物探异常地段宜采用弹性波反射法（地震波法、水平声波剖面法、陆地声呐法）进行探测，必要时采用超前水平钻孔	采用地质分析法，必要时补充其他方法

本规范用词用语说明

1 本规范执行严格程度的用词，采用下列写法：

1）表示很严格，非这样做不可的用词，正面词采用"必须"，反面词采用"严禁"；

2）表示严格，在正常情况下均应这样做的用词，正面词采用"应"，反面词采用"不应"或"不得"；

3）表示允许稍有选择，在条件许可时首先应这样做的用词，正面词采用"宜"，反面词采用"不宜"；

4）表示有选择，在一定条件下可以这样做的用词，采用"可"。

2 引用标准的用语采用下列写法：

1）在标准总则中表述与相关标准的关系时，采用"除应符合本规范的规定外，尚应符合国家和行业现行有关标准的规定"。

2）在标准条文及其他规定中，当引用的标准为国家标准和行业标准时，表述为"应符合《××××××》（×××）的有关规定"。

3）当引用本标准中的其他规定时，表述为"应符合本规范第×章的有关规定"、"应符合本规范第×.×节的有关规定"、"应符合本规范第×.×.×条的有关规定"或"应按本规范第×.×.×条的有关规定执行"。

现行公路工程行业标准一览表

（2024 年 8 月）

序号	板块	模块	现行编号	名称	定价(元)
1	总体		JTG 1001—2017	公路工程标准体系(14300)	20.00
2			JTG 1002—2022	公路工程行业标准制修订管理导则(18218)	40.00
3			JTG 1003—2023	公路工程行业标准编写导则(18257)	40.00
4	通用	基础	JTG B01—2014	公路工程技术标准(活页夹版,11814)	98.00
				公路工程技术标准(平装版,11829)	68.00
5			JTG 2111—2019	小交通量农村公路工程技术标准(15372)	50.00
6			JTG 2112—2021	城镇化地区公路工程技术标准(17752)	50.00
7			JTG 2120—2020	公路工程结构可靠性设计统一标准(16532)	50.00
8			建标〔2011〕124 号	公路工程项目建设用地指标(09402)	36.00
9			JTG F80/1—2017	公路工程质量检验评定标准　第一册　土建工程(14472)	90.00
10			JTG 2182—2020	公路工程质量检验评定标准　第二册　机电工程(16987)	60.00
11		安全	JTG B05—2015	公路项目安全性评价规范(12806)	45.00
12			JTG B05-01—2013	公路护栏安全性能评价标准(10992)	30.00
13			JTG/T 2213—2023	公路大件运输安全通行评价技术规范(18523)	60.00
14			JTG B02—2013	公路工程抗震规范(11120)	45.00
15			JTG/T 2231-01—2020	公路桥梁抗震设计规范(16483)	80.00
16			JTG/T 2231-02—2021	公路桥梁抗震性能评价细则(16433)	40.00
17			JTG 2232—2019	公路隧道抗震设计规范(16131)	60.00
18			JTG F90—2015	公路工程施工安全技术规范(12138)	68.00
19		绿色	JTG B03—2006	公路建设项目环境影响评价规范(13373)	40.00
20			JTG B04—2010	公路环境保护设计规范(08473)	28.00
21			JTG/T 2321—2021	公路工程利用建筑垃圾技术规范(17536)	40.00
22			JTG/T 2340—2020	公路工程节能规范(16115)	30.00
23		智慧	JTG/T 2420—2021	公路工程信息模型应用统一标准(17181)	50.00
24			JTG/T 2421—2021	公路工程设计信息模型应用标准(17179)	80.00
25			JTG/T 2422—2021	公路工程施工信息模型应用标准(17180)	70.00
26			JTG/T 2430—2023	公路工程设施支持自动驾驶技术指南(19031)	40.00
27	建设	勘测	JTG C10—2007	公路勘测规范(06570)	40.00
28			JTG/T C10—2007	公路勘测细则(06572)	42.00
29			JTG C20—2011	公路工程地质勘察规范(09507)	65.00
30			JTG/T C21-01—2005	公路工程地质遥感勘察规范(0839)	17.00
31			JTG/T C21-02—2014	公路工程卫星图像测绘技术规程(11540)	25.00
32			JTG/T 3221-04—2022	公路跨海通道工程地质勘察规程(18076)	70.00
33			JTG/T 3222—2020	公路工程物探规程(16831)	60.00
34			JTG 3223—2021	公路工程地质原位测试规程(17325)	100.00
35			JTG C30—2015	公路工程水文勘测设计规范(12063)	70.00
36		设计	JTG/T 3310—2019	公路工程混凝土结构耐久性设计规范(15635)	50.00
37			JTG/T 3311—2021	小交通量农村公路工程设计规范(17487)	60.00
38			JTG D20—2017	公路路线设计规范(14301)	80.00
39			JTG/T D21—2014	公路立体交叉设计细则(11761)	60.00
40			JTG D30—2015	公路路基设计规范(12147)	98.00
41			JTG/T D31—2008	沙漠地区公路设计与施工指南(1206)	32.00
42			JTG/T D31-02—2013	公路软土地基路堤设计与施工技术细则(10449)	40.00
43			JTG/T 3331-03—2024	采空区公路设计与施工技术规范(4722)	50.00
44			JTG/T 3331-04—2023	多年冻土地区公路设计与施工技术规范(18518)	80.00
45			JTG/T D31-05—2017	黄土地区公路路基设计与施工技术规范(13994)	50.00
46			JTG/T D31-06—2017	季节性冻土地区公路设计与施工技术规范(13981)	45.00
47			JTG/T 3331-07—2024	公路膨胀土路基设计与施工技术规范(4709)	60.00
48			JTG/T 3331-08—2022	盐渍土地区公路路基设计与施工技术细则(18515)	60.00
49			JTG/T D32—2012	公路土工合成材料应用技术规范(09908)	50.00
50			JTG/T D33—2012	公路排水设计规范(10337)	40.00
51			JTG/T 3334—2018	公路滑坡防治设计规范(15178)	55.00
52			JTG D40—2011	公路水泥混凝土路面设计规范(09463)	40.00
53			JTG D50—2017	公路沥青路面设计规范(13760)	50.00
54			JTG/T 3350-03—2020	排水沥青路面设计与施工技术规范(16651)	50.00
55			JTG/T 3351—2024	农村公路简易铺装路面设计施工技术细则(4767)	50.00
56			JTG D60—2015	公路桥涵设计通用规范(12506)	40.00
57			JTG/T 3360-01—2018	公路桥梁抗风设计规范(15231)	75.00
58			JTG/T 3360-02—2020	公路桥梁抗撞设计规范(16435)	40.00
59			JTG/T 3360-03—2018	公路桥梁景观设计规范(14540)	40.00
60			JTG D61—2005	公路圬工桥涵设计规范(13355)	30.00
61			JTG 3362—2018	公路钢筋混凝土及预应力混凝土桥涵设计规范(14951)	90.00
62			JTG 3363—2019	公路桥涵地基与基础设计规范(16223)	90.00
63			JTG D64—2015	公路钢结构桥梁设计规范(12507)	80.00
64			JTG/T D64-01—2015	公路钢混组合桥梁设计与施工规范(12682)	45.00
65			JTG/T 3364-02—2019	公路钢桥面铺装设计与施工技术规范(15637)	50.00
66			JTG/T 3365-01—2020	公路斜拉桥设计规范(16365)	50.00
67			JTG/T 3365-02—2020	公路涵洞设计规范(16583)	50.00
68			JTG/T D65-05—2015	公路悬索桥设计规范(12674)	55.00
69			JTG/T D65-06—2015	公路钢管混凝土拱桥设计规范(12514)	40.00
70			JTG/T 3365-05—2022	公路装配式混凝土桥梁设计规范(17885)	60.00
71			JTG 3370.1—2018	公路隧道设计规范　第一册　土建工程(14639)	110.00
72			JTG D70/2—2014	公路隧道设计规范　第二册　交通工程与附属设施(11543)	50.00
73			JTG/T D70—2010	公路隧道设计细则(08478)	66.00

序号	板块	模块	现行编号	名称	定价(元)
74			JTG/T D70/2-01—2014	公路隧道照明设计细则(11541)	35.00
75			JTG/T D70/2-02—2014	公路隧道通风设计细则(11546)	70.00
76			JTG/T 3371—2022	公路水下隧道设计规范(17889)	120.00
77			JTG/T 3371-01—2022	公路沉管隧道设计规范(18063)	70.00
78			JTG/T 3373—2024	公路岩溶隧道设计与施工技术规范(4831)	75.00
79			JTG/T 3372—2024	公路黄土隧道设计与施工技术规范(4821)	70.00
80			JTG/T 3374—2020	公路瓦斯隧道设计与施工技术规范(16141)	60.00
81			JTG D80—2006	高速公路交通工程及沿线设施设计通用规范(0998)	25.00
82		设计	JTG D81—2017	公路交通安全设施设计规范(14395)	60.00
83			JTG/T D81—2017	公路交通安全设施设计细则(14396)	90.00
84			JTG/T 3381-02—2020	公路限速标志规范(16696)	40.00
85			JTG/T 338/1-03—2024	小交通量农村公路交通安全设施设计细则(4780)	70.00
86			JTG D82—2009	公路交通标志和标线设置规范(07947)	116.00
87			JTG/T 3383-01—2020	公路通信及电力管道设计规范(16686)	40.00
88			JTG/T L11—2014	高速公路改扩建设计细则(11998)	45.00
89			JTG/T L80—2014	高速公路改扩建交通工程与沿线设施设计细则(11999)	30.00
90			JTG/T 3392—2022	高速公路改扩建交通组织设计规范(17883)	50.00
91		通用图	JTG/T 3911—2021	装配化工字组合梁钢桥通用图(17771)	3000.00
92			JTG/T 3912—2022	装配化箱形组合梁钢桥通用图(18348)	3000.00
93			JTG E20—2011	公路工程沥青及沥青混合料试验规程(09468)	106.00
94			JTG 3420—2020	公路工程水泥及水泥混凝土试验规程(16989)	100.00
95			JTG 3430—2020	公路土工试验规程(16828)	120.00
96		试验	JTG 3431—2024	公路工程岩石试验规程(4702)	40.00
97			JTG 3432—2024	公路工程集料试验规程(4704)	100.00
98			JTG E50—2006	公路工程土工合成材料试验规程(13398)	40.00
99			JTG 3441—2024	公路工程无机结合料稳定材料试验规程(4703)	80.00
100			JTG 3450—2019	公路路基路面现场测试规程(15830)	90.00
101	建设		JTG/T 3512—2020	公路工程基桩检测技术规程(16482)	60.00
102		检测	JTG/T 3520—2021	公路机电工程测试规程(17414)	60.00
103			JTG/T 4320—2022	公路车辆动态称重检测系统技术规范(18265)	30.00
104			JTG/T 3610—2019	公路路基施工技术规范(15769)	80.00
105			JTG/T F20—2015	公路路面基层施工技术细则(12367)	45.00
106			JTG/T F30—2014	公路水泥混凝土路面施工技术细则(11244)	60.00
107			JTG F40—2004	公路沥青路面施工技术规范(05328)	50.00
108			JTG/T 3650—2020	公路桥涵施工技术规范(16434)	125.00
109			JTG/T 3650-01—2022	公路桥梁施工监控技术规程(18268)	40.00
110		施工	JTG/T 3650-02—2019	特大跨径公路桥梁施工测量规范(15634)	80.00
111			JTG/T 3651—2022	公路钢结构桥梁制造和安装施工规范(17884)	80.00
112			JTG/T 3652—2022	跨海钢箱梁桥大节段施工技术规程(18075)	30.00
113			JTG/T 3654—2022	公路装配式混凝土桥梁施工技术规范(18231)	60.00
114			JTG/T 3660—2020	公路隧道施工技术规范(16488)	100.00
115			JTG/T 3671—2021	公路交通安全设施施工技术规范(17000)	50.00
116			JTG/T F72—2011	公路隧道交通工程与附属设施施工技术规范(09509)	35.00
117		监理	JTG G10—2016	公路工程施工监理规范(13275)	40.00
118			JTG 3810—2017	公路工程建设项目造价文件管理导则(14473)	50.00
119			JTG/T 3811—2020	公路工程施工定额测定与编制规程(16083)	60.00
120			JTG/T 3812—2020	公路工程建设项目造价数据标准(16836)	100.00
121			JTG 3820—2018	公路工程建设项目投资估算编制办法(14362)	60.00
122		造价	JTG/T 3821—2018	公路工程估算指标(14363)	120.00
123			JTG 3830—2018	公路工程建设项目概算预算编制办法(14364)	60.00
124			JTG/T 3831—2018	公路工程概算定额(14365)	270.00
125			JTG/T 3832—2018	公路工程预算定额(14366)	300.00
126			JTG/T 3832-01—2022	公路桥梁钢结构工程预算定额(18182)	40.00
127			JTG/T 3833—2018	公路工程机械台班费用定额(14367)	50.00
128	管理	执法	JTG 4110—2024	公路路政管理技术标准(4836)	60.00
129			JTG 5110—2023	公路养护技术标准(4639)	40.00
130			JTG 5120—2021	公路桥涵养护规范(17160)	60.00
131			JTG/T 5122—2021	公路缆索结构体系桥梁养护技术规范(17764)	60.00
132			JTG/T 5124—2022	公路跨海桥梁养护技术规范(18092)	50.00
133		综合	JTG H12—2015	公路隧道养护技术规范(12062)	60.00
134			JTJ 073.1—2001	公路水泥混凝土路面养护技术规范(13658)	20.00
135			JTG 5142—2019	公路沥青路面养护技术规范(15612)	60.00
136			JTG/T 5142-01—2021	公路沥青路面预防养护技术规范(17578)	50.00
137			JTG 5150—2020	公路路基养护技术规范(16596)	40.00
138			JTG/T 5190—2019	农村公路养护技术规范(15430)	30.00
139			JTG 5210—2018	公路技术状况评定标准(15202)	40.00
140			JTG 5211—2024	农村公路技术状况评定标准(4768)	50.00
141			JTG/T E61—2014	公路路面技术状况自动化检测规程(11830)	25.00
142	养护	检测	JTG/T H21—2011	公路桥梁技术状况评定标准(09324)	46.00
143		评价	JTG/T J21—2011	公路桥梁承载能力检测评定规程(09480)	20.00
144			JTG/T J21-01—2015	公路桥梁荷载试验规程(12751)	40.00
145			JTG/T 5214—2022	在用公路桥梁现场检测技术规程(18168)	50.00
146			JTG 5220—2020	公路养护工程质量检验评定标准 第一册 土建工程(16795)	80.00
147		养护	JTG 5421—2018	公路沥青路面养护设计规范(15201)	40.00
148		设计	JTG/T J22—2008	公路桥梁加固设计规范(07380)	52.00
149			JTG/T 5440—2018	公路隧道加固技术规范(15402)	70.00
150			JTG/T F31—2014	公路水泥混凝土路面再生利用技术细则(11360)	30.00
151		养护	JTG/T 5521—2019	公路沥青路面再生技术规范(15839)	60.00
152		施工	JTG/T J23—2008	公路桥梁加固施工技术规范(07378)	40.00
153			JTG/T 5532—2023	公路桥梁支座和伸缩装置养护与更换技术规范(19038)	60.00
154			JTG H30—2015	公路养护安全作业规程(12234)	90.00
155			JTG 5610—2020	公路养护预算编制导则(16733)	50.00
156		造价	JTG/T M72-01—2017	公路隧道养护工程预算定额(14189)	60.00
157			JTG/T 5612—2020	公路桥梁养护工程预算定额(16855)	50.00
158			JTG 5640—2020	农村公路养护预算编制办法(16302)	70.00
159			JTG 6310—2022	收费公路联网收费技术标准(18175)	110.00
160	运营	收费服务	JTG/T 6303.1—2017	收费公路移动支付技术规范 第一册 停车移动支付(14380)	20.00
161			JTG B10-01—2014	公路电子不停车收费联网运营和服务规范(11566)	30.00
162		应急处置	JTG/T 6420—2024	公路交通应急装备物资储备中心技术规范(19437)	20.00